제2판

알기 쉬운

교육평가

최철용 김환남 공저

YANGSEOWON
양서원

머리말

교육의 과정(Process of Education)은 교육목표 설정, 교육과정 개발, 교수-학습활동, 교육평가 등의 활동으로 이루어진다. 교육의 과정의 구체적인 활동은 가치있고 합리적인 교육목표를 정하는 일, 교육목표 달성을 위한 도구인 완벽한 교육과정을 준비하는 일, 그리고 준비된 교육과정을 가장 효과적이고 효율적으로 전달할 수 있는 교육방법을 개발하고 적용하는 일, 그리고 교육성과 및 교육의 전 과정을 평가하는 일이다. 교육평가는 일반적으로 교육성과를 판단한다. 그러나 교육평가는 교육목표가 과연 가치있고 합리적인가? 교육과정은 과연 체계적이고 충분한가? 교육방법은 과연 효과적이고 효율적인가? 등을 따져보고 더 의미있는 교육목표, 교육과정, 교육방법을 모색하는 평가활동도 병행한다. 즉, 교육평가는 교육성과의 판단과 교육의 전(全) 과정에 대해 피드백을 수반하는 과정적 평가활동을 포함한다.

교육평가 활동은 교육의 전(全) 과정에서 이루어진다. 교육의 과정이 단계에 따라 진행되는 가운데 전(前) 단계의 문제가 발견되면 즉시 전 단계로 돌아가 처치(피드백)를 하고, 다음 단계를 진행하도록 하는 것이 교육평가의 활동이다. 교육평가의 핵심적 역할은 피드백이다. 따라서 교육평가는 교육의 마지막에 단지 성적이나 등급을 매기는 활동만이 아니라 교육의 전(全) 과정이 효율적으로 진행될 수 있도록 하는 지원체제로 이해해야 할 것이다.

이번 개정은 최근 다양한 사회관계에 의해 변화되는 교육정책에 따라 가장 큰 변화를 가져온 학교생활기록부를 집중 수정 · 보완하고, 2022년 교육부 교원양성과정 교직과목 지침에 따라 교육평가의 실제를 보완하고자 하였다. 또한 교육평가와 관련한 정책으로써 '국가 수준 성취도 평가'와 '입학사정관제도'는 정권의 교체 등으로 정책의 일관성 결여로 오히려 학습에 혼란을 일으킬 것으로 판단되어 본서에서 삭제하고 관련한 교육내용에서 다루기로 하였다.

이 책은 9장으로 구성되었다. 독자는 각 장의 세부 목차와 〈생각하고 들어가기〉, 〈학습목표〉를 반드시 읽고 생각하는 시간을 가지기를 바란다. 특히, 여러분의 '생각하기'는 교육평가에 대한 개념화와 교육평가의 실제에 대한 비판적 사고를 갖게 하는 자극이 될 것으로 확신한다.

또한 매 장의 교수-학습이 끝나면, 〈이 장의 논점(과제)〉 및 〈관련 탐구 자료〉를 통해서 자신의 생각을 표현할 수 있는 기회를 제공하고, 필요시 학생 간 또는 교수와 학생 간의 토론 및 피드백이 주어질 수 있도록 하였다.

제1장에서는 선발적 교육관, 발달적 교육관, 측정관, 평가관 등을 탐구하여 교육평가의 방향 및 방법론을 선정하고, 교육평가의 개념을 정립하여 교육의 과정(Process of Education)에서 교육평가의 역할을 찾는다. 그리고 마지막으로 학교에서의 교육평가의 기능을 탐구한다.

제2장에서는 교육관, 평가 시기, 평가 목적 등에 따라 적용되는 평가유형을 탐구한다. 구체적으로 교육관 및 참조가 준거가 되는 규준참조평가, 준거참조평가, 능력참조평가, 성장참조평가 등의 평가유형과 평가의 시기와 목적이 준거가 되는 진단평가, 형성평가, 총합평가 등의 평가유형의 특징과 활용 방안을 탐구한다.

제3장에서는 평가도구의 질적 판단 조건을 탐구한다. 어떤 장면에서의 평가이든

간에 평가를 위한 도구가 필요하다. 좋은 평가도구는 정확한 측정은 물론 그에 따른 적절한 처치를 수반하는 의미 있는 평가활동을 가능하게 한다. 따라서 이 장에서는 평가도구의 질을 판단하는 필수조건인 타당도와 신뢰도 그리고 객관도와 실용도를 탐구한다. 특히, 타당도와 신뢰도의 개념, 타당도와 신뢰도 검증 방법, 타당도와 신뢰도의 관계를 집중적으로 다룬다.

제4장에서는 교육평가의 근거가 되고 교육목표의 달성기준이 되는 인간 행동을 이해한다. 인간 행동은 Bloom의 교육목표분류학을 기본으로 하여 인지적 행동, 정의적 행동, 심체운동 기능을 탐구한다. 특히, 실제 수업에서 적용되는 구체적인 교수목표 진술 능력을 배양한다.

제5장에서는 정의적 행동 특성의 개념과 정의적 행동 특성 평가의 중요성을 인식하고, 정의적 행동 특성의 측정 및 평가를 위한 질문지법, 관찰법, 평정법, 사회성 측정법, 의미분석법, 투사적 방법 등의 측정기법을 탐구하고, 교육 현장에서 활용할 수 있는 범위와 방법을 채택하는 능력을 기른다.

제6장에서는 학교 현장에서 주로 사용하는 교과에 관한 평가 문항 개발을 다룬다. 문항 제작 조건, 문항 제작 절차, 다양한 평가 문항 유형의 특징 등을 숙지하고, 실제적인 문항 작성기법을 활용하여 문항을 작성할 수 있는 능력을 배양한다.

제7장에서는 현장에서 좋은 문항을 개발하고 관리하기 위한 문항 분석 기법을 습득한다. 문항의 양호도가 우수한 문항은 적절한 문항곤란도와 문항변별력을 갖추고, 추측률은 낮고, 적절한 오답의 매력도를 지녀야 한다. 문항의 양호도를 판단하기 위해서 고전검사이론과 문항반응이론을 기반으로 하는 문항곤란도, 문항변별도, 문항추측도, 오답매력도 등을 산출하고 해석하는 문항 분석 능력을 배양한다.

제8장에서는 행정적인 기능이 강조되는 전통적 평가체제에 대한 대안적 평가체제인 개인의 실제적 능력 계발을 조장하는 수행평가를 탐구한다. 수행평가는 결과보다는 과정을 중요시하는 차원에서 교수-학습 과정 중에서 피드백을 수반하는 평

가활동을 강조한다. 수행평가의 개념과 특징, 수행평가의 방법, 수행평가의 개발 및 절차, 수행평가의 기본 지침 등에 대한 이해를 토대로 교육 현장에서 수행평가를 활용할 수 있는 역량을 배양한다.

제9장에서는 사회관계의 요구에 따른 최신 개정 학교생활기록부를 다룬다. 특히, 공정성을 기반으로 하는 2019 ~ 2022 개정된 기재 양식에 따라 기재하는 요령을 익힌다. 학교생활기록부는 생의 성장 및 발달과정에 대한 누가 자료로서 학생의 교수-학습 지도 자료로 활용함과 동시에 학교에서 이루어지고 있는 대부분의 학생 활동 결과를 입력하여 학생을 총체적으로 이해하는 자료로써 학생에 대한 추천서 및 지도자료 차원의 매우 중요한 평가 자료라고 할 수 있다. 학교생활기록부는 시대적 사회관계에 의해 수시로 변경되기 때문에 교육부(http://moe.go.kr)에 공시되는 상시 '학교생활기록부 기재요령'을 따른다.

이상의 개관이 독자에게 교육평가에 관한 생각의 열쇠가 되어, 교육평가의 맥락 파악과 개념화의 초석이 되길 바란다. 이 책은 교직을 이수하는 학생들을 위한 교재의 성격을 띠기 때문에 심도 있는 내용보다는 교육평가의 개념화를 위한 본질적인 기본 내용과 실제적인 활용에 충실하려고 애썼다. 모쪼록 학생으로부터 '선생님! 저 좀 봐주세요. 어디가 잘 못 되었지요?'라는 질문과 태도를 유도하고 적절한 피드백을 줄 수 있는 교사가 되길 간절히 바랍니다. 끝으로 이 책이 발간될 수 있도록 지원을 아끼지 않으신 양서원의 박세원 대표님께 감사의 마음을 드립니다.

2023년 1월

대표저자 최 철 용

차 례

Chapter 03

평가도구의 질 판단 조건 ··· 47

Chapter 04

교육목표와 평가 ··· 71

Chapter

01

교육평가의 역할과 개념화

1. 교육의 과정과 교육평가의 역할
2. 교육평가의 개념
3. 교육관과 교육평가
4. 측정관과 평가관
5. 학교에서의 교육평가 기능

생각하고 들어가기

교육의 과정(Process of Education)은 일반적으로 먼저 교육목표를 정하고, 그 목표를 달성하기 위한 교육과정을 마련하고, 마련된 교육과정을 가장 효과적이고 효율적으로 교수-학습할 수 있는 실천적인 최적의 교수방법을 개발 및 적용하고, 교육목표의 성취도 및 교수-학습의 효과성을 검증하고, 그에 따른 피드백을 교육적으로 처치하는 교육평가 활동으로 전개된다.

교육의 과정에서 교육평가의 핵심 역할은 교육적인 피드백, 즉 교육적 처치에 있다. 한편, 교육평가는 교육의 과정에서 마지막 활동으로만 이해해서는 안 된다. 오히려 교육평가는 교육의 전 과정에서 이루어져야 한다. 즉, 교육목표에 대한 평가, 교육과정에 대한 평가, 교육방법에 대한 평가로 말할 수 있다. 교육목표에 평가를 통해서 가장 이상적이고 현실 타당한 교육목표를 설정하고, 교육과정을 평가함으로써 교육내용의 충실성과 타당성을 확보하며, 교육방법에 대한 점검 및 평가를 통해서 개선된 최적의 교수방법에 의해 학습성취를 극대화할 수 있다.

이렇게 교육의 전 과정에서의 평가활동은 필요하면 언제든지 전 단계로 돌아가 피드백함으로써 불필요한 시행착오를 최소화하여 효율적인 교육의 성취를 이끌 수 있는 것이다.

이 장에서는 교육의 과정에서 교육평가의 역할에 대한 이해를 위해 교육의 과정과 교육평가, 교육평가의 개념, 교육관과 교육평가, 측정관과 평가관, 학교에서의 교육평가 기능 등을 탐구한다.

학습목표

1. 교육의 과정에서 교육평가의 역할을 도식하여 간단히 설명할 수 있다.
2. 교육평가의 개념을 정의할 수 있다.
3. 교육관에 따른 교육평가의 방향과 방법을 채택할 수 있다.
4. 측정의 개념을 정의하고, 측정관의 특징을 열거할 수 있다.
5. 평가의 개념을 정의하고, 평가관의 특징을 열거할 수 있다.
6. 학교에서의 교육평가 기능을 열거하고 활용할 수 있다.

1. 교육의 과정과 교육평가의 역할

교육의 과정(Process of Education)은 일반적으로 먼저 교육목표를 정하고, 그 목표를 달성하기 위한 교육과정을 마련하고, 마련된 교육과정을 가장 효과적이고 효율적으로 교수-학습할 수 있는 실천적인 최적의 교수방법을 개발 및 적용하고, 교육목표의 성취도 및 교수-학습의 효과성을 검증하고, 그에 따른 피드백을 교육적으로 처치하는 교육평가 활동으로 전개된다.

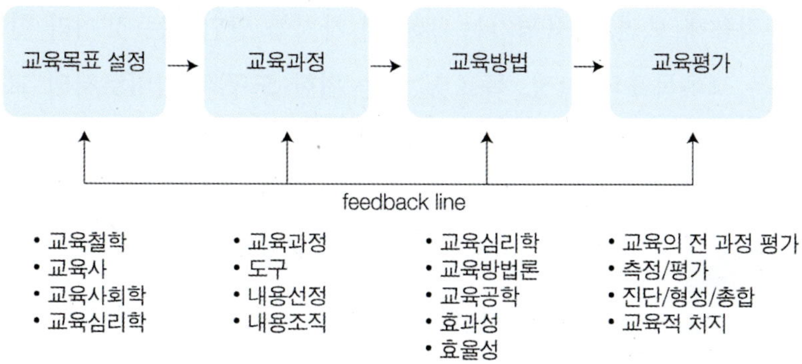

그림 1-1 교육의 과정(Process of Education)

교육의 과정에서 교육평가의 핵심적인 역할은 교육적인 처치, 즉 피드백에 있다. 한편, 교육평가 활동은 교육의 과정에서 마지막에만 하는 것으로 이해해서는 안 된다. 오히려 교육평가 활동은 교육의 전 과정에서 이루어져야 한다. 교육평가는 성취도 평가뿐만 아니라 교육목표에 대한 평가, 교육과정에 대한 평가, 교수방법에 대한 평가도 포함한다. 교육의 과정에서, 설정된 교육목표를 평가하여 가장 이상적이고 현실 타당한 교육목표를 최종 설정하고, 준비된 교육과정을 검토 및 평가함으로써 교육내용의 충실성과 타당성을 확보하며, 적용한 교수방법의 효과 및 효율성을 평가하여 개선한 최적의 교수방법으로 학습성취를 극대화할 수 있다.

이렇게 교육의 전 과정에서의 평가활동은 필요하면 언제든지 전 단계로 돌아가 피드백함으로써 불필요한 시행착오를 최소화하면서 교육 성취의 효율성을 제고할 수 있다.

2. 교육평가의 개념

사전적 용어로서의 평가(評價)란 '어떤 사물의 가치를 판단하는 것'으로 정의된다. 이를 교육에 적용해 보면, 교육평가는 '교육의 가치를 판단하는 것'이라 할 수 있다. 교육의 과정은 교육목표의 설정, 목표 달성을 위한 도구적 의미로서의 교육과정의 선정 및 개발, 교육과정 전달을 위한 최적의 교육방법의 적용, 교육의 효과성을 검증하기 위한 교육평가 등의 절차를 말한다. 엄밀한 의미에서의 교육평가란 교육의 과정 전반에 걸쳐 교육의 질을 판단하는 것이라고 할 수 있다.

Ralph W. Tyler(1902-1994)

타일러(Ralph W. Tyler)는 그의 유명한 저서 『교육과정과 수업의 기본 원리(Basic Principle of Curriculum and Instruction)』에서 교육평가에 대하여 다음과 같이 언급하고 있다.

> "평가의 과정이란 본질적으로 교육과정 및 수업프로그램에 의해 교육목표가 어느 정도 실현되었는지를 결정하는 과정이다."

한편, 이 개념 속에는 두 가지의 중요한 의미가 내포되어 있다. 하나는 교육에서 추구하는 바가 교육목표의 실현이며, 그것은 학습자의 행동 변화로 나타날 것이기 때문에 학생의 행동을 평가 대상으로 삼아야 한다는 것이다. 다른 하나는 교육목표 달성만 확인하는 과정으로 끝나는 Tyler의 정의에 한계가 있으나(박도순, 홍후조, 2008),

교육과정이나 수업프로그램을 평가의 표적으로 삼고 있다는 점에서 필요에 따라 교육과정이나 교육방법도 평가해야 한다는 것을 추론할 수 있다. 다시 말해서 교육은 교육의 전(全) 과정에 대한 평가적 의미로서의 재교육 또는 교정적이고 보충적인 과정을 통해서 소기의 목적한 바를 달성하고자 하는 최대의 교육적 활동을 포함하는 것이어야 한다. 이러한 의미에서 교육의 전(全) 과정에 대한 평가는 필수적인 활동이다.

이상의 교육평가 개념의 의미를 정리하여 교육평가의 개념을 정의하면 다음과 같다(최철용, 김환남, 2017 재인용 및 참조).

> 교육평가란 '교육의 결과로서의 성취도 평가뿐만 아니라 교육성취에 관련된 교육목표, 교육과정(교육프로그램), 교육방법 등의 모든 교육활동 정보를 수집·활용하여 피드백을 유도하는 교육적 활동'이라고 할 수 있다.

3. 교육관과 교육평가

교육평가의 방향과 방법은 교육평가자의 신념을 바탕으로 하는 교육관에 따라 달라질 수 있다. 목표를 달성하는 학생은 일부에 지나지 않을 것이라는 교육관을 가진 교사와 모든 학생이 목표를 달성할 수 있을 것이라는 교육관을 가진 교사의 교육 및 평가방법은 각기 다르게 나타난다. 전자의 교사는 교육을 게을리한다고는 할 수 없겠지만, 본 장의 〈생각하고 들어가기〉에서 제기한 모든 학생이 목표를 달성하게 하려는 방법인 피드백 활동을 모든 학생에게 적용하지 않을 가능성이 크다. 그러나 후자의 교사는 모든 학생이 교육목표에 도달하도록 유도하기 위하여 교육의 전(全) 과정에서 교육평가의 핵심 역할인 피드백 활동을 찾으려 할 것이다.

일반적으로 교육평가에서의 교육관은 선발적 교육관과 발달적 교육관으로 나누어 접근하고 있다. 각 교육관은 교육에 대한 기본 가정, 교육 및 성과에 대한 책임 소재, 검사 대상, 관련 검사관, 관련 참조평가 유형별로 평가의 방향 및 방법을 달리한다.

1) 선발적 교육관

선발적 교육관은 인간 행동의 변화 가능성은 제한적일 수밖에 없다는 관점으로 교육을 통하여 목적을 달성하는 학생은 소수에 그칠 수밖에 없다는 신념을 가진 교육관이다. 이 교육관은 상급학교 진학을 학교 교육의 궁극적인 목적으로 해 왔던 우리 사회의 오랜 역사적 산물이라 해도 과언이 아니다. 더 나아가 상급학교 진학을 넘어 원하는 학교의 진학 요구에 따라 선발의 범위가 점점 작아질 뿐 아니라 선발의 기준들이 발달하면서 오늘날 우리 사회에 선발적 교육관이 팽배해진 것이 사실이다.

선발적 교육관의 기본 가정, 교육 및 성과에 대한 책임 소재, 강조되는 검사 대상, 관련 검사관, 관련 참조 유형을 살펴보면 다음과 같다(박도순 외, 2009 참조).

첫째, 선발적 교육관의 기본 가정은 특정 능력이 있는 일부 학생만이 교육을 통해 변화될 수 있다는 것에 있다. 즉, 한 학급의 수업에 있어서 소수의 우수한 학생만이 목표를 달성할 것이고, 중간의 학생은 어느 정도의 목표에 다다를 것이고, 능력이 부족한 일부 학습자는 목표를 달성할 수 없다는 신념을 가진 교육관이다. 이 교육관은 교육으로 학생의 행동이 변화되는 것은 한계가 있으며, 결과적으로 모든 학생이 선발될 수 없다는 관점이다.

둘째, 선발적 교육관에서는 성과에 대한 책임 소재를 일차적으로 학생에게 두고 있다. 이는 아무리 우수한 교육을 한다고 하더라도 목표를 달성하는 학생은 소수이기 때문에 목표를 달성하고 못 하고는 학생에게 달려 있다는 것이다.

셋째, 선발적 교육관에서 강조되는 평가 대상은 학습자의 개별 특성이다. 학습자의 개별 특성을 주요 평가 대상으로 삼는 이유는 교수-학습보다 개별 특성 및 능력이 목표성취에 더 밀접하게 관련되어 있거나 영향을 미친다고 보기 때문이다.

넷째, 선발적 교육관에 관련된 검사관은 측정관이다. 학습자 특성은 목표의 달성에 밀접하게 관련되어 있어서 학습자 특성을 정확히 파악할 필요가 있다. 목표의 달성 정도, 즉 성취도 수준을 학습자 특성 자체로 보기 때문에 학습자 특성에 대한 정밀한 측정과 이를 통한 학습자들 간 순위의 판단이나 비교 등의 의미를 지니는 측정관이 강조된다.

다섯째, 선발적 교육관에 관련된 참조 유형은 규준참조평가이다. 선발적 교육관의 기본 가정에서 제시된 바와 같이 모든 학생이 목표를 달성하거나 선발될 수 없으므로 학습 결과에 따라서 순위, 비교 또는 상대적 위치를 정해야 한다. 따라서 선발적 교육관은 정상분포와 같은 일정한 규준에 의해 정확한 비교와 상대적 위치를 설명해 주는 규준참조평가 방법을 채택한다.

2) 발달적 교육관

발달적 교육관은 기본적으로 인간 행동의 변화 가능성을 인정하고, 행동 변화를 유도하기 위한 수단으로 교육을 들고 있다. 즉, 교육을 통해서 모든 학생을 변화시킬 수 있다는 신념을 가진 교육관이다.

발달적 교육관의 기본 가정, 교육 및 성과에 대한 책임 소재, 강조되는 검사 대상, 관련 검사관, 관련 참조 유형을 살펴보면 다음과 같다(박도순 외, 2009 참조).

첫째, 발달적 교육관의 기본 가정은 적합한 교육만 주어진다면 모든 학생은 목표를 달성할 수 있는 능력을 소유하고 있다는 것이다. 즉, 교수-학습의 개별화를 통해서 모든 학생이 주어진 목표를 달성할 수 있다는 가정을 제시하는 교육관이다.

둘째, 발달적 교육관에서는 성과에 대한 책임 소재를 일차적으로 교사에 두고 있다. 왜냐하면 교사의 적절한 교수방법의 선정 및 개발, 그리고 교사가 적용하는 교수-학습 개별화의 질에 따라 성과가 결정될 수 있다고 보기 때문이다.

셋째, 발달적 교육관에서 강조되는 평가 대상은 교수-학습방법이다. 가능한 모든 학생이 목표를 달성하도록 하기 위해서는 교수-학습의 개별화가 필요하다. 교수-학습의 개별화는 각각의 학생에게 적합한 교수방법을 적용하는 것이기 때문에 교수-학습과정이 진행되면서 교수방법의 효과성을 검증하고 평가하는 형성평가를 활용하여 최적의 교수방법을 마련하고 적용하는 것이 바람직하다.

넷째, 발달적 교육관에 관련된 검사관은 평가관이다. 평가관은 측정치 또는 측정 결과를 제시하는 측정관 이상의 교육적 처치와 의미를 중요하게 여긴다. 즉 순위, 다른 학습자와의 비교, 상대적 위치만 제시하는 것이 아니라 그 순위, 비교 정도, 상대적 위치 등에 따른 교육적 처치를 위한 피드백을 통해서 제2의 교수-학습을 유도하고 궁극적으로 모든 학생을 일정한 목표 지점에 도달시키고자 하는 교육관이다.

다섯째, 발달적 교육관과 관련된 참조 유형은 준거참조평가이다. 준거참조평가는 흔히 절대평가로 불리는데 절대평가는 일정한 목표 지점을 준거로 삼는다. 이런 의미에서 목표참조평가라고도 한다. 즉, 학생들 간의 상대적 서열보다는 주어진 목표 달성 여부에 관심을 두는 교육관이다.

선발적 교육관과 발달적 교육관의 기본 가정, 성과에 대한 책임 소재, 주요 평가 대상, 검사관, 관련 참조평가 유형 등에 따른 평가의 방향과 구체적인 평가방법은 다음 표 1-1 과 같이 정리될 수 있다.

표 1-1 선발적 교육관과 발달적 교육관의 평가 방향과 방법

구분	선발적 교육관	발달적 교육관
기본 가정	• 목표에 도달할 수 있는 학생은 소수에 불과하다.	• 모든 학생은 교육(교수-학습)을 통해서 목표를 달성할 수 있다.
성과에 대한 책임 소재	• 학습자	• 교사, 학습 환경
주요 평가 대상	• 학습자 특성	• 교수-학습 방법
검사관	• 측정관	• 평가관
적용 평가유형	• 규준참조평가(상대평가)	• 준거참조평가(절대평가)

이상과 같이 각각의 교육관은 평가의 목적이나 상황에 따라서 평가의 방향과 방법이 다르게 적용된다. 평가의 목적이 선발, 순위, 비교에 두고 있다면 선발적 교육관에 의한 평가방법을 채택해야 할 것이고, 평가의 목적이 모든 학습자를 일정한 목표 수준에 도달하게 하는 것이라면 발달적 교육관을 채택해야 할 것이다.

한편, 교육평가의 진정한 의미는 피드백을 통한 교육적 처치를 수반하여 교육의 효과를 극대화하는 데 있으므로 선발적 교육관에 입각한 평가방법을 적용해야 하는 특별한 평가 상황이 아니라면, 대부분의 교육평가에서는 발달적 교육관을 기본으로 삼아야 한다. 만약 교육의 전반에서 선발적 교육관이 지배적이라면 교육에 의한 학습자 특성 변화를 인정하지 않는 것이기 때문에 결과적으로 교육의 힘을 부정하는 셈이 된다.

4. 측정관과 평가관

교육에서는 교육의 과정 및 결과에 대한 효과성을 알아보기 위한 평가활동을 중요시한다. 교육평가는 교육의 과정 및 결과를 엄밀히 확인하여 확인된 것을 해석하

고 교육적으로 의미화하는 것이다. 이러한 교육평가의 개념을 충족시키기 위해서는 측정 및 평가활동이 필수적으로 수반되어야 한다. 교육에서의 측정과 평가의 개념을 정의하고, 측정관과 평가관의 특징을 살펴보면 다음과 같다.

1) 측정관

교육에서 측정(measurement)이란 학습자의 심리적 · 사회적 특성을 검사, 조사, 관찰 등의 도구를 이용하여 그 특성의 정도를 수량적으로 기술하는 것이다.

측정관의 특징을 살펴보면 다음과 같다.

첫째, 일정 기간 동안 항상성이 유지되는 행동 특성을 불변적인 것으로 보고, 모든 행동 특성은 수량화할 수 있다는 것이다. 따라서 학습자의 특성, 예컨대 지능, 적성, 성격, 자아개념, 태도, 학업성취도 등은 비교적 안정되어 있어 시 · 공간적으로 변화가 크지 않기 때문에 정밀하게 파악할 수 있다는 관점이다.

둘째, 측정관의 강조점은 측정의 신뢰성과 객관성에 있다. 따라서 측정에서는 측정용 도구의 신뢰도와 객관도 확보를 우선한다. 측정 오차가 크거나 채점 기준이 명료하지 못하면 측정 도구의 신뢰도와 객관도가 낮아지므로 측정 자체뿐만 아니라 그 결과 또한 믿을 수 없게 된다. 그러므로 측정관은 검사(또는 조사)도구 및 측정 절차의 정확성을 강조한다.

셋째, 측정관에서 해석의 기준은 표준이 되는 규준(norm)에 둔다. 따라서 관련된 평가유형은 규준을 참조로 하는 규준참조평가(또는 상대평가)에 의해 개인 간의 비교 및 상대적 위치를 판단한다.

넷째, 측정관은 표준집단을 기초로 하여 작성된 규준(norm) 자료에 의해 인간의 특성을 해석하기 때문에 규준 자료가 되는 표준자극, 표준과제, 표준문제 등이 주요 관심 영역이 된다.

다섯째, 측정관은 그 결과를 주로 선발, 분류, 예언 등에 활용된다. 즉, 규준 자료로 비교하고 상대적 위치를 정하기 때문에 정확한 선발, 분류, 예언 등을 할 수 있다는 관점이다.

2) 평가관

교육에서 평가(evaluation)란 교육의 과정 및 결과에서 나타난 학습자 행동에 대한 측정 결과를 교육적으로 해석하고 의미화하는 것이다. 교육활동에 있어서 평가관은 교육목표에 비추어 본 학습자의 성취도 평가 또는 학습자의 성취도와 목표와의 일치성을 확인하는 일에 관심을 둔다.

예를 들어, 영어시험에서 A 학생은 80점, B 학생은 70점, C 학생은 60점을 획득했다면, 측정의 개념은 80점, 70점, 60점이라는 측정치 그 자체로서 A 학생이 1등, B 학생은 2등, C 학생은 3등이라고 그 순위를 정해주는 것이다. 그러나 진정한 평가는 목표(기준)점수가 80점이라면 A 학생은 다음 단원을 예습하도록 하고, B 학생과 C 학생은 부족한 만큼 보충학습을 처치하는 것이다. 즉, 평가는 결과된 측정치에 교육적 의미를 부여하여 적절한 교육적 처치를 하는 것이다.

평가관의 특징은 다음과 같다.

첫째, 평가관은 인간의 행동 특성을 변화 가능한 것으로 보기 때문에 '학습자의 행동 변화'에 관심을 둔다. 즉, 학습자의 성취는 적절한 교육적 처치로 이루어진다는 관점이다.

둘째, 평가관은 검사 도구의 신뢰도나 객관도보다 타당도를 더 강조한다. 특히, 교육목표와 학습자 행동과의 일관성을 파악하는 것으로 내용(목표)타당도를 강조한다. 따라서 적합한 내용(목표)을 포함하는 도구를 사용하여 학습자가 그 목표를 얼마나 달성하였는지를 평가하는 것이 주 관심사이다.

셋째, 평가관에서 해석의 기준은 목표 지점이 되는 준거(criterion)가 된다. 따라서 관련된 평가유형은 준거를 참조로 하는 준거참조평가(또는 절대평가)에 의해 준거가 되는 목표의 달성 여부에 따라서 개인의 성취 수준을 판단한다.

넷째, 평가관은 학습자의 행동 변화를 인정하기 때문에 행동 변화에 영향을 미치는 요소인 교육과정, 교육프로그램, 교수방법, 교수 매체 및 자료 등이 주요 관심 영역이 된다. 따라서 평가활동은 학생의 학업성취뿐만 아니라 교육의 과정에서 수반되는 교육목표, 교육내용, 교수방법 등 학습자 행동 변화에 관계되는 모든 요소에 대한 평가를 요구한다.

다섯째, 평가관은 교육목표의 달성도에 관한 증거의 활용에 관심이 많다. 평가 결과의 활용은 오답 또는 오류의 원인이나 유형, 실패의 원인 등을 분석하고 그에 따른 적절한 처치를 하는 것이다.

이상과 같이 각 검사관의 인간 행동관, 강조점, 해석의 기준과 관련 평가유형, 관심 영역, 결과의 활용 등에 따른 각 검사관의 특징은 표 1-2 와 같이 정리할 수 있다.

표 1-2 측정관과 평가관의 특징 비교

구분	측정관	평가관
인간 행동관	• 행동의 불변화로 수량화 가능	• 학습자의 행동 변화
강조점	• 신뢰도 • 객관도	• 타당도
해석의 기준과 관련 평가유형	• 규준(norm) • 규준참조평가(상대평가)	• 준거(criterion) • 준거참조평가(절대평가)
관심 영역	• 표준자극 • 표준과제 • 표준문제 • 학습자 특성	• 교육과정 • 교육프로그램 • 교수방법 • 교수 매체 및 자료
결과의 활용	• 선발 • 분류 • 예언	• 결과의 유형과 처치 • 오답 또는 오류의 원인과 처치

5. 학교에서의 교육평가 기능

유아 및 초·중등 교육과정에서의 교육평가의 효과는 그 기능이 실제로 얼마나 잘 적용되고 실천되는가에 달려 있다. 따라서 학교에서 교육평가의 필수적인 기능을 탐구하고 그 역할을 이해할 필요가 있다.

학교에서의 교육평가는 다음과 같은 기능을 가지고 있다(박도순, 홍후조, 2008 참조).

첫째, 학습자 진단 기능이다. 교육의 출발은 학생들의 현재 능력이나 적성, 또는 정의적 상태의 파악으로부터 비롯된다. 교육이 전개될 시작점에서 현재 개개 학습자 또는 한 학급 전체가 직면하고 있는 학습 곤란이나 상태를 정확히 진단할 필요가 있다. 즉, 수업 전에 학생에 관한 여러 가지 정보를 수집하고, 그에 따른 가장 효과적인 수업 전략 및 방법을 찾아야 한다. 정보의 수집에서 학습 곤란이 발견되면 그 원인이 선수학습 수준에 있는 것인지, 지능이나 적성과 같은 기본 능력의 부족에 있는 것인지, 또는 정서적 불안정에 있는 것인지 등을 정확히 진단해야 한다. 특히, 수업 외적인 원인의 경우에는 적절한 가이던스나 카운슬링이 뒤따라야 할 것이다. 이 진단적 기능의 목적은 앞으로의 학습을 위한 준비 상태를 조장하는 데에 있다.

둘째, 교수-학습활동 개선 기능이다. 즉, 교수-학습이 진행되는 과정에서 수업 및 학습의 진전 상황에 관한 정보를 수집·분석하는 평가활동을 통해서 교수-학습활동을 개선하는 기능이다. 구체적인 교수-학습 개선으로는 학습 진행 속도 조절, 단원 및 단계별 학습진전도 확인 및 성취 강화, 교수방법 수정 등을 들 수 있다.

셋째, 교육 결과로서의 성취도를 평가하는 기능이다. 교육의 전제는 일정한 목표를 달성하는 것이다. 교육의 효과는 목표의 달성 정도라고 할 수 있다. 즉, 교육의 효과는 목표 달성 정도로서, 목표의 주체인 학생의 성취도 결과를 말하는 것이다. 목표의 성취란 교육과정에서 명시한 목표가 학생의 행동으로 실현되는 상황을 의미한다. 그러므로 개개 학생이 교육목표를 어느 정도 성취하고 있는가를 평가하는 일은 교육평가의 중요한 활동이 된다. 따라서 이러한 목적의 평가를 위해서는 학교 수준별, 학년별, 교과 영역별, 단원별 교육목표가 명료화되어야 하고, 이러한 목표가 학생의 행동으로 실현되었을 때 나타나는 행위(동)의 특징을 구체화하는 일이 중요한 선행과제가 됨을 이해할 수 있어야 한다.

넷째, 교육프로그램에 대한 평가기능이다. 즉 교육과정, 수업 자료, 수업 절차 등의 교육적 효과성을 평가하는 기능이다. 교육의 결과는 결과적으로 교육프로그램에 의한 것이기 때문에 교육프로그램의 교육과정, 수업 자료, 수업 절차 등에 대한 평가를 통해서 교육의 질적 향상을 도모하는 것이다.

다섯째, 교육의 제 문제에 대한 이해와 교육정책 수립 과정에의 활용 기능이다. 예를 들어, 교육과정 평가를 목적으로 하는 국가 수준 학업성취도 평가나 학력의 국제비교와 같은 평가연구를 통해서 전체 학생 또는 전체 국민이 꼭 습득해야 할 기본적 능력을 어느 정도 소유하고 있는가를 확인함으로써 교육정책의 방향을 수립할 수 있다.

이 장의 논점(과제)

- 나는 선발적 교육관과 발달적 교육관 중 어떤 교육관에 비중을 두고 평가의 방향을 정하고 어떤 평가방법을 사용할 것인가?
  (우리 사회는 어떤 교육관에 비중을 두고 있는가?)

- '선생님! 저 좀 봐주세요. 어디가 잘 못 되었지요?, 저의 문제는 무엇이지요?' 라는 학생의 태도를 유도하기 위한 교사의 활동은 무엇인가?

관련 탐구 자료

바칼로레아 / 프랑스의 참교육 / 입시지옥도 대학 서열도 없다
- YouTube

Chapter

02

교육평가의 유형

생각하고
들어가기

교육평가의 유형은 평가를 바라보는 교육관 및 참조, 평가의 시점 및 목적 등에 따라서 나누어질 수 있다.

교육을 통해서 변화될 수 있는 학생은 소수에 지나지 않는다는 교육관인가? 아니면 모든 학생은 교육을 통해서 변화할 수 있다는 교육관인가? 집단의 규준을 참조하여 개인의 상대적 위치를 판단하는가? 아니면 목표가 되는 준거를 참조하여 목표 달성 수준을 판단하는가? 집단이 아닌 개인 자신의 능력 발휘로 판단하는가? 아니면 교육과정에 따른 성장 수준으로 판단하는가? 등의 교육관이나 참조에 따라 평가유형이 다르게 적용된다.

그리고 평가의 시점이나 목적에 따라서도 적용되는 평가유형은 다르다. 즉, 평가의 시점이 교육 전인가? 교육 진행 중인가? 교육 후인가? 그리고 평가의 목적이 진단인가? 학습진전도 확인 및 교수-학습(방법) 개선인가? 성적 및 등급 산출인가? 등에 따라 적용하는 평가유형은 다르다.

이 장에서는 평가의 관점 및 참조에 따라서 규준참조평가, 준거참조평가, 능력참조평가, 성장참조평가 그리고 평가의 시점 및 목적에 따라서 진단평가, 형성평가, 총괄평가를 탐구하고 교육적 적용방안을 찾고자 한다.

학습목표

1. 교육관 및 참조에 따라 교육평가의 유형을 구분하고 활용할 수 있다.
2. 규준참조평가와 준거참조평가, 능력참조평가와 성장참조평가를 비교 · 설명할 수 있다.
3. 평가의 시점 및 목적에 따라 적용할 평가의 유형을 선택하여 활용할 수 있다.
4. 진단평가, 형성평가, 총합평가의 시점 및 목적을 진술하고, 그 기능을 제시할 수 있다.
5. 진단평가, 형성평가, 총합평가를 비교 · 설명할 수 있다.

1. 교육관 및 참조에 따른 평가유형

교육평가의 유형은 교육을 바라보는 관점과 평가의 기준으로 삼는 참조에 따라서 나누어질 수 있다. 교육을 바라보는 관점이 '학생의 특성 변화에 한계를 두거나 변화된다고 하더라도 목표를 달성하는 학생은 소수에 지나지 않는다는 신념인가?' 아니면 '교육을 통해서 학생의 특성은 변화될 수 있다는 신념인가?'에 따라서 적용되는 교육평가의 유형은 달라진다.

전자의 관점은 선발적 교육관에 따라 규준(norm)을 참조로 하는 '규준참조평가'를 적용하여 학생을 변별하고 선발한다. 그리고 후자의 관점은 발달적 교육관에 따라 준거(criterion)를 참조로 하는 '준거참조평가'를 적용하여 가능한 모든 학생을 일정한 목표에 도달시키고자 한다.

비교적 최근의 교육평가 개념으로, 개인의 성취를 집단의 규준이나 준거에 비추어 비교하거나 달성 수준을 판단하는 것이 아니라, 개인의 능력 발휘나 성장 변화를 자기 자신을 기준으로 판단하는 참조평가가 등장하였다. 하나는 학생이 지닌 능력을 얼마나 발휘하고 있는가를 판단하는 관점으로 참조를 자신의 기존 능력(지능, 적성 등)에 두는 '능력참조평가'가 있다. 즉, 평가의 초점을 능력 발휘와 노력에 두는 평가유형이다. 다른 하나는 교육을 통해서 개인이 얼마나 성장하였는가를 판단하는 관점으로 참조를 교육 시작 시점의 초기 성취에 두는 '성장참조평가'이다. 즉, 사전 성취와 사후 성취의 차이로써 성장에 의미를 두는 평가유형이다.

이 장에서는 교육관 및 참조에 따른 규준참조평가, 준거참조평가, 능력참조평가, 성장참조평가의 특징과 방법 및 적용에 대해서 좀 더 자세히 살펴보도록 한다(김대현, 김석우, 2005; 박도순, 원효헌, 이원석, 2011; 박도순 외, 2012 참조).

먼저 규준참조평가(norm-referenced evaluation)와 준거참조평가(criterion-referenced evaluation)에 대해서 살펴본다.

1) 규준참조평가

규준참조평가(norm-referenced evaluation)는 평가 결과에 대한 해석의 기준을 규준집단 내의 상대적 위치에서 구하는 평가방법으로 상대기준평가라고도 한다. 상대적 위치를 결정짓는 기준은 일반적으로 어떤 집단의 측정치를 대표하는 '평균'이 된다.

따라서 규준참조평가에서는 해당 집단의 평균치를 기준으로 하여 평가 결과를 해석한다. 이 평가유형은 평가의 기준점을 집단의 평균치로 보고 있으므로 개인의 점수는 어디까지나 그가 속해 있는 집단의 평균(Mean: M)과 표준편차(Standard Deviation: SD)에 비추어 비교·해석된다. 또한 전체 점수분포가 정상분포곡선을 이룬다는 것을 전제로 하여 개인의 점수를 상대적으로 비교하고 해석한다. 따라서 규준참조평가에서는 학생들의 상대적인 능력이나 기술을 비교하고 그것에 대한 어떤 결정을 내리는 학생 선발, 순위, 등급 등을 매기는 평가기능을 강조한다.

규준참조평가는 개인차 변별의 이점도 있지만, 교육평가의 본질에 어긋나는 문제점이 더 클 가능성이 있다. 따라서 평가의 목적이 선발, 비교, 순위 결정 등에 있는 경우를 제외하고는 가능한 한 학생의 발달을 전제로 하는 준거참조 평가체제의 도입과 활용이 필요하다.

규준참조평가의 특징, 이점, 문제점을 제시하면 다음과 같다.

(1) 특징

규준참조평가의 특징은 다음과 같다.

첫째, 학습자의 개인차를 변별하고, 선발하는 기능을 강조한다. 학습자가 속해 있는 집단 구성원의 학업성취도 평균을 기준으로 하여 개인 간의 상대적 위치로 개인차를 변별하고 일정 비율을 선발한다.

둘째, 검사의 신뢰도를 강조한다. 학습자의 올바른 개인차 변별과 선발을 위해서는 정확한 측정이 요구된다. 또한 측정의 오차를 줄이기 위해서는 검사 도구의 신뢰도가 확보되어야 한다.

셋째, 검사점수는 정상분포곡선 모양으로 분포한다. 정상분포곡선은 좌우 분포가 대칭적이고 중앙의 분포면적이 많은 곡선이다.

(2) 이점

규준참조평가의 이점은 다음과 같다.

첫째, 엄밀한 개인차의 변별이 가능하다.

둘째, 경쟁을 통하여 학생들의 외적 동기유발을 꾀하는 데 유리하다.

(3) 문제점

규준참조평가의 문제점은 다음과 같다.

첫째, 인간의 발전성에 대한 신념이나 교육의 힘에 대한 신념을 흐리게 할 우려가 있다.

둘째, 참다운 학력의 평가가 어렵다. 이 평가는 다른 학생과의 비교 및 상대적 위치만을 알려주기 때문에 개인의 목표 달성 수준을 정확히 판단할 수 없다.

셋째, 경쟁의식의 조장을 통하여 학생들의 외적 동기만을 유발할 가능성이 크기 때문에 실제적인 동기로 작용하는 내적 동기를 유발하기 어렵다.

넷째, 경쟁의식의 심화는 학생들의 정신건강에도 해가 될 우려가 있다. 특히, 열등한 학생은 항상 초조해하거나 패배감에 빠지기 쉽다.

다섯째, 교수-학습 개선의 기능을 약화할 우려가 있다. 이 평가는 목표 달성 여부에 관심을 두기보다는 상대적인 위치나 비교에 관심을 두기 때문에 교육의 질적 개선에는 소홀할 가능성이 크다.

2) 준거참조평가

준거참조평가(criterion-referenced evaluation)는 규준집단 내에서 한 개인의 위치를 상대적으로 결정하는 것이 아니라 일정한 기준선(준거)을 정하고, 그 기준에 도달했는지를 결정하는 것으로 절대평가라고도 한다. 이 평가체제는 평가의 기준을 교육과정을 통해 달성시키려고 하는 교과별 · 학년 수준별 교육목표 내지는 변화시키고자 하는 학습 목표에 둔 '목표 수준별 평가'라고 할 수 있다.

따라서 절대기준평가 도구를 제작할 때는 평가도구가 진술된 성취목표에 대응되어야 한다는 점이 중요하다. 여기에서의 평가의 본질은 달성하고자 한 목표와 수행활동 간의 일치성을 따져보는 것이다. 그렇게 되어야만 교사는 학생들의 특수한 학습곤란점을 정확하게 발견 · 교정할 수 있고 효과적인 지도를 할 수 있기 때문이다. 즉, 준거참조평가란 '평가의 준거를 달성하려고 하는 수업목표에 두는 것으로서 교수-학습활동을 촉진 · 개선하기 위해 학습장애의 진단, 학습된 행동의 정착 및 심화, 교수-학습방법의 개선 방향을 밝혀주는 평가체제'라고 할 수 있다.

교육평가란 인간 행동에 대한 어떤 결정을 내리기 위하여 유용한 정보나 자료를 체계적으로 수집하고 활용하는 절차를 말한다. 앞서 규준참조평가에서의 평가 결과는 한 학생이 다른 학생보다 그 집단 속에서 '더 우수하다 또는 열등하다'는 해석에 그치기 쉬우므로 교수-학습 개선을 위한 유용한 정보로 사용되기는 어렵다. 또한 교사가 학생의 상대적 등급을 아는 것만으로는 수업목표가 달성되었는지, 또는 교수방법이 학생들에게 효과적이었는지 등을 말하기는 어렵다. 중요한 것은 한 학생의 검사 결과가 그 집단 학생 중에서 하위 1/3 수준의 등급에 포함되어 있고, 그 결과로 검사에서 상대적으로 낮은 점수로 나타났다면, 교사는 학생이 왜 그렇게 낮은 성취 정도를 보이게 되는지의 이유를 찾아야 한다. 즉, 교육활동의 중요성을 질적으로 평가해야 한다는 것이다. 이러한 의미에서 교육활동에 대한 평가는 규준참조평가보다는 준거참조평가 체제의 접근이 적절하다고 하겠다.

규준참조평가의 문제점을 해결할 수 있는 준거참조평가의 특징과 이점을 제시하면 다음과 같다.

첫째, 인간의 무한한 가능성과 교육의 효과에 대한 신념을 성취할 수 있다. 즉, 발달적 교육관의 견해이다.

둘째, 학생들의 성취 수준이 부적 편포될 것을 기대한다(그림 2-1). 즉, 모든 학습자를 목표도달점으로 이끌어 가는 것이 이 평가체제의 목적이다(여기에서 부적 편포는 편포도 공식에 의한 계산 결과 (-)부호가 붙는 것을 의미한다). 예를 들어, 평균이 80점, 중앙치가 85점, 표준편차가 3점인 경우 편포도는 아래의 공식에 의해 계산하면,

$$\frac{3\cdot(80-85)}{3}=-5\text{로}$$

부적 편포로 해석할 수 있다.

〈편포도 공식〉

$$S_W=\frac{3\cdot(M-M_{dn})}{SD}$$

M: 평균치
M_{dn} : 중앙치
SD : 표준편차

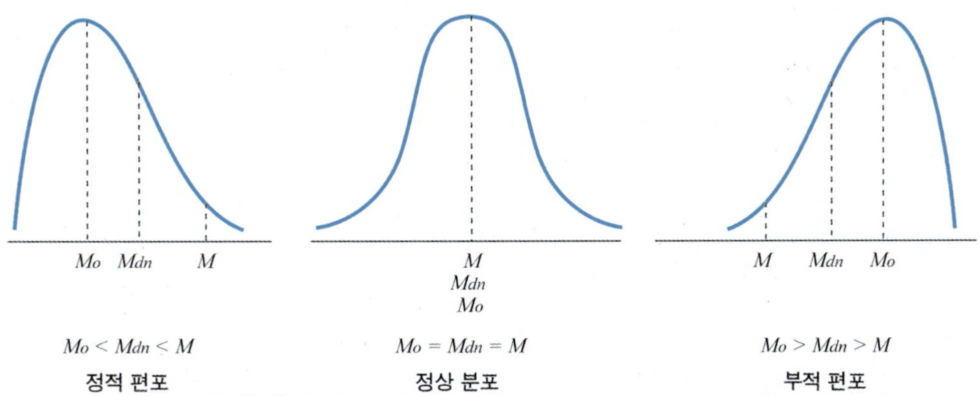

그림 2-1 정적 편포, 정상 분포, 부적 편포의 관계

셋째, 준거참조평가의 결과로 얻어진 점수는 그 점수 자체로서 중요한 의미가 있다. 즉, 현재 획득한 점수가 현재의 목표 달성 수준이 된다. 따라서 진정한 의미의 학습효과를 비교할 수 있게 해준다.

넷째, 준거참조평가에서는 타당도의 개념이 강조된다. 즉, 교육내용 및 목표에 대한 교수-학습의 결과를 중시한다.

다섯째, 특정 학습목표에 대한 학습자의 도달 또는 미달 여부의 판정이 중요한 의미가 있다.

여섯째, 학생들 사이의 지나친 경쟁심을 제거하고 협동적인 학습을 가능하게 해준다. 이는 다른 사람보다 더 잘해야겠다는 경쟁적인 학습관보다는 목표 달성을 위해서 다른 사람들과 협동하고자 하는 학습관을 조장할 수 있다.

일곱째, 학생들에게 더 많은 성취감 또는 성공감을 갖게 해준다.

여덟째, 학습에 대한 효과적인 강화를 가능하게 해준다. 효과적인 강화란 성취 수준만큼의 보상을 말한다.

결국 준거참조평가는 인간의 무한한 가능성과 교육효과에 대한 신념을 기초로 하고 있으며, 교육 성취에 대한 과정적 판단을 가능하게 해준다. 또한 교육활동에 필요한 구체적이고 의미 있는 정보를 수집·활용함으로써 교육 개선의 방향과 전략을 결정해 주는 데에 그 의미가 있다.

규준참조평가와 준거참조평가를 비교 정리하면 다음 표 2-1 과 같다.

표 2-1 규준참조평가와 준거참조평가 비교

내용 \ 구분	규준참조평가	준거참조평가
강 조 점	• 상대적인 서열	• 일정 목표성취
교육 신념	• 개인차 인정(정상 분포)	• 완전 학습(부적 편포)
비교 대상	• 개인과 개인	• 준거와 수행
목적 적용	• 분류, 선별, 배치, 행정적 기능 강조	• 자격 부여, 교수적 기능 강조

다음으로 비교적 개인의 성취 판단의 참조를 집단이 아닌 자기 자신에 두는 능력참조평가(ability-referenced evaluation)와 성장참조평가(growth-referenced evaluation)에 대해서 알아보자(Oosterhof, 2001; 성태제, 2010 참조).

3) 능력참조평가

능력참조평가(ability-referenced evaluation)는 학생이 지닌 능력에 비추어 그 능력을 얼마나 발휘했는가를 평가하는 방법이다. 이 평가방법은 학생의 노력 즉, 최선을 다하여 자신의 능력을 발휘하였는가를 평가하는 것이다. 이 평가의 핵심은 학생의 능력 발휘와 노력으로 평가 수준이 결정된다는 것이다. 만약 A 학생이 B 학생보다 원래 능력이 높은데도 불구하고 B 학생과 성취 수준이 같다면, A 학생은 능력보다 최선을 다하지 않은 것이고, B 학생은 능력보다 최선을 다한 학생으로 판단되어 성취 수준이 높게 평가된 것이다. 이처럼 능력참조평가에서는 능력 발휘를 위한 노력 정도가 성취 수준의 잣대가 된다.

능력참조평가는 능력이 높은 학생에게는 그 높은 능력을 발휘하는 노력을 요구하며, 능력이 낮은 학생도 최선을 다해 노력하면 능력발휘를 인정받아 성취 수준이 높게 평가될 수 있다는 학습동기를 부여하는 데 큰 의의가 있다. 결과적으로 능력참조평가에서는 능력에 맞는 노력이 진정한 능력이라는 것을 시사하고 있다.

그러나 최초의 정확한 능력 수준을 판단하는 객관적이고 타당한 근거를 어떻게 제시할 것인가? 그리고 노력이나 최선에 대한 객관적 요소를 어떻게 정하고 판단할 것인가? 가 능력참조평가 활용의 한계이고, 해결해야 할 중요한 과제가 된다.

4) 성장참조평가

성장참조평가(growth-referenced evaluation)는 교육을 통하여 개인이 얼마나 성장하였느냐를 판단하는 평가다. 최종 성취 수준 자체가 성취 수준으로 판단되지 않고 교육이 수행되기 전 즉, 교수-학습활동 전의 초기 성취 수준과 교수-학습활동 이후의 성취 수준의 차이로 순수한 성취 수준을 결정하는 평가유형이다.

이 평가의 통계적 기본 가정은 사전 성취 점수와 사후 성취 점수 간의 낮은 상관계수에 두고 있다. 이러한 현상은 사전 능력 점수가 낮은 학생도 사후 성취 수준에서 높은 점수를 획득하도록 조장하기 때문이다. 성장참조평가는 개인의 성장과 학업 증진을 위한 교수의 개별화를 강조하는 평가라 할 수 있다.

능력참조평가와 성장참조평가는 학생에 대한 학습동기화, 교수의 개별화, 학업 관련 상담을 목적으로 하는 평가 영역에서 유용한 평가방법으로 활용될 수 있다. 그러나 기본 능력이나 노력과는 별개로 자격 취득과 같이 결과적인 성취만이 기준이 되는 평가 영역에서는 적절하지 않을 수도 있다. 능력참조평가와 성장참조평가를 비교 정리하면 다음 표 2-2 와 같다.

표 2-2 능력참조평가와 성장참조평가 비교

구 분 / 내 용	능력참조평가	성장참조평가
강조점	• 최대 능력 발휘(노력)	• 능력의 변화(성장)
교육 신념	• 개별화 교수	• 성취, 성장
비교 대상	• 소유 능력과 수행(능력 발휘 노력) 정도	• 사전 성취 수준과 사후 성취 수준
목적 적용	• 최대 능력 발휘 • 교수적 기능 강조	• 학업 증진

평가유형의 적용은 평가의 대상이나 목적에 따라 다르다. 평가유형에는 개인과 개인을 상호 비교하는 규준참조평가, 개인의 학습 결과를 목표를 기준으로 판단하

는 준거참조평가, 그리고 개인의 내적 요인에 의하여 평가하는 능력참조평가와 성장참조평가가 있다. 규준참조평가는 행정적 기능을, 준거참조평가는 교수적 기능을 강조하며, 능력참조평가와 성장참조평가는 교수의 개별화, 학습동기 유발, 성장에 대한 보상 등과 같은 교수적 기능을 강조하게 된다. 한편 능력참조평가와 성장참조평가는 비교적 새로운 개념의 평가유형으로 학생 개인에 초점을 맞추어 개인의 능력이 최대로 발휘되고, 성장과 변화의 기회를 부여하도록 하는 측면에서 교육적인 평가방법이라 할 수 있다.

현재 우리나라에서 이루어지고 있는 대부분의 평가는 학생들을 분류 · 선발하는 것을 목적으로 하는 규준참조평가와 가능한 모든 학생이 일정 수준의 목표에 도달할 것을 전제로 하는 준거참조평가가 지배적으로 적용되고 있다. 단순히 학생들의 대학 진학이나 자격 취득을 위한 목적을 넘어서 교육을 통한 행동과 능력의 변화라는 교육의 본래 목적을 생각할 때, 보다 교육적이며 교수적 기능을 강조하는 능력참조평가와 성장참조평가를 도입하여 실시하는 것도 바람직하다 하겠다.

능력참조평가와 성장참조평가를 실시하기 위한 기본 전제조건은 학생이 지닌 능력에 대한 정확한 정보가 확보되어야 하며, 학생이 소유한 능력의 정도, 능력의 변화 등을 측정하는 도구의 타당도와 신뢰도가 고려되어야 한다. 또한 교사들이 학생 개개인에게 관심을 두고 능력을 파악할 수 있도록 교사 1인당 학생 수를 줄이는 정책도 병행되어야 한다. 또한 공정한 평가를 요구하는 체제에서는 이 두 평가유형을 적용하지 않거나 주의해서 사용해야 할 것이다.

모든 평가목적과 평가환경을 충족시키는 평가는 존재하지 않는다. 그러므로 평가유형 및 방법을 선택할 때는 평가목적, 평가 대상, 평가환경, 평가 결과의 영향, 그리고 각 평가방법의 장단점 등을 고려하여야 한다.

2. 평가 시점 및 목적에 따른 평가유형

교육평가 유형은 평가의 시점과 목적에 따라 달리 적용된다. 수업 전, 수업 진행 중, 수업 후 즉, 시점에 따라서 적합한 평가유형이 적용되어야 한다. 즉, 시점이 수업 전이면 '진단평가', 수업 진행 중이면 '형성평가', 수업 후이면 '총합평가'가 적용된다. 그리고 평가의 목적이 기초학력이나 현재의 심리 특성을 확인 · 파악하는 것에 있으면 '진단평가'가, 학습진전도를 확인하고 교수방법을 점검하는 것에 있으면 '형성평가'가, 종합적 평가 또는 최종 성취도 수준을 판단하기 위한 것에 있으면 '총합평가'가 적용되는 것이다(허형, 1990; 황정규, 1998; 박도순, 홍후조, 2008 등 참조).

평가의 시점이나 목적에 따라 평가유형을 달리 적용함으로써 적합한 평가의 기능을 접목할 수 있을 것이다.

평가의 시점 및 목적에 따른 진단평가, 형성평가, 총합평가의 목적과 기능을 좀 더 자세히 살펴보자(Airasian & Madaus, 1972; Black & William, 2004; Bloom, Hastings, & Madaus, 1971; Linn & Groniund, 2000; Scriven, 1967 참조).

1) 진단평가

진단평가(diagnostic evaluation)의 목적은 수업이 시작되기 전에 새로운 학습과제에 대한 선수학습(기초학력)이나 학습 흥미, 학습동기, 학습 준비도 등의 심리적 특성을 진단하여 소기의 출발점 행동을 준비하고, 효과적인 교수-학습전략을 모색하는 데에 있다. 학습자의 개인차가 나타나는 출발점 행동은 지능과 적성, 인지 양식, 선수학습의 정도 등을 포함하는 지적 출발점 행동과 교과에 대한 태도, 흥미, 동기 수준, 자아개념 등의 정의적 출발점 행동으로 구분해 볼 수 있다. 이러한 출발점 행동에 대한 진단은 효과적인 교수-학습의 실행과 그 성과를 결정짓는 가장 기본적이면서도 핵심적인 활동이라고 할 수 있다.

이처럼 진단평가는 예진적 활동으로서 새로운 수업에 직접적으로 영향을 미치는 수업 내적 요인들에 대해 일차적으로 진단하고 평가적 처치를 하는 것이다. 한편, 진단평가는 수업에 간접적 영향을 미칠 것으로 판단되는 수업 외적 요인들에 대한 진단과 평가적 처치도 포함해야 한다. 오히려 학습실패의 원인이 수업 외적 요인에서 기인할 수 있기 때문이다.

진단평가의 목적을 달성하기 위한 보다 실천적인 진단평가의 기능과 평가활동을 제시하면 다음과 같다.

첫째, 수업 내적 요인에 대한 예진적 활동에서는 선수학습은 물론 학생들의 지능이나 적성과 관련되는 기본적인 학습 능력, 학습동기, 학습 흥미 등을 확인하고 그에 따른 최적의 수업전략을 모색해야 한다. 즉, 학습의 성과를 극대화하기 위해서는 이들 요인에 대한 정보를 체계적으로 수집하여 가장 효과적인 수업전략 방안을 마련해야 한다. 그리고 진단 결과 필요에 따라서 적절한 보충적 처치를 하고, 학습동기나 학습 흥미를 유발할 수 있는 적절한 과제를 제시하거나 교수-학습 매체 및 자료를 활용해야 한다. 한편, 지능이나 적성과 관계되는 경우는 기본적인 능력에 따라 개별화 교수를 유도해야 하며, 능력의 지나친 결여에 있어서는 장기적인 계획에 따른 처치가 뒤따라야 한다.

둘째, 학습실패의 수업 외적 원인을 진단하여 그 학습 영향 변인을 적절히 다루어 학습자의 학습활동을 촉진해야 한다. 학습실패의 수업 외적인 영향 변인은 신체적, 심리적, 환경적인 것들로 분류된다. 학습실패를 유발하는 신체적 요인으로는 건강 상태의 이상, 영양 관리의 이상, 운동·감각기능의 장애 등을 들 수 있으며, 심리적 요인으로는 수업 관련 내용에 대한 부정적 자아개념을 가지고 있거나 그 밖에 가족 또는 동료들과의 부조화로 인한 심리적 불안정, 신경증 등이 있을 수 있다. 그리고 환경적 요인으로는 물리적·경제적 빈곤으로 인한 학습 환경의 결여를 들 수 있다. 이러한 학습장애 요소가 발견되면 교사는 직접적인 학습활동에 대한 처치에 앞서 개인에게 학습할 수 있는 환경적 조건을 형성하는 데 도움이 되는 가이던스나 카운슬링을 우선해야 할 것이다.

학습부진아에 대한 개념 정의가 명확하지는 않지만, 우리나라에서는 지적 능력은 충분한데 학습을 실패한 아동으로 보는 것이 지배적이고, 미국의 경우에서는 지적 능력이 다소 떨어지고 학습 속도가 느린 아동으로 분류하고 있다. 그리고 학습지진아는 지적 능력이 매우 부족하여 학습에 실패하는 경우다. 여기서 강조하고자 하는 것은 학습실패자들의 학습실패 원인과 처치는 다르다는 것이다.

지적 능력이 다소 떨어지는 학습부진아(slower learner)나 지적 능력이 매우 부족한 학습지진아(mental retardation learner)의 경우는 능력 자체가 학습실패의 원인이 되기 때문에, 전자의 학습부진아의 경우 학습 속도를 천천히 유도하여 이해를 도모하는 처치가 적절할 것이며, 후자의 학습지진아는 능력 자체가 현저히 떨어진 경우이기 때문에 오히려 가장 기초적인 학습이나 비교적 지적 능력의 지원을 덜 받는 기능적 학습을 습득하도록 하는 것이 적절한 처치가 될 수 있을 것이다.

그러나 지적 능력은 충분한데 학습성취에 실패한 학습부진아의 경우는 학습실패가 능력 자체에 있는 것이 아니기 때문에 학습방법, 이성 친구, 가정불화, 경제적 문제 등에서 원인을 찾아 적절한 상담이나 해결방안을 지원해야 할 것이다.

2) 형성평가

형성평가(formative evaluation)라는 용어는 Scriven(1967)이 최초로 사용하였으며, 교육프로그램이 전개되는 과정에서 평가를 통해서 교육프로그램이 더 나은 방향으로 형성(form)하고 발전하는 의미를(홍세희 외, 2020, 재인용) 가지고 있다. 즉, 형성평가는 수업 개선을 위한 평가체계이다. 수업 진행 과정(소단원)에서 학생들의 학습진전도를 확인하고, 그에 따른 적절한 피드백(feedback)을 줌으로써 교수-학습활동을 개선하는 것을 목적으로 하는 평가가 형성평가다. 형성평가의 목적이 교수-학습 과정의 진전 상황에 관한 정보를 수집 · 분석하여 교수-학습활동을 개선하는 데 있으므로 학생이 획득한 점수는 피드백을 위한 정보 또는 동기화와 강화로 작용해야 한다. 그러므로 수행평가와 같이 수업 과정에서의 성취를 성적에 반영하는 경우를 제외하고는 형성평가의 점수는 성적에 반영하지 않는 것이 원칙이다.

일반적으로 학교에서 실시하는 대부분의 평가는 수업과 학습의 성과에 대한 최종적 판단을 내리는 이른바 총합평가이다. 그런데 만일 대단원 또는 과목의 수업이 종결된 후 평가를 통해서 교육의 성과가 만족스럽지 못한 것으로 판명될 때, 그 부족한 부분을 바로 잡기에는 시간적으로나 심리적으로 어렵게 된다. 수업이 진행되는 도중에 수시로 실시되는 형성평가는 바로 이러한 총합평가의 문제점을 보완하려는 데에서 착안한 것이다.

형성평가의 목적을 달성하기 위한 보다 실천적인 형성평가의 기능과 평가활동을 제시하면 다음과 같다.

첫째, 학습 진행 속도를 조절하는 기능이다. 형성평가는 학생들의 학습진전도 상태를 분명히 밝혀주기 때문에 자신의 학습 능력에 보조를 맞추어 학습할 수 있게 한다.

둘째, 교수-학습과정에서의 피드백의 기능이다. 즉, 수업이 진행되면서 학생들이 당면하는 학습곤란이나 학습결손의 내용을 즉시 밝혀 이를 교정 또는 보충하는 기회를 제공하는 피드백의 기능을 말한다. 즉각적인 피드백을 통해서 학습결손의 누적 현상을 피할 수 있으며, 새로운 학습과제에 대한 기초를 확보함으로써 성공적으로 학습을 계속할 수 있다.

셋째, 학습활동을 강화하는 기능이다. 학습의 범위가 작아서 높은 성취를 가질 가능성이 크다. 따라서 높은 성취감과 성공 그 자체가 보상과 격려로 작용하여 학습활동을 강화할 뿐만 아니라, 성공적 경험이 그 과제에 대한 긍정적 자아개념으로 내면화되어 장차 학습자는 관련된 과제에 대해서 더욱 큰 자신감과 도전감을 가질 수 있다.

넷째, 교수-학습활동 개선의 기능이다. 만일 어떤 특정 문항이나 질문에 대한 학생의 반응이 대부분 틀렸을 경우, 이는 학생의 학습 자체에 문제가 있기보다는 오히려 잘못 이해시킨 교수방법에 그 원인이 있을 가능성이 크다. 이런 경우는 기존의 교수방법에 대한 검토가 요구되며, 필요하다면 새로운 교수방법을 적용해 보아야 할 것이다. 즉, 교수-학습활동의 개선을 위한 교수방법의 변형이나 교수 자료의 보완 등의 재처치가 있어야 한다.

3) 총합평가

총합평가(summative evaluation)란 수업(대단원)이 종결된 후 중간고사, 학기말고사, 학년말고사 등을 통해서 학생들의 학업성취도를 총합적으로 평가하는 것이다. 총합평가의 목적은 학생들의 성적, 평점, 등급 등을 부여하고, 그 결과를 통해서 교육 및 수업활동의 효과성 및 효율성에 관한 판단을 내리는 종합적인 교육의 책무성을 따지는 데에 있다.

총합평가의 목적을 달성하기 위한 총합평가의 기능과 평가활동을 제시하면 다음과 같다.

첫째, 학생들의 성적, 평점, 등급 등을 부여하는 기능이다. 즉, 학생의 최종 학업성취 수준을 판정하는 것이다. 총합평가에서 성적의 표기는 가능한 단일 점수(국어과 전체 점수)보다는 복수 점수(읽기, 쓰기, 듣기, 말하기 등)로 하는 것이 바람직하다. 즉, 세분된 점수를 제공함으로써 보다 정확한 성취도를 판단할 수 있기 때문이다.

둘째, 총합평가의 결과를 통해서 학생들의 장래 성적을 예측하는 기능이다. 계열성을 가지는 학습과제에 대한 총합평가의 결과를 통해서 다음 학습성취의 성공 및 수준을 예측한다.

셋째, 집단성과를 비교할 수 있는 정보를 제공하는 기능이다. 집단성과의 비교를 통해서 교육과정 및 교육정책의 효과성을 판단하고 교육정책에 반영한다.

넷째, 프로그램 및 학습지도의 장기적 질 관리 기능이다. 최종적인 성취도를 통해서 학습지도 방법의 효과성 및 효율성 정도에 따라 유지나 개선을 판단하게 해준다.

4) 진단 · 형성 · 총합 평가의 비교

진단 · 형성 · 총합평가는 평가의 시기, 목적, 기능, 방법, 주체, 기준 등에 따라 달리 적용된다. 구분에 따라 진단평가, 형성평가, 총합평가를 비교 · 정리하면 다음 표 2-3 과 같다.

표 2-3 진단평가, 형성평가, 총합평가의 비교

유형 / 구분	진단평가	형성평가	총합평가
평가시기	• 수업(교육) 시작 전	• 수업(교육) 진행 중	• 수업(교육) 후
평가목적	• 인지적, 정의적 출발점 행동 진단 • 출발점 행동 준비 • 효과적인 교수-학습 전략을 모색	• 학습진전도 확인 • 교수-학습활동의 개선 • 교수방법의 개선	• 성적, 평점, 등급 부여 • 책무성 차원의 교육 및 수업활동의 효과성 및 효율성에 관한 판단
주요 기능	• 수업 내적 요인 진단 및 처치(전시 학습, 기초 학습) • 수업 외적 요인 진단 및 처치(학습 실패, 학습 환경) • 정치(定置)활동	• 피드백 • 학습 진행 속도 조절 • 학습활동 강화 • 교수-학습활동 개선	• 성적, 평점, 등급 부여 • 장래 성적 예측 • 집단성과 비교 • 프로그램 및 학습지도의 장기적 질 관리
평가방법	• 비형식, 형식적 평가	• 수시평가 • 비형식, 형식적 평가	• 형식적 평가

구분 \ 유형	진단평가	형성평가	총합평가
평가 주체	• 교사 • 교과(내용) 전문가 (표준화 진단검사)	• 교사	• 교사 • 교과(내용) 전문가 (표준화 학력검사) • 평가 전문가
평가 기준	• 준거 참조	• 준거 참조	• 규준 참조 • 준거 참조

각 구분에 따라 정리하여 설명하면 다음과 같다.

첫째, 평가의 시기에 따른 비교는 진단평가는 수업(교육) 시작 전, 형성평가는 수업(교육) 진행 중, 총합평가는 수업(교육) 후이다.

둘째, 평가의 목적에 따른 비교에서 진단평가의 목적은 주로 수업에 직접 관련된 선수 학습이나 간접적으로 관련된 심리적 출발점 행동을 진단하고, 그 진단에 따른 적절한 처치를 하여 소기의 출발점 행동을 준비시키고, 가장 적절한 교수-학습전략을 모색하는 데 있다. 형성평가의 목적은 학생의 학습진전도를 확인하고, 그에 따른 최적의 교수-학습활동을 개선해 가는 데 있다. 그리고 총합평가의 목적은 학생의 성적, 평점, 등급 등을 부여하고 교육의 책무성 차원에서 교육 또는 수업활동의 효과성 판단과 프로그램의 장기적 질 관리에 있다.

셋째, 각 평가의 주요 기능을 비교 설명하면, 진단평가는 수업에 직접적으로 관련된 선수학습과 같은 수업 내적 활동 진단 및 처치, 간접적인 수업 외적 학습실패 요인을 진단 및 처치하는 활동, 개별화를 가능케 하도록 학생을 배치하는 정치(定置) 활동 등의 기능을 하고, 형성평가는 학습진전도를 확인하고 적절한 피드백을 주면서 학습 진행 속도를 조절하고, 소기의 목적 달성에 대한 강화(reinforcement)를 적극적으로 활용하여 궁극적으로 교수-학습활동을 개선하는 기능을 한다. Black과 William(2004)도 교수-학습 개선을 위해서는 총합평가 결과보다는 형성평가 결과를 이용하는 것이 더 효과적이라고 하였다. 그리고 총합평가는 성적, 평점, 등급을 부여하고, 장래 성적을 예측하며, 집단 간의 성과를 비교하고, 프로그램의 장기적인 질을 관리하는 기능을 한다.

넷째, 각 평가의 주체는 평가방법에 있어서 각 평가유형의 상황이나 목적에 따라 형식적 또는 비형식적 평가방법을 채택한다. 진단평가에서 수업 전 간단한 진단을 위해서는 대부분 비형식적 방법을 채택하지만, 배치(配置) 또는 정치(定置)를 위해서는 좀 더 정확한 진단을 위해 형식적 방법을 사용해야 한다. 형성평가에서도 단원의 평가에서는 대부분 비형식적 방법을 채택하지만, 수행평가 등의 점수 반영이 불가피할 경우는 형식적 평가방법을 도입할 수 있다. 그리고 총합평가는 목적 자체가 성적, 점수, 등급 등을 부여하는 것이기 때문에 기본적으로 형식적 평가방법을 사용한다.

다섯째, 평가자 주체는 각 평가유형의 목적에 따라 다를 수 있다. 진단평가에서 수업 전 간단한 진단이라면 교사가 평가의 주체가 될 수 있지만, 좀 더 정확한 배치나 정치 또는 심리 환경적 진단이 필요하다면 교육(내용)전문가의 진단 도구 및 진단이 요구된다. 형성평가는 대부분 수업 중에 이루어지기 때문에 평가의 주체는 주로 교사가 된다. 총합평가의 평가 주체는 객관적인 성적, 점수, 등급 부여가 필요하므로 교육내용 전문가(교사)가 적합하며, 그리고 프로그램의 효과와 정책을 판단하는 평가 전문가가 요구된다.

여섯째, 평가 기준의 비교에서 진단평가는 정확한 출발점 행동을 진단하기 위해서 준거참조가 적절하고, 형성평가도 구체적인 내용에 대한 목표 달성으로 학습진전도를 파악하는 것이기 때문에 준거참조가 적절하다. 그리고 총합평가에서는 등급이나 순위 결정 등이 일차적 목적이라면 규준이 평가 기준이 되지만, 평가의 목적이 능력, 자질, 자격 등의 일정한 목표 달성으로 합격·불합격을 정하는 경우라면 평가의 기준은 준거에 두어야 할 것이다.

이 장의 논점(과제)

1. 핀란드의 교육평가 방식을 우리 학교 현장에 도입할 수 있는가?
   (도입 가능, 도입 불가, 부분 도입 등을 기준으로)

2. 학습 저하(실패) 학생에 대한 교사(본인)의 역할을 말해 봅시다.

관련 탐구 자료

핀란드의 실험 2부 더 많은 차별 - EBS 지식채널 e

Formative vs. Summative vs. Diagnostic Assessment - YouTube

Chapter

03

평가도구의 질 판단 조건

1. 타당도
2. 신뢰도
3. 객관도
4. 실용도

생각하고 들어가기

교육평가는 결과를 의미 있게 해석하고 판단하여 교육적으로 처치하는 활동이다. 따라서 교육평가의 의미적 해석이 수용되기 위해서는 평가도구 자체 즉, 평가내용 및 절차가 정확해야 하고, 그 결과도 객관적으로 인식되어야만 한다. 학습자의 모든 심리적 특성에 관한 판단은 다양한 평가방법을 포함하는 평가도구에 의한 것이다. 교육에서는 평가도구에 의해 학습자의 특성인 적성, 성격, 흥미, 능력, 성취도, 심지어는 정신건강 상태 등을 검사, 해석 및 판단하고, 그에 따른 교육적 처치를 수반한다.

문제는 평가도구를 통해서 얻은 결과가 의미 있고 올바른 판단기준이 될 수 있느냐에 있다. 올바른 판단기준으로는 '사용한 평가도구가 정말 타당한가?', '믿을 만한 도구인가?', '결과의 해석이 객관적인가?', '교육 현장이나 상황에서 평가도구의 개발이나 사용이 실용적인가?' 등이 해당할 수 있다.

이 장에서는 평가도구의 질 판단을 위한 조건인 타당도, 신뢰도, 객관도, 실용도 등에 대하여 살펴보기로 한다.

학습목표

1. 평가도구의 질 판단을 위한 필수조건인 타당도와 신뢰도의 개념 및 관계를 밝힐 수 있다.
2. 신뢰도와 타당도, 객관도, 실용도 등의 개념을 설명할 수 있다.
3. 신뢰도와 타당도, 객관도 등을 검증하는 방법들을 적용할 수 있다.
4. 신뢰도를 높이는 방법을 제시하고, 그 이유를 설명할 수 있다.
5. 객관도를 높이는 방법을 열거할 수 있다.
6. 채점의 오류를 열거하고, 예를 들어 설명할 수 있다.

평가도구의 질을 판단하는 주요 조건으로는 평가내용과 관련된 타당도, 평가 절차 및 과정에 관련된 신뢰도, 채점과 관련된 객관도, 그리고 실용도 등을 들 수 있다.

1. 타당도

타당도(validity)란 평가도구가 측정하고자 하는 것(내용)을 어느 정도로 측정하고 있느냐에 있다. 즉, 타당도는 '평가도구가 실제 무엇(내용)을 재고 있느냐' 또는 '재고자 하는 능력 · 성질 · 특성을 어느 정도로 재고 있느냐'의 정도를 말하는 것이다. 이와 같이 타당도는 '잴 것(내용)을 재고 있는가?'의 의미로서 '무엇(what)'이라는 개념과 관계된다. 예를 들어, 사회과에 대한 평가는 측정에 약간의 오차가 있더라도 '사회생활 능력'을 재고 있어야지 '국어능력'을 재고 있다면 타당하지 않다. 사회과 시험에서 어려운 독해력을 요구하는 식의 질문 문항은 자칫 사회생활 능력을 재기보다는 국어능력을 재는 오류를 범할 수도 있다.

타당도는 검사점수가 검사의 사용 목적에 얼마나 부합하는지를 의미하기 때문에 모든 내용에 타당한 검사란 존재하지 않으며, 타당도가 '있다' 또는 '없다'와 같은 이분법적인 판단은 적절하지 않다.

Gronlund와 Linn(1990)은 타당도를 이해하는 데 다음의 네 가지 주의점을 제시하고 있다.

첫째, 타당도는 피험자 집단에 사용된 측정 도구나 검사를 통해 얻은 검사 결과의 해석에 대한 적합성이지 검사 자체와 관련된 것은 아니다. 따라서 검사 결과로부터 만들어진 해석에 대한 타당성을 말하는 것이지 검사 자체의 타당성을 의미하는 것으로 보기에는 어렵다.

둘째, 타당도는 정도의 문제이기 때문에 어떠한 검사든지 타당도는 존재한다는 점에서 타당도는 '높다' 또는 '낮다'로 표현하여야 한다.

셋째, 타당도는 특별한 목적이나 해석에 제한하여 활용되어야 한다. 모든 목적이나 내용에 부합하는 검사는 존재할 수 없으며, 특정한 검사의 타당도는 특정한 목적이나 내용이라는 범위에 제한하여 사용되어야 한다.

넷째, 타당도는 단일한 개념이다. 즉, 타당도 개념을 다양한 종류로 구분하기보다는 다양한 종류의 근거에 기초한 단일한 개념으로 해석하고 있다.

타당도를 추정하는 방법으로는 미국심리학회(1985)의 「교육 및 심리검사와 요강 작성 지침서(Standard for educational and psychological test and manuals)」에서 제시하고 있는 내용타당도, 예언타당도, 공인타당도, 구인타당도 등이 있다(성태제, 2002; 박도순, 홍후조, 2008; French, & Michael, 1966 참조).

AERA, APA, & NCME(1999)[1]도 타당도의 근거를 제시하고 있는데 '검사내용에 기초한 근거', '반응과정에 기초한 근거', '내적 구조에 기초한 근거', '다른 변수와의 관계에 기초한 근거', '검사 결과에 기초한 근거' 등이 그것이다. 최근 타당도에 대한 새로운 개념은 검사점수를 해석하기 위하여 합당한 과학적인 근거를 수집하는 과정으로 보고 '~과 관련된 타당도의 근거(~ related evidence of validity)'라는 용어 대신에 '~에 기초한 근거(evidence based on ~)'로 타당도를 검증하는 추세이다(성태제, 2002).

여러 학자 및 교육평가 관련 기관의 타당도 추정방법들을 정리해 보면, 내용타당도는 '검사내용에 기초한 근거', 구인타당도는 '내적 구조에 기초한 근거', 예측타당도와 공인타당도는 검사-준거 관련성(test-criterion relationships)을 따지는 '다른 변인에 기초한 근거'와 같은 개념이거나 유사한 타당도 추정방법이라고 할 수 있다. 그 밖

1) AERA : American Educational Research Association
APA : American Psychological Association
NCME : National Council on Measurement in Education

에 구인과 피험자의 수행이나 반응이 얼마나 일치하는지를 전문가의 판단으로 반응과정에 대한 내용 분석을 통해 검증하는 '반응과정에 기초한 근거'라는 추정방법이 있다.

여기에서는 타당도를 추정하는 일반적이고 대표적인 내용타당도, 예언타당도, 공인타당도, 구인타당도에 대해서 살펴보고자 한다.

1) 내용타당도

내용타당도(content validity)는 평가도구가 정의된 내용의 속성을 어느 정도로 잘 측정하고 있느냐를 논리적으로 판단하는 것이다. 대표적인 내용타당도 검증방법은 측정하고자 하는 내용의 속성에 대하여 관련 전문가의 판단과 검토로 이루어진다.

학교에서 교육과정과 관련한 평가도구(검사 또는 시험)에 대한 타당도는 문항과 목표와의 일치도를 논리적으로 판단한다. 이런 의미에서 내용타당도는 교과타당도(curriculum validity)와 교수타당도(instructional validity)로 구분하기도 한다. 교과타당도는 검사가 교육과정에 있는 내용을 얼마나 잘 포함하고 있는가의 문제이고, 교수타당도란 교수-학습활동에서 가르치고 배운 내용이 얼마나 포함되어 있는지를 의미한다. 종전에는 내용타당도와 유사한 의미에서 검사 도구의 문항들이 검사 제작자나 피험자에게 친숙한 정도를 판단하는 안면타당도(face validity)를 사용하기도 하였으나 과학성이 낮으므로 최근에는 사용하지 않는다.

내용타당도는 주로 교수-학습과정에서 설정했던 교수목표를 평가도구가 얼마나 충실히 측정하고 있는지를 결정할 때 적용되는 타당도의 개념이다. 교수-학습과정을 마친 후 학생에게 실시하는 검사를 위한 평가도구의 타당도는 가르치고자 했던 목표에 부합된 내용을 얼마나 충실히 측정하고 있는지의 정도로 결정된다.

교육에서 평가도구의 직접적 목표, 즉 준거는 교수목표 → 교과과정 → 교재의 내용을 얼마나 잘 측정하고 있는지로 요약할 수 있다. 이와 같은 교수-학습목표를 얼마나 잘 대표하고 충실히 측정하고 있는지의 정도에 비례해서 검사 도구의 타당도는 높아진다. 다시 말해서 내용타당도는 '평가도구가 처음에 의도했던 교수목표에 비추어 보아 적절한가?', '문항내용이 중요한 교과 내용을 빠뜨리지 않고 있는가?', '문항의 곤란도가 학생집단의 성질에 비추어 보아 적절한가?' 그리고 '문항의 표본이 모집단을 잘 대표하고 있는가?' 등에 따라 결정된다. 내용타당도를 검증하는 좋은 방법은 이원분류표를 작성하여 목표와 문항의 일치도를 판단하는 것이다. 이처럼 교수-학습에서 내용타당도의 준거는 교수목표가 되기 때문에 교수목표의 세분화는 타당성을 높이는 필요조건이 된다.

내용타당도의 추정은 주관적 판단에 의하므로 객관적 자료를 사용하지 않으며 타당도에 대하여 수치로 나타내는 객관적 정보를 제공하지 않고 검사내용 전문가의 전문지식에 의하여 주관적으로 검증된다. 학업성취도 검사의 내용타당도 검증은 검사 제작 전 작성한 이원분류표에 의하여 검사 도구가 작성되었는지를 확인하는 방법을 사용한다.

이러한 내용타당도 추정 방법은 계량화된 정보를 제공하지는 못하지만, 전문가들의 판단으로 검사의 타당성을 입증받게 되므로 검사목적에 부합하는지를 검증할 수 있다. 그러나 특성에 대한 공통된 정의가 어려운 정의적 행동 특성에 관한 내용을 판단할 때 전문가마다 각기 다른 견해를 가지므로 내용타당도에 대한 각기 다른 검증 결과를 낳기 쉽다는 문제점도 존재한다.

2) 예언타당도

예언타당도(predictive validity)는 평가도구에 의한 검사 결과가 준거가 되는 피험자의 미래 행동 특성을 어느 정도로 예언하는지로 결정된다. 즉, 예언타당도란 현재의 어떤 평가도구가 목적하는 미래의 준거를 정확히 예언하는 힘을 말한다. 준거는 시간상으로 미래 행동 특성으로 학업에서의 성공, 직업에서의 성공, 개인적·사회적 적응의 정도 등이 될 수 있다. 통계적 개념에 비추어 보면 예언타당도는 현재의 선행 검사 X와 미래의 준거 Y와의 상관계수로 표시된다.

특히, 예언력은 학업평가에서도 중요하지만, 적성검사와 같이 예언을 주된 기능으로 하는 검사에서 더 중요하다. 예를 들어, '비행 조종사 적성검사'에서 높은 적성능력을 나타냈던 사람이 장차 조종사가 되어 실제적인 비행 능력이 뛰어나다면 그 적성검사는 예언력이 높다고 할 수 있을 뿐만 아니라 검사의 타당도도 높다고 할 수 있다. 이러한 원리는 '운전면허시험'에서도 마찬가지로 적용될 수 있을 것이다.

한편, 예언타당도는 학업평가와 관련해서 '대학 입학시험'에서의 각종 수험 및 전형 요소 반영비율을 결정하는 데에도 적용할 수 있다. 대학 입학시험의 목적이 대학에서의 수학 능력을 예언하는 것에 있다면 대학에서의 수학 능력(학점, 학교 및 학과생활, 각종 진로 준비 등)을 자세히 분석하여 입학 당시의 전형 요소(현재)와 대학에서의 수학 능력(미래)과의 상관관계를 밝혀 보아야 할 것이다. 그런 상관관계들로는 수학능력시험과 대학의 수학 능력, 내신성적과 대학의 수학 능력, 본고사 및 논술고사와 대학의 수학 능력 등을 들 수 있을 것이다. 이러한 상관관계의 정도에 따라서 각종 전형 요소의 반영 비율이 달리 적용되어야 타당한 입학전형 방법이 될 것이며, 결과적으로 대학에서 요구하는 우수 학생 선발이 가능할 뿐만 아니라 객관적인 대학 입학 전형으로 간주할 수 있을 것이다.

예언타당도를 추정하는 방법 및 절차는 다음과 같다.

① 피험자 집단에 새로 제작한 검사를 한다.
② 일정 기간 후 검사한 내용과 관계가 있는 피험자 행위를 측정한다.
③ 검사 점수(과거)와 미래 행위의 측정치(현재)와의 상관 정도를 추정한다.

예언타당도 추정의 장단점을 살펴보면, 장점은 검사 도구가 미래의 행위를 예언하여 주기 때문에 예언타당도가 높으면 선발, 채용, 배치 등의 목적에 활용도가 높다는 것이다. 한편 단점은 예언타당도 추정에서 나타나는 현재와 미래(실제는 과거와 현재)의 시간적 공간에 내재하는 외생변인의 영향력이다. 즉, 시간의 흐름에 따라 평가 대상의 사고나 행동이 변화되며, 통계적으로 자료가 절단되기 때문에 예언타당도는 과소 추정될 가능성이 크다는 것이다.

3) 공인타당도

공인타당도(concurrent validity)는 예언타당도와 마찬가지로 검사 X와 준거 Y와의 상관계수로 해석되지만, 검사 X와 준거 Y 모두가 시제적으로 현재에 있다는 것이 다르다. 즉, 공인타당도란 현재의 검사 X와 현재의 다른 준거 Y 간의 상관 정도를 말한다.

예언타당도와 공인타당도의 차이는 다음과 같다.

첫째, 예언타당도에서는 행동 준거를 '미래'에 두고 있고, 공인타당도에서는 행동 준거를 '현재'에 둔다.

둘째, 공인타당도는 한 검사 또는 평가도구의 예언력을 구하는 데 있지 않고, 평가도구 간의 공통된 요인이 있는지 없는지에 있다. 한 평가도구 또는 검사와 준거 변인 간의 공통적인 요인이 얼마나 공유되고 있는지를 살펴, 준거 변인 대신에 검사를 사용하는 데 목적이 있다. 즉, 검사 X로 검사 Y를 대체할 수 있는지의 판단 정도가 공인타당도의 수준이 되는 것이다. 예를 들어, '간편 다중지능검사'를 개발 및 실시할 경우, 이미 타당도를 확보하고 있는 '다중지능검사'가 준거가 된다. '간편 다중지능검사'와 '다중지능검사'를 실시한 결과의 관계 정도 즉, 관계 정도(상관계수)가 높으면 다른 행동 준거 Y(다중지능검사)를 검사 X(간편 다중지능검사)로 대체하여 사용함으로써 검사 제작 및 검사의 효율성을 가질 수 있다.

공인타당도를 추정하는 방법 및 절차는 다음과 같다.

① 피험자 집단에 새로 제작된 검사를 한다.
② 동일 집단에 동일한 상황에서 이미 타당도를 확보한 검사를 실시한다.
③ 두 검사(현재) 점수 간의 상관계수를 산출한다.

추정 방법의 장단점을 살펴보면, 장점으로는 공인타당도는 계량화되어 타당도에 대한 객관적인 정보를 제공할 수 있다는 것이다. 한편, 단점은 타당도를 확보한 기존의 검사가 반드시 있어야 한다는 것이다.

4) 구인타당도

구인타당도(construct validity)란 한 검사가 어떤 심리학적 특성이나 성질을 측정하고 있는지에 대한 모든 증거의 확보 수준이다. 즉, 구인타당도란 아직 조작적으로 정의되지 아니한 인간의 특성에 대한 속성들을 분석하고 의미를 부여하면서 과학적으로 인간 특성을 구성하는 요인을 판단하는 것이다.

구인(construct)이란 한 검사에 반영되어 있다고 짐작되는 인간의 어떤 가정적 속성을 말한다. 인간의 어떤 속성은 과학적인 개념으로 정리되어야만 그 속성의 의미를 정확히 말할 수 있게 된다. 인간이 가지는 대부분의 특성은 그 속성이 모호하고 불명료하다. 예를 들어 자아개념, 동기, 적성, 불안 등의 인간 특성들이 해당할 수 있다. 이러한 인간 특성들은 그 명료성에 있어서 물리적인 상황에 대한 이해나 분석과는 차이가 있을 뿐만 아니라 한계가 따를 수밖에 없다. 그러므로 이들 인간 특성들을 더 정확히 이해하고 정의하기 위해서는 인간 특성에 대한 과학적인 개념화를 위한 증거들을 수집 · 축적 · 분석 · 정리할 필요가 있다. 이러한 과정을 통해서 한 인간 특성의 타당한 속성들이 밝혀진다.

이처럼 한 검사가 측정하고 있는 특성이 심리학적으로 볼 때, 그 특성에 관한 증거가 구인타당도의 근거가 된다. Cronbach(1970)도 구인타당도는 한 검사에서 나온 점수의 의미를 심리학적 개념으로 분석하는 것이라고 하였다. 다시 말하면, 구인타당도는 아직 조작적으로 정의되지 않고 과학적으로 정립되지 않은 새로운 개념(혹은 구인)을 측정하는 검사에 과학적 이론과 타당화를 부여하는 과정의 산물이라 할 수 있다. 한편, 구인타당도를 밝히는 과정에는 어떤 하나의 타당화 방법만을 적용하는 것이 아니라 필요에 따라서 앞서 제시했던 내용타당도, 예언타당도, 공인타당도 등의 모든 절차가 동원될 수 있으며, 구인타당도의 증거들을 확보하기 위해 적절하다고 판단되는 모든 형태의 연구방법이 사용될 수도 있다. 따라서 구인타당도는 검사에 대한 요인분석이나 문항분석과 같은 통계적 방법은 물론, 인간 특성에 관한 심리학적 제 이론을 배경으로 하는 연구 등의 다양한 증거를 통한 합리적인 판단으로 결정될 수 있다.

조작적 정의에 의한 구인타당도를 추정하는 방법 및 절차는 다음과 같다.

① 심리적 특성을 구성하는 구인에 대한 조작적 정의를 내린다.
② 구인들을 측정하는 문항 및 검사도구를 제작한다.
③ 측정 대상에게 검사하여 응답 자료를 얻는다.
④ 검사가 측정하고자 하는 구인들을 제대로 측정하였는지를 밝힌다.
⑤ 심리적 특성을 규명하는 조작적 정의에 포함된 구인과 관계없는 문항을 제거(수정)한다.

그리고 구인타당도를 추정하는 통계적 방법으로는 첫째, 각 구인에 따라 얻어진 점수와 심리 특성을 측정하는 총점과의 상관계수에 의하여 타당도를 추정하는 상관계수법 둘째, 실험집단과 통제집단을 설정한 후 심리적 구인을 처치하여 집단 간의 차이로 타당도를 추정하는 실험설계법 셋째, 복잡하고 정의되지 않은 많은 변수 간의 상호관계를 분석하여 상관이 높은 변수들을 모아 요인으로 규명하고 그 요인의 의미를 부여하는 통계적 방법인 요인분석(factor analysis) 등이 있다.

구인타당도 추정 방법의 장단점을 살펴보면, 장점은 응답 자료에 의하여 계량적 방법에 따라 추정되므로 과학적이고 객관적이며, 심리적 특성에 부여한 조작적 정의의 타당성을 밝혀주므로 많은 연구의 기초가 된다는 것이고, 단점은 통계적인 방법인 요인분석으로 타당도를 추정하기 위해서는 통상적으로 300명 이상의 응답자를 확보해야 한다는 것이다.

표 3-1 타당도 종류에 따른 정의, 추정 방법 및 절차, 장점, 단점

구분	내용타당도	예언타당도	공인타당도	구인타당도
정의	내용의 속성을 전문적 · 논리적으로 판단	현재 검사 결과가 준거가 되는 미래 행동 특성을 예언	현재의 검사와 현재의 다른 준거 검사 간의 상관 정도	심리학적 특성의 구인에 대한 모든 증거의 확보 수준
방법 및 절차	검사내용 전문가의 전문지식에 의한 주관적 검증	① 검사 실시 ② 일정 기간 후 검사내용 관련 피험자 행위 측정 ③ 현재 점수(과거)와 미래 행위 점수(현재) 간의 상관 정도	① 검사 실시 ② 타당도가 이미 확보된 검사 실시 ③ 두(현재) 점수 간의 상관 정도	① 구인의 조작적 정의 ② 구인 측정 문항 및 검사도구 제작 ③ 검사 실시와 자료 수집 ④ 구인 확인과 분석 ⑤ 구인과 관계없는 문항 제거
장점	전문가 판단으로 검사목적 부적합 여부 검증이 쉬움	선발, 채용, 배치 등의 목적에 활용도가 높음	계량화로 객관적인 정보 제공	계량적 방법 추정으로 과학적 · 객관적이며, 조작적 정의 타당성 확인으로 많은 연구의 기초가 됨
단점	정의적 행동 특성 내용 판단 시 전문가의 각기 다른 검증 결과 초래 가능성	검사 간 충분한 시간적 여유가 필요하고, 시간의 흐름에 따라 평가 대상의 사고나 행동이 변화되어 타당도가 과소 추정될 가능성이 큼	타당도를 확보한 기존 검사가 요구됨	요인분석 추정인 경우 300명 이상 응답자 확보 요구됨

2. 신뢰도

타당도가 '무엇'을 측정하고 있느냐에 초점을 두는 것이라면 신뢰도(reliability)는 한 평가도구가 '얼마나 정확하게', '얼마나 오차 없이', 그리고 '얼마나 일관성 있게' 측정하고 있는지에 초점을 두는 것이다. 즉, '어떻게(how)' 측정하고 있는지를 따지는 것이다. 만일 어떤 자(尺)가 온도의 변화에 민감해서 늘었다 줄었다 한다면 어느 때의 측정이 정확한 것인지를 말하기 어려울 것이다. 그 자(尺)의 결과를 믿기 어려운 것처럼 어떤 상황에서든 평가도구를 신뢰할 수 없다면 그 도구로 측정한 결과의 해석은 무의미하다. 한편, 인간 행동의 측정은 자연과학에서의 측정보다는 엄밀할 수는 없다. 그래서 인간 행동의 측정에서는 어느 정도의 오차를 인정할 수밖에 없다. 그러나 측정된 인간 행동의 특성을 보다 의미 있게 해석하기 위해서는 측정의 오차를 최소화해야 할 것이다. 이러한 이유로 검사나 평가도구의 신뢰도가 중요시된다. 따라서 가능한 한 도구의 신뢰도를 높일 필요가 있다.

타당도는 평가도구의 필수적인 조건이다. 앞서 지적했듯이 평가도구의 일차적인 조건은 타당도에 있다. 한편, 검사나 평가를 위한 측정에는 오차가 발생하기 마련인데 예를 들어, 검사의 상황이나 조건, 피검사자의 특성이나 건강, 문항의 진술 등에 따라 피검사자의 반응이 달라져 결과적으로 검사의 신뢰도를 떨어뜨리게 된다. 따라서 검사의 신뢰도를 떨어뜨리는 요소와 상황들을 최대한 통제하여 검사의 신뢰도를 높여야 할 것이다.

신뢰도를 추정하는 방법으로는 검사-재검사 신뢰도, 동형검사 신뢰도, 반분신뢰도, 문항 내적 합치도 등이 있다.

1) 검사-재검사 신뢰도

검사-재검사 신뢰도(test-retest reliability)는 한 개의 평가도구 혹은 검사를 같은 집단에 일정한 간격을 두고 두 번 실시해서, 전후 검사 결과의 점수 간의 상관계수를 산출하는 방법이다. 이것은 전과 후의 점수 사이에 어느 정도 안정성(stability)이 있느냐를 보는 관점이기 때문에 안정성 계수(coefficient of stability)라고도 한다. 검사-재검사 신뢰도 추정은 Pearson의 단순적률상관계수로 산출된다.

검사-재검사 방법은 간단하다는 장점이 있으나 다른 한편으로는 다음과 같은 문제점도 존재한다.

첫째, 재검사의 시기(時期) 문제이다. 재검사의 시기가 너무 빠르면 이전의 검사로 인한 기억이나 연습 효과의 영향을 받기 쉽고, 재검사의 시기가 너무 지연되었을 때는 그동안의 성장이나 환경적 영향을 제거하기 어려운 문제가 따른다. 그러면 '어느 정도의 기간이 가장 적당할 것인가?'라는 문제인데 이는 검사의 목적, 내용, 상태, 조건, 효과 등을 고려해야 할 문제이다. 전문가들은 일반적으로 1, 2주 정도를 재검사 시기로 제안하고 있기도 하다. 그러므로 검사-재검사 신뢰도 추정은 연습이나 훈련 등에 큰 영향을 받지 않고 시간 간격에 비교적 안정된 특성을 재는 정의적 특성 검사에 적절하다 하겠다.

둘째, 전후의 검사 실시에 있어서 여러 가지 조건을 똑같이 통제하기가 어렵다는 문제이다. 예컨대 동기 상태, 수검 태도, 검사 지시, 검사시간(속도 검사의 경우) 등을 똑같이 통제하기 어렵다는 것이다. 이는 신뢰도 계수가 낮아지는 원인으로 작용하기도 한다.

2) 동형검사 신뢰도

동형검사 신뢰도(equivalent-form reliability)는 표면적인 내용은 서로 다르지만, 측정이론이나 검사이론에 비추어 보아 동질적인 내용으로 구성된 두 개의 동형검사를 동일한 피험자에게 실시하여 얻어진 각 검사 점수 간의 신뢰도 계수를 산출하는 방법이다. 각 검사의 특성은 문항의 곤란도, 검사내용, 문항 형식, 문항 수 등이 동일하게 구성되는 동형검사이어야 한다.

동형검사는 검사의 간격이 문제가 되지 않는다. 검사-재검사 신뢰도의 문제점인 기억 효과나 연습 효과를 어느 정도 감소시키며, 여러 검사 조건을 어느 정도 통제할 수 있다는 이점을 가지고 있다. 그러나 이 방법의 가장 큰 문제점은 같은 내용을 표현방식을 달리하면서 같은 수준의 문항의 곤란도를 가지는 동형의 검사를 제작하기 어렵다는 것이다. 또한 이 방법의 적용에 있어서 각 검사 간의 간격을 너무 길게 하면 오히려 신뢰도를 떨어뜨릴 가능성이 있어서 다른 하나의 검사를 3일 이내에 실시하는 것이 바람직하다.

3) 반분신뢰도

반분신뢰도(split-half reliability)는 한 검사를 한 집단을 대상으로 실시한 다음, 그 검사를 양분하여 양분된 검사를 각기 독립적인 검사로 간주하여 양분된 검사점수 간의 상관계수를 산출하는 방법이다. 반분신뢰도 방법은 검사 형편상 재검사가 어렵거나 동형검사 문항의 제작 및 실시가 곤란할 때 사용할 수 있는 가장 간편한 신뢰도 검증방법이다.

반분신뢰도는 1회의 실시로 시간과 노력을 적게 들이면서 신뢰도를 검증할 수 있는 장점이 있으나, 검사 실시과정에서 끼어들 수 있는 학생들의 우연적인 변화의 작용을 통제하기 어렵다는 단점도 있다. 만일 학생이 특정 문항을 선호하여 반응한다면 반으로 나뉜 각각의 검사의 동질성을 유지하기 어려울 것이다. 특히, 이 방법으로 산출된 신뢰도 계수는 반쪽의 결과이므로 두 부분 검사 점수의 상관계수를 그대로 사용하면 신뢰도가 과소추정되는 문제점이 있다. 따라서 두 부분을 합쳤을 때의 검사 전체의 신뢰도를 계산해 주는 Spearman-Brown 공식을 사용하여 교정해야 한다.

Spearman-Brown 공식은 다음과 같다.

$$r_{tt} = \frac{2\gamma_{hh}}{1+\gamma_{hh}}$$

r_{tt} : 전체 검사의 교정된 신뢰도 계수

r_{hh} : 반으로 나뉜 검사점수 간의 신뢰도 계수

검사를 두 부분으로 나누는 방법은 전후법, 기우법, 단순무작위법, 문항 특성에 의하여 반분하는 방법이 있다. 전후법은 전체 검사를 전후로 꼭 반이 되게 반분하는 방법으로 주의할 것은 지능검사와 같은 속도 검사에서는 적합하지 못하다는 것이다. 왜냐하면 능력이 부족한 학생은 미처 마지막 부분의 문항에 답하지 못할 수도 있기 때문이다. 기우법(old-even method)은 문항 번호에 따라 기수(1, 3, 5, …)는 기수대로 우수(2, 4, 6, …)는 우수대로 반분하는 방법이다. 단순무작위법은 검사 문항 전체를 난수표(random numbers table)에 의해 두 부분으로 나누는 방법이다. 마지막으로 의식적으로 문항의 특성 즉, 곤란도 및 내용에 따라 비슷한 것끼리 짝지어 반분하는 방법이다. 이 방법은 동형검사를 만드는 과정과 비슷하다. 요컨대 어떻게 반분하느냐 하는 것은 검사의 문항 내용과 구성으로 보아 양분된 두 부분이 서로 비슷하고 동질적인 것으로 양분되도록 하는 것이다.

일반적으로 반분검사신뢰도를 높게 추정하기 위해서는 문항의 특성에 따라 부분검사가 동형이 되도록 검사를 반분하는 방법을 사용하는 것이 바람직하다.

4) 문항 내적 합치도

문항 내적 합치도(inter-item consistency)는 하나의 검사 내의 모든 문항 하나하나를

독립된 하나하나의 검사 단위로 간주해서 각 문항 간의 합치성, 동질성, 일치성을 종합하는 신뢰도 추정방법이다.

(1) Kuder-Richardson 신뢰도 계수

Kuder-Richardson(1937)이 개발한 신뢰도 산출 공식은 두 가지가 있는데, 문항의 반응이 맞으면 1, 틀리면 0으로 채점되는 양분 문항(dichotomize item)인 경우는 K-R 20 공식을, 문항의 반응이 연속 점수인 경우는 K-R 21 공식을 적용한다.

K-R 20 공식과 K-R 21 공식은 다음과 같다.

$$\text{K-R } 20: \gamma_{xx'} = \frac{n}{n-1}\left[1 - \frac{\Sigma_{pq}}{S_x^2}\right]$$

$$\text{K-R } 21: \gamma_{xx'} = \frac{n}{n-1}\left[1 - \frac{\overline{X}(n-\overline{X})}{nS_x^2}\right]$$

n : 검사의 문항 수

p : 각 문항에 정답을 한 학생의 비율

q : 각 문항에 오답을 한 학생의 비율($q = 1 - p$)

S_x^2 : 전체 검사 점수의 변량

$\overline{X}$: 전체 검사 점수의 평균

(2) Cronbach α 계수

Cronbach α 계수는 하나의 검사를 한 집단에서 실시한 후, 오차 변량을 제거하고 순수한 진변량을 추정하기 위하여 Fisher의 변량분석을 기초로 하여 개발되었다. Cronbach α 계수는 문항의 반응이 양분 문항이나 연속 점수 문항 모두에 적용된다. 객관식 문항이나 주관식 문항 모두에 사용할 수 있으며, 측정학적인 결함이 가장 적은 신뢰도 추정 방법이다. 그리고 다른 신뢰도 추정보다 가장 엄격하고 낮은 신뢰도계수가 산출되는 것이 특징이다.

Cronbach α 계수 산출 공식은 다음과 같다.

$$\alpha = \frac{n}{n-1}[1 - \frac{\sum s_i^2}{s_x}]$$

n : 검사의 문항 수

S_i^2 : 각 단일 문항의 변량

S_x^2 : 전체 검사 점수의 변량

<신뢰도를 높이는 방법>

신뢰도 계수는 신뢰도 추정 방법에 따라 달라지기도 하지만, 검사 문항의 수, 검사의 시간과 속도, 집단의 동질성, 문항의 곤란도, 문항의 변별도, 측정 내용 범위, 객관도 등에 의해 영향을 받는다.

신뢰도를 높이는 방법은 다음과 같다(김대현, 김석우, 2005; 성태제, 2002 참조).

- 검사 문항의 수가 많을수록 측정오차를 줄일 수 있어서 신뢰도를 높일 수 있다.
- 검사 시간이 충분하면 문항 반응의 안정성을 보장받을 수 있어서 신뢰도를 높일 수 있다.
- 문항곤란도가 적절해야 신뢰도를 높일 수 있다. 문항이 너무 어렵거나 쉬우면 신뢰도가 낮아진다. 문항이 너무 쉬우면 대부분의 피험자가 맞출 확률이 높아져 관찰 점수의 변량[2]이 작아져 신뢰도가 낮아지고, 너무 어려우면 검사 불안

2) 변량(variance)은 관측값에서 평균을 뺀 값을 제곱하고, 그것을 모두 더 한 후 전체 개수로 나누어 구한다. $s^2 = \frac{\sum(x-\bar{x})^2}{n}$

이 발생하여 순수능력을 측정하기 어려우므로 측정오차에 의해 신뢰도가 낮아진다.

- 문항이 능력에 따라 구분될 수 있는 변별도가 높으면 점수의 개인차가 커지게 되고, 즉, 검사 점수의 변량이 커져 신뢰도가 높아진다.
- 검사 도구의 내용 범위가 좁고 구체적일수록 신뢰도가 높아진다. 즉, 문항 간의 동질성으로 인해 신뢰도가 높아진다.
- 집단이 이질적이면 점수의 범위(관찰 점수의 변량)가 커져 신뢰도가 높아진다.

<신뢰도와 타당도와의 관계>

이론적으로 신뢰도가 전체 변량에 대한 진 변량의 비율이라 한다면(진 점수 = 관찰점수 – 오차점수) 타당도는 전체 변량에 대한 타당한 변량의 비율이라 할 수 있다.

신뢰도를 높이는 것은 타당도를 높이기 위한 필수조건은 되지만 충분조건은 되지 못한다. 따라서 타당도를 높이기 위해서는 신뢰도가 높아야 하지만, 신뢰도가 높다고 해서 반드시 타당도가 높아지는 것은 아니다. 다시 말하면, 신뢰도는 높으나 타당도는 낮은 측정 도구는 있을 수 있지만, 역으로 신뢰도가 낮으면서 타당도가 높은 측정 도구는 있을 수 없다(성태제, 2002).

신뢰도와 타당도의 관계를 정리하면 다음과 같다.
첫째, 신뢰도가 낮으면 타당도가 낮다.
둘째, 신뢰도가 높다고 타당도가 높지 않다(타당도가 높을 수도 있고, 낮을 수도 있다).
셋째, 신뢰도는 타당도를 높이기 위한 필요조건은 되지만, 충분조건은 아니다.

신뢰도와 타당도의 관계를 그림으로 나타내면 그림 3-1 과 같다.

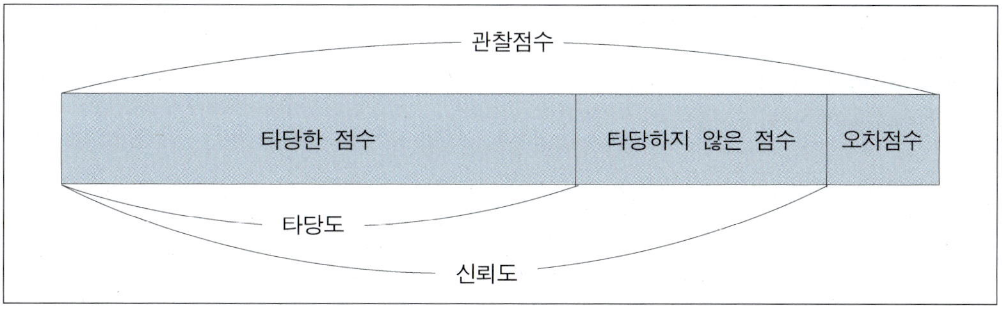

그림 3-1 신뢰도와 타당도의 관계(관찰점수의 구성요소)

3. 객관도

객관도(objectivity)란 채점과정에서 채점자의 주관성 배제의 정도를 말한다. 다시 말해서 채점자의 채점이 어느 정도 신뢰할 수 있고 일관성이 있느냐 하는 것이다. 인문과학에서의 측정 대상은 대부분 인간이다. 인간의 심리적 특성 자체가 모호하기 때문에 측정에는 오차가 따르기 마련이다. 그럴 뿐만 아니라 측정된 인간의 심리적 특성을 평가·해석하는 채점자도 역시 인간이다. 따라서 인간의 심리적 특성의 해석에도 오차가 있을 수 있다는 논리가 성립된다. 앞서 신뢰도에 대한 설명에서도 측정의 오차를 언급하면서 그 오차를 최소화해야 할 것을 지적한 바 있다. 마찬가지로 측정된 결과의 해석 또한 오차를 최소화해야 한다. 그러므로 검사 도구의 객관도를 높임으로써 검사자 또는 채점자의 주관성을 최대한 배제하도록 노력해야 한다.

한 검사나 시험에 대하여 채점자 간의 점수 부여가 다르다면 누구의 점수를 인정해야 하는지를 놓고 고민할 수밖에 없다. 우리는 편견이나 주관성을 최대한으로 배제하려고 한 채점자의 점수를 받아들여야 한다. Bailey(1994)는 객관도를 조사나 연구가 인종, 신념, 직업, 민족, 종교 등의 성향과 무관하게 독립적 결론에 도달하는 것으로 보고 있다. 측정의 결과에 대해 여러 채점자가 자신의 편견, 주관, 감정을 완전히 제거하면 거기에 남는 것은 바로 객관성이다. 신뢰도가 '측정용 도구의 변덕'에 의해 결정되는 것이라면, 객관도는 '채점자의 변덕'에 의해 결정되는 신뢰도라고 할 수 있다.

따라서 객관도는 평정자의 주관적인 편견을 얼마나 배제하였느냐의 문제이며, 한 채점자가 다른 채점자와 얼마나 유사하게 평가하였느냐의 문제와 한 채점자가 많은 측정 대상에 대하여 계속 일관성있게 측정하였느냐의 문제로 구분할 수 있다. 전자를 채점자 간 신뢰도(inter-rater reliability) 혹은 평정자 간 신뢰도라 하며, 후자를 채점자 내 신뢰도(intra-rater reliability) 또는 평정자 내 신뢰도라 한다. 평가의 결과를 등급으로 부여한다면 평정자 간 신뢰도와 평정자 내 신뢰도란 용어를 사용하고, 평가 결과가 점수로 부여된다면 채점자 간 신뢰도와 채점자 내 신뢰도란 용어를 사용한다(성태제, 2010).

교육 현장에서 객관도가 중시되는 분야는 예체능 영역뿐만 아니라 논술형 평가와 면접 등이며, 높은 수준의 객관도가 보장되지 않는다면 많은 문제점을 일으킬 수 있다는 점에서 객관도를 높이기 위한 노력이 필요하다.

객관도를 확보하기 위해서는 다음의 몇 가지 측면을 고려해야 한다(박도순, 홍후조, 2008 참조).

첫째, 객관도를 확보하기 위해서는 평가도구 및 기준의 객관화가 선행되어야 한다. 즉, 기준이 객관적이고 신뢰할 수 있는 도구에 의한 결과의 채점은 객관적일 가능성이 크기 때문이다.

둘째, 평가자는 채점을 객관적으로 할 수 있는 기본적인 소양을 갖추고 있어야 한다. 예를 들어, 교과 내용에 대해 박식함은 물론 논술이나 주관식 문항의 출제 능력을 갖추고 채점을 위한 기준이나 준거를 사전에 마련할 수 있는 능력을 겸비해야 한다.

셋째, 한 명의 채점보다는 여러 사람의 채점 결과를 비교하여 객관성을 확보해야 한다. 예를 들어, A, B 두 사람의 채점 결과가 비슷하다면 두 점수의 평균으로 평가 결과를 결정할 수 있으나, 채점 결과의 차이가 현격히 크면 세 번째 C 채점자의 결과를 추가하여 A, B와 비교하여 비슷한 채점 결과를 선택하여 C와 A 또는 C와 B의 평균점 수를 최종 점수로 판단할 수 있다.

넷째, 채점에는 많은 오류가 발생할 수 있다. 다음의 오류들을 제거하거나 최소화함으로써 객관도를 유지할 수 있다.

채점에서 범하기 쉬운 오류를 살펴보면, 다음과 같다.

- 집중화 경향의 오류(error of central tendency) : 극단적인 평정을 피하려는 심리적 경향성으로 인하여 평정이 중간 부분으로 지나치게 모이는 경향을 보이는 오류(채점자의 숙련도, 중간 평정의 간격 넓힘)
- 표준의 오류(error of standard) : 채점자 간 표준(채점 기준)이 달라서 생기는 오류(3단계, 5단계, 7단계 정립)
- 후광 효과에 의한 오류(error of halo effect) : 응답자에 대한 채점자의 선입견이 평정에 영향을 미치는 오류이다. 답안 초반에 좋은 또는 안 좋은 인상(응답자의 또 다른 정보의 인상)이 그 이후의 답변에 작용해서 생기는 오류(문항별 채점, 응시자 정보 가림)
- 대비의 오류(contrast error) : 채점자에 채점하고자 하는 내용에 관련해 잘 알면 과소평가하고, 잘 모르면 과대평가하는 오류(다수 채점)
- 논리적 오류(logical error) : 채점자가 다른 두 가지 행동 특성인데도 불구하고 평정자가 특성 간에 개념을 정확히 알지 못하고 한 특성에 대한 평정 결과를 바탕으로 다른 특성을 평정하려는 논리적으로 모순된 판단이 평정 결과 반영되는 오류(사교성이 있으면 명랑성도 있다.)

- 근접의 오류(approximate error) : '시간적으로나 공간적으로' 접해 있는 특성들을 가깝게 또는 비슷하게 평정하여 특성 사이에 상관이 높아지는 오류(문항별 채점, 유사 항목 이항)
- 관용(엄격)의 오류(leniency or strictness error) : 실제의 능력이나 실적에 비해 더 높게(또는 낮게) 평정하거나 타인에게 관대(또는 엄격)하게 평정하는 오류(문항별 채점)

이상의 오류들은 채점자의 숙련, 표준의 정립, 응답자의 정보 가림, 다수 채점, 문항별 채점(다음 문항 채점 대상자 무선 선정), 유사 문항 이항(멀리 떨어트림) 등의 채점 기법을 채택함으로써 어느 정도 최소화할 수 있다.

4. 실용도

평가도구가 갖추어야 할 필수적인 조건으로는 일반적으로 타당도, 신뢰도, 객관도 등을 들고 있다. 한편 교육 및 학교에서의 평가도구 개발 및 활용은 현실성이 있어야 한다. 실용도(usability)란 평가도구 개발 및 활용에서의 현실성 정도를 말한다.

평가도구 개발 및 활용에서의 실용도의 요소로는 경비, 시간, 요원, 실시의 용이성 등을 들 수 있다. 비록 타당도, 신뢰도, 객관도를 갖춘 평가도구라 할지라도 너무 많은 경비가 들거나 시간이 걸리고, 실시방법이나 채점 및 해석이 너무 복잡하거나 번거로우면 현실성이 떨어져 실용성이 없는 것이다. 따라서 평가자는 실제 교육의 상황이나 연구의 조건에 맞추어 적절한 실용도를 갖춘 평가도구를 개발하거나, 선정하여 활용해야 한다.

이 장의 논점(과제)

- 2019년 수능 국어 31번 문항의 문제는 어디에 있었으며, 그 대안을 말해 보세요.

관련 탐구 자료

인터넷 검색(2019년 수능 국어 31번 문항)

31. <보기>를 참고할 때, [A]에 대한 이해로 적절하지 <u>않은</u> 것은? [3점]

<보 기>

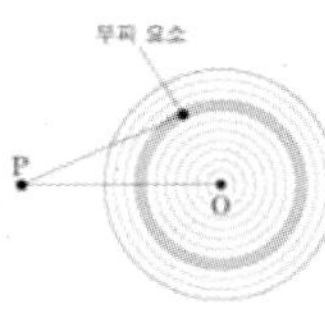

구는 무한히 작은 부피 요소들로 이루어져 있다. 그 부피 요소들이 빈틈없이 한 겹으로 배열되어 구 껍질을 이루고, 그런 구 껍질들이 구의 중심 O 주위에 반지름을 달리하며 양파처럼 겹겹이 싸여 구를 이룬다. 이때 부피 요소는 그것의 부피와 밀도를 곱한 값을 질량으로 갖는 질점으로 볼 수 있다.

(1) 같은 밀도의 부피 요소들이 하나의 구 껍질을 구성하면, 이 부피 요소들이 구 외부의 질점 P를 당기는 만유인력들의 총합은, 그 구 껍질과 동일한 질량을 갖는 질점이 그 구 껍질의 중심 O에서 P를 당기는 만유인력과 같다.

(2) (1)에서의 구 껍질들이 구를 구성할 때, 그 동심의 구 껍질들이 P를 당기는 만유인력들의 총합은, 그 구와 동일한 질량을 갖는 질점이 그 구의 중심 O에서 P를 당기는 만유인력과 같다.

(1), (2)에 의하면, 밀도가 균질하거나 구 대칭인 구를 구성하는 부피 요소들이 P를 당기는 만유인력들의 총합은, 그 구와 동일한 질량을 갖는 질점이 그 구의 중심 O에서 P를 당기는 만유인력과 같다.

① 밀도가 균질한 하나의 행성을 구성하는 동심의 구 껍질들이 같은 두께일 때, 하나의 구 껍질이 태양을 당기는 만유인력은 그 구 껍질의 반지름이 클수록 커지겠군.

② 태양의 중심에 있는 질량이 m인 질점이 지구 전체를 당기는 만유인력은, 지구의 중심에 있는 질량이 m인 질점이 태양 전체를 당기는 만유인력과 크기가 같겠군.

③ 질량이 M인 지구와 질량이 m인 달은, 둘의 중심 사이의 거리만큼 떨어져 있으면서 질량이 M, m인 두 질점 사이의 만유인력과 동일한 크기의 힘으로 서로 당기겠군.

④ 태양을 구성하는 하나의 부피 요소와 지구 사이에 작용하는 만유인력은, 지구를 구성하는 모든 부피 요소들과 태양의 그 부피 요소 사이에 작용하는 만유인력들을 모두 더하면 구해지겠군.

⑤ 반지름이 R, 질량이 M인 지구와 지구 표면에서 높이 h에 중심이 있는 질량이 m인 구슬 사이의 만유인력은, $R+h$의 거리만큼 떨어져 있으면서 질량이 M, m인 두 질점 사이의 만유인력과 크기가 같겠군.

Chapter

04

교육목표와 평가

생각하고 들어가기

교육의 과정은 목표를 설정하고, 설정된 목표 달성을 위한 교육과정을 준비하며, 교육과정을 잘 전달할 수 있는 교수방법을 적용 및 실천하고, 교육이 잘 수행되었고 최초 설정한 목표를 성취하였는지를 평가하는 것이다. 특히, 성취도에 관한 평가의 기준은 목표가 되기 때문에 목표 설정의 배경이 되는 인간의 행동에 대한 정확한 이해가 필요하다. 인간 행동에 대한 이해를 돕는 이론은 많지만, 평가와 관련해서는 교육목표분류학이 근간이 된다고 하겠다. 따라서 교육목표분류학에 대한 정확한 탐구가 필요하다.

교육목표분류학을 통해 획득한 행동의 이해로 우리는 목표를 끌어낼 수 있을 것이다. 특히, 구체적인 목표 진술은 목표에 적합한 구체적인 교수방법을 선택하고 개발하는 기준이 된다. 그러므로 평가에 앞서 교수목표 진술에 관한 기술이 필요하다.

이 장의 목적은 교육목표분류학 이해와 평가활용, 교수목표 진술 능력을 배양하고자 하는 것이다.

학습목표

1. 인지적 행동, 정의적 행동, 심체운동 기능의 하위 영역을 열거하고 평가에 활용할 수 있다.
2. Mager, Gagné, Gronlund, Eisner의 교수목표 진술방법에 따라 교수목표를 진술할 수 있다.

1. 교육목표분류학과 인간 행동의 이해

교육의 과정(process of education)은 교육목표를 정하고 그 목표를 달성하기 위한 교육과정을 마련하고, 마련된 교육과정을 가장 효과적이고 효율적으로 교수-학습할 수 있는 실천적인 최적의 교수방법을 적용한 후, 교육평가를 통해서 그 효과성을 검증하는 것이다. 특히, 효과성 검증의 일반적인 기준은 성취도가 된다. 또한 성취도의 기준은 목표가 되며, 목표는 행동으로 진술되기 때문에 평가를 위해서는 반드시 선행해야 하는 것이 인간 행동에 대한 이해와 목표의 확인인 것이다.

여기에서는 Bloom의 교육목표분류학에 근거하여 인지적 행동(cognitive behavior), 정의적 행동(affective behavior), 심체운동 기능(psychomotor skill)을 중심으로 인간 행동을 이해하고자 한다(Anderson, Krathwohl, Airasian, Cruikshank, Mayer, Pintrich, & Wittrock, 2001; Bloom, 1956; Harrow, 1972; Krathwohl, Bloom, & Masia, 1964 참조).

1) 인지적 영역의 교육목표와 평가

(1) 인지적 행동의 개념

인지적 행동(cognitive behavior)은 인간의 사고·기억·지능·창의력 등에 관련하여 사고 작용을 통해 획득하고 활용하는 학습 내용과 행동을 말한다. Bloom(1956)은 그의 교육목표분류학에서 인지적 행동을 지식, 이해, 적용, 분석, 종합, 평가 등의 단계로 제시하고 있다.

인지적 행동의 단계의 개념을 정리하면 다음과 같다.

① 지식(knowledge)

지식은 용어, 사물, 사상, 형식, 순서, 유목, 준거, 방법, 원리, 기능 등에 대해 기억(회상 및 재인)하는 능력이다. Bloom(1956)은 지식을 "학생들이 교육과정 속에서 경험한 아이디어나 현상을 기억했다가 재생 또는 재인할 수 있는 것을 의미한다. 아이디어나 현상을 처음 접했던 것과 매우 비슷한 형태로 기억하는 것이 지식이다."라고 정의하고 있다. 용어에 관한 지식, 특수한 것에 관한 지식, 특수 사실에 관한 지식, 특수한 것을 다루는 방법과 수단, 형식에 관한 지식, 경향과 순서에 관한 지식, 분류와 유목에 관한 지식, 준거에 관한 지식, 방법론에 관한 지식, 원리와 통칙에 관한 지식, 지적 능력과 기능 등을 포함한다.

② 이해(comprehension)

이해력은 이미 배운 의사전달 내용이나 자료의 의미를 파악하는 능력이다. Bloom(1956)은 이해를 '학생이 의사전달을 받게 되면 전달되는 내용을 알게 되고, 또 거기에 포함된 자료나 아이디어를 이용할 수 있는 능력'으로 규정하고 의사소통의 방법은 언어 형태뿐만 아니라 포괄적인 기호 형태를 모두 포함하는 것으로 보았다. 한 형식을 다른 형식으로 표현하는 전환(translation), 주어진 자료를 설명하고 요약하는 해석(interpretation), 한 사건의 결과를 예언하고 미래의 경향을 예측하는 행동 추론(extrapolation) 등을 포함한다.

③ 적용(application)

적용력은 개념, 규칙, 원리, 이론, 기술, 방법 등을 구체적인 또는 새로운 장면에서 활용하는 능력이다. 즉, 학습한 내용을 특별하고 구체적인 장면에 추상적인 것을 활용하는 것이다.

④ **분석**(analysis)

분석력은 주어진 자료의 구성요소를 밝혀내고, 구성요소 간의 관계와 조직 원리를 발견하는 능력이다. Bloom(1956)은 분석 능력을 요소의 분석, 관계의 분석, 조직 원리의 분석으로 분류하고 있다. 요소의 분석 능력은 저자가 의도하는 의사전달 자료의 가정, 가치, 관점을 분석하여 특정한 진술문의 성질이나 기능을 결정하는 능력이다. 관계의 분석 능력은 가설과 증거 사이의 관계, 가정과 주장의 식별, 인과관계, 계열성 있는 관계, 논리적 관계 등을 분석하는 능력이다. 조직 원리의 분석 능력은 조직, 체계적 배열, 구조를 분석하는 능력이다.

⑤ **종합**(synthesis)

종합력은 기존의 지식이나 경험을 통해서 새롭고 독창적인 형태, 원리, 관계, 구조 등을 종합하고, 창안하여 표현하는 능력이다. 즉, 전체를 형성할 수 있도록 요소나 부분을 종합하는 것이다. 독특한 의사전달의 창안, 계획의 작성 또는 조작의 창안, 일련의 추상적 관계의 도출 등을 포함한다.

⑥ **평가**(evaluation)

평가력은 어떤 특정한 목적과 의도를 근거로 하여 아이디어, 작품, 해결책, 방법, 자료 등의 가치를 판단하는 능력이다. 내적인 준거에 의한 평가와 외적인 준거에 의한 평가가 있다.

인지적 행동에 대한 개념을 요약하면 표 4-1 과 같다.

표 4-1 인지적 행동의 단계 분류와 개념 요약

단계	하위 영역	개념 요약
지식	용어에 관한 지식 특수한 것에 관한 지식 특수 사실에 관한 지식 특수한 것을 다루는 방법과 수단 형식에 관한 지식 경향과 순서에 관한 지식 분류와 유목에 관한 지식 준거에 관한 지식 방법론에 관한 지식 원리와 통칙에 관한 지식 이론과 구조에 관한 지식 지적 능력과 기능	용어, 사실, 개념, 원리, 방법, 유형, 구조, 이론 등을 기억(회상 및 재인)하는 능력
이해	변환 해석 추론	이미 알고 있는 내용의 의미를 파악하는 능력
적용	적용	개념, 규칙, 원리, 이론, 기술, 방법 등을 구체적인 또는 새로운 장면에서 활용하는 능력
분석	요소의 분석 관계의 분석 조직 원리의 분석	구성요소를 분석하여 관계를 밝히고, 조직이나 구조를 분석하고 검증하는 능력
종합	독특한 의사전달의 창안 계획의 작성 또는 조작의 창안 일련의 추상적 관계의 도출	기존의 지식이나 경험을 통해서 새롭고 독창적인 형태, 원리, 관계, 구조 등을 종합하고, 창안하고 표현하는 능력
평가	내적 준거에 의한 판단 외적 준거에 의한 판단	어떤 특정한 목적과 의도를 근거로 하여 아이디어, 작품, 해결책, 방법, 자료 등의 가치를 판단하는 능력

위와 같이 인지적 행동의 단계는 지식, 이해력, 적용력, 분석력, 종합력, 평가력 순의 고차적 행동으로 진행된다. 전 단계의 하위 행동은 다음의 고차적 행동의 기본 조건이 된다. 예를 들어, 종합력은 학생이 가지고 있는 지식이나 이해력을 바탕으로 지식을 적용해 보고 분석함으로써 자신이 가지고 있는 지식을 조직하고 종합하여 자기 말로 표현하는 고차적인 능력이라고 할 수 있다. 따라서 인지적 평가는 교육목표에 비추어 저차원적인 지식에서부터 가장 고차적인 평가력까지 다루어져야 한다.

특히, 최근 우리나라 교육목적이 창의적인 인간을 육성하는 것이기 때문에 새로운 계획을 마련하고 창조해 내는 종합력과 같은 교육과 그에 따른 평가가 필요하다 하겠다. 또한 수학능력시험에 대한 논란도 있지만, 수학능력시험이 입시, 사교육, 교육의 정상화 파괴와 같은 문제의 원인으로 작용하지 않는다면 오히려 고차적 교육을 조장하는 좋은 평가체계라 할 수 있다. 왜냐하면 수학능력시험에서 다루어지는 문항은 지금까지 개발되고 사용해 왔던 그 어느 시험 문항보다도 비교적 고차적인 행동을 평가하고 있기 때문이다. 결론적으로 강조하고자 하는 것은 어떠한 인지적 평가 상황에서도 지식, 이해 정도의 저차원적 인지적 행동 평가에서 벗어나, 적용하고 분석하고 종합하는 등의 고등정신 능력을 평가할 수 있어야 한다는 것이다.

(2) 인지적 행동과 교육목표

교육평가는 교육목표의 달성 여부를 판단하는 것이기 때문에 정확하고 올바르게 설정된 교육목표가 결과적으로 올바른 교육평가의 기준이 되는 것이다. 따라서 교육의 과정에서 교육목표의 설정과 교육평가는 불가분의 관계이다. 그러므로 교육의 과정에서의 교육평가 활동은 올바른 교육목표를 설정하는 것으로 시작된다는 인식을 해야 한다.

인지적 교육목표는 지식, 이해력, 적용력, 분석력, 종합력, 평가력 등에 대한 개념(내용)을 행동적으로 표현하는 것이다.

교육목표 진술의 기초가 되는 인지적 행동의 하위 행동(지식, 이해력, 적용력, 분석력, 종합력, 평가력)에서 적용될 수 있는 각 하위 행동에 대한 행위 동사와 일반 목표를 예시하면 표 4-2 와 같다.

표 4-2 하위 인지적 행동별 행위 동사와 일반 목표 예시

단계	하위 행동	행위 동사	일반 목표
지식	용어 특수 사실 형식 경향과 순서 분류와 유목 준거 방법론 원리와 법칙 이론과 구조	정의하다, 구별하다, 습득하다, 확인하다, 기술하다, 재생하다, 상기하다, 기억하다, 열거하다	• 용어를 정의한다. • 특정 사물에 대해 안다. • 지도 표기를 안다. • 역사의 순서를 안다. • 동식물을 구분한다. • 영양 상태 판단 요소를 안다. • 공해 문제의 해결방법을 안다. • 보일-샤를의 법칙의 공식을 안다. • 진화론을 대해 안다.
이해	변환	변환하다, 예시하다, 자기 말로 표현하다, 재진술하다, 다른 말로 바꾸어 말하다	• 사실과 원리를 이해한다. • 언어 자료를 해석한다. • 도표와 그래프를 해석한다. • 언어 자료를 수학 공식으로 바꾼다. • 자료에 함축된 미래의 결과를 추정한다. • 방법과 절차를 정당화한다.
	해석	해석하다, 재배열하다, 구분하다, 구별하다, 만들다, 그리다, 설명하다, 논증하다	
	추론	추정하다, 추리하다, 예측하다, 결론을 내리다, 유도하다, 필요한 사항을 써넣다	
적용	적용	적용하다, 일반화하다, 연관 짓다, 선택하다, 발전시키다, 조직하다, 사용하다, 이용하다, 변경하다, 재구성하다, 분류하다	• 개념과 원리를 새로운 장면에 적용한다. • 법칙과 이론을 실제 상황에 적용한다. • 수학 응용문제를 푼다. • 자료를 도표와 그래프로 작성한다. • 실제에서 방법과 절차를 바르게 사용한다.

단계	하위 행동	행위 동사	일반 목표
분석	요소의 분석	구별하다, 찾아내다, 확인하다, 분류하다	• 진술되지 않은 가정을 알아낸다. • 논리적 모순을 알아낸다. • 사실과 추리를 구별한다. • 자료의 적절성을 평가한다. • 작품의 조직적 구조를 분석한다.
	관계의 분석	분석하다, 대조하다, 비교하다, 영역화하다	
	조직 원리의 분석	분석하다, 찾아내다, 연역하다	
종합	독특한 의사전달 창안	쓰다, 말하다, 관련짓다, 구성하다, 전달하다, 창작하다, 수정하다, 문서로 증명하다	• 잘 구성된 글을 쓴다. • 잘 짜인 연설을 한다. • 창작을 한다. • 실험계획을 세운다. • 상이한 영역의 학습을 통합한다. • 대상을 분류하기 위한 새로운 설계를 구성한다.
	계획의 작성 조작의 창안	제안하다, 계획하다, 산출하다	
	추상적 관계 도출	산출하다, 도출하다, 전개하다, 결합하다, 조직하다, 종합하다, 분류하다, 연역하다, 형성하다	
평가	내적 준거 판단	판단하다, 입증하다, 평가하다, 결정하다	• 작품의 논리적 일관성을 판단한다. • 결론의 적절성을 판단한다. • 작품의 가치를 판단한다.
	외적 준거 판단	판단하다, 고려하다, 비교하다, 표준화하다	

(3) 인지적 행동 평가 진술 기준

① 지식 평가

지식 평가 문항은 낯선 용어나 장면이 아닌 원래의 학습 장면과 유사해야 한다. 지식에 관한 문항은 배운 지식을 기억하는 것을 기본으로 한다. 따라서 지식을 평가하는 문항은 수업 시간에 다룬 내용이나 장면이 비슷한 것이어야 한다(이종승, 2009 참조).

지식 평가 문항 문제 진술에 포함할 동사와 목적어를 정리하면 표 4-3 과 같다.

표 4-3 지식 평가 진술 동사와 목적어

하위 행동	동사	목적어
용어와 특수 사실에 관한 지식	정의한다, 구별한다, 확인한다, 기억한다, 인지한다, 상기한다	
용어		단어, 술어, 의미, 정의, 요소, 관련된 것
특수 사실		사실, 사실적 정보(이름, 날짜, 사건, 사람, 장소, 기간 등), 특징, 예, 현상
특수사상을 다루는 방법과 수단에 관한 지식	상기한다, 확인한다, 인지한다	
형식		형태, 통칙, 사용, 규칙, 방법, 수단, 기호, 표시 방법, 스타일
경향과 순서		행위, 과정, 움직임, 연속성, 발전, 경향, 계열, 원리, 관계, 힘, 영향 영역, 형태, 양태, 분류, 구획, 배열, 유목, 유형
분류와 유목		
준거		준거, 기초, 요소
방법론		방법, 기법, 접근방법, 사용법 절차, 다루는 방법, 처치법
보편적 및 추상적 사상에 관한 지식	상기한다, 인지한다, 확인한다	
원리와 일반법칙		원칙, 일반법칙, 명제, 기초, 법칙, 주된 요소, 함축성
이론과 구조		이론, 상호 관련성 구조, 조직, 계통적 관계

② 이해력 평가

이해를 평가하는 문항은 학습 상황에서 다루어진 자료와 똑같을 필요는 없다. 그러나 사용하는 언어, 상징기호, 복잡성, 내용 등에서는 비슷한 성질을 띠어야 한다.

이해력 하위 행동 평가에 있어서 번역 평가 문항은 번역할 의사소통 자료 사이의 관계뿐만 아니라 그 내용에 대한 핵심 요소를 포함하고 있어야 하며, 해석 평가 문항은 전체 자료 속의 내용 요소 사이의 관계를 알 수 있도록 해야 하며, 추론 평가 문항은 번역, 해석을 포함하면서 주어진 자료를 넘어서서 묻는 형식이 되어야 한다.

이해력 평가를 위한 문제 진술에 포함할 동사와 목적어를 정리하면 표4-4 와 같다.

표 4-4 이해력 평가 진술 동사와 목적어

하위 행동	동사	목적어
번역	번역한다, 변환하다, 자기 말로 나타낸다, 예시한다, 읽는다, 변화시킨다, 다른 말로 표현한다, 재진술한다	의미, 표본(예), 정의, 추상성, 표상, 단어, 구
해석	해석한다, 재배열한다, 구별(변별)한다, 그린다, 설명한다, 시범을 보인다	적절성, 관계, 본질적인 것, 관점, 새로운 관점, 질, 결론, 방법, 이론, 추상성
추론	추정한다, 추리한다, 결론 내린다, 예언한다, 변별한다, 확대한다, 채운다	결과, 영향, 함축성, 요인, 의미, 필연적 귀결, 효과, 가능성

③ 적용력 평가

적용력은 이미 배운 내용, 즉 개념, 규칙, 원리, 이론, 기술, 방법 등을 구체적인 또는 새로운 장면에 활용하는 능력이다. 이해력이 학생들이 배운 것을 실제로 해보라고 '구체적'으로 제시했을 때 그것을 정확하게 나타낼 수 있을 정도로 추상개념을 충분히 알고 있는지를 말하는 데 반하여 적용력은 새로운 문제 사태를 줬을 때 어떤 추상개념이 정확한 것인지의 지식이 없이도, 그것을 어떻게 새로운 사태에 응용할 수 있는지에 대한 시범을 보이지 않고도 적절한 추상개념을 사용할 수 있는 능력을 말한다.

적용력 평가를 위한 문제 진술에는 세 가지 요건 즉, 새로운 문제 혹은 새로운 상황의 제시, 법칙이나 일반 원칙의 제시, 적용하는 능력을 지시하는 언어 등이 있다(황정규, 2004).

그리고 적용력을 평가하는 문제 사태는 가능한 한 새롭고 독창적이어야 한다. 만약 수업에서 다룬 내용이나 사태를 그대로 제시한다면 기억이나 지식 수준을 평가하는 데 머물기 쉽기 때문이다. 그러므로 적용력의 평가를 위한 문제 사태는 가능한 교과서나 경험한 자료를 벗어날 필요가 있다. 따라서 적용력 문제 사태는 가상의 사태나 학생들이 경험하지 못한 상황이나 자료가 좋다. 그러나 지나치게 비현실적인 가상의 사태나 새로운 문제 사태는 오히려 혼란을 일으킬 수 있다. 올바른 적용력 평가를 위한 문제 사태는 목표에 일치하고, 학생의 수준, 일상생활과 정서, 현실성 등을 고려한 것이어야 한다.

적용력 평가를 위한 문제 진술에 포함할 동사와 목적어를 정리하면 표4-5 와 같다.

표 4-5 적용력 평가 진술 동사와 목적어

분류	동사	목적어
적용	응용한다, 일반화한다, 관련시킨다, 선택한다, 발전시킨다, 조직한다, 이용한다, 변화시킨다, 재구조화한다, 분류한다	원칙, 법칙, 결론, 영향, 방법, 이론, 추상성, 상황, 일반법칙, 과정, 현상, 절차

④ 분석력 평가

분석력은 지식, 이해력, 적용력의 세 가지 능력을 모두 이용하는 능력이면서 그 이상의 능력을 요구하는 고차적인 인지적 행동이다. 분석력의 평가는 자료에 나타난 현상 밑에 잠재해 있는 현상, 고안, 아이디어, 조직 등을 찾아내는지를 알아보는 것이다.

구체적인 분석력 평가 문항으로는 첫째, 저자가 의도하는 의사전달 자료의 가정, 가치, 관점 등을 분석하는 요소의 분석 문항, 둘째 요소와 요소 사이의 관계, 부분과 부분 사이의 관계를 찾아내는 것으로 가설과 증거 사이의 관계, 가정과 주장의 식별, 인과관계, 계열성 있는 관계, 논리적 관계 등을 분석하는 관계의 분석 문항, 셋째 조직, 체계적 배열, 구조를 분석하는 조직 원리 분석 문항이 있다.

분석력 평가 문항 문제 진술에 포함할 동사와 목적어를 정리하면 표4-6 과 같다.

표 4-6 분석력 평가 진술 동사와 목적어

하위 행동	동사	목적어
요소의 분석	구별한다, 탐색한다, 확인한다, 분류한다, 구별한다, 인지한다, 유목화한다, 환원시킨다	요소, 가설, 결론, 가정(사실 이외), 진술, (의도하고 있는) 진술, 논쟁점, 특수한 요소
관계의 분석력	분석한다, 대비한다, 비교한다, 식별한다, 환원시킨다, 관계시킨다	관계, 상호관계, 적절성, 주제, 증거, 허구성, 논쟁점, 인과, 일관성, 부분, 아이디어, 가설
조직 원리의 분석	분석한다, 구별한다, 탐색한다, 환원시킨다	조직, 형태, 배열, 견해

⑤ 종합력 평가

종합력이란 비교적 새롭고 독창적인 형태, 원리, 관계, 구조 등을 만들어 내기 위하여 주어진 자료의 내용 및 요소를 정리하고 조직하는 능력을 의미한다. 종합력 평가의 범주는 독특한 의사전달 자료의 창안, 조작의 계획 및 절차의 창안, 추상 관계의 추출 등이다. 독특한 의사전달의 창안에 대한 평가 기준은 저자(작가, 예술가 등)가 다른 사람에게 자기의 아이디어, 감정, 관계, 경험 등을 전달하려는 의사소통 방법의 개발이 된다. 여기서 의사소통의 형태는 언어, 그림, 음악, 수학 등 무엇이든지 될 수 있다. 조작의 계획 및 절차의 창안에 대한 평가는 어떤 조작 및 작동을 위하여 필수적이고 효과적인 계획 및 절차를 창안하고 고안하고 있는지를 보는 것이다. 그리고 추상 관계의 추출에 대한 평가의 기준은 특정 자료나 현상을 분류하고 설명하기 위한 추상 관계를 개발하는 능력이 된다. 이 능력에는 상징적 표현양식에서 명제를 끌어내는 능력도 포함된다.

인지적 행동에서 지식, 이해력, 적용력, 분석력 등은 수렴적 사고이고, 종합력은 확산적 사고이다. 종합력은 확산적 사고의 형태로서 정해진 답으로 판단할 수 없고, 학생의 무한한 확산적 사고에 의한 반응으로 판단된다. 그러므로 학생들은 물음이나 문제에 대해서 독자적인 반응을 제시해야 하며, 교사나 평가자는 표출되는 반응의 과정, 결과의 질, 종합행위를 뒷받침하는 증거나 논의의 질에 비추어 그것을 평가해야 한다.

종합력 평가 문항 제작에 고려해야 할 조건들은 다음과 같다(이종승, 2009).

첫째, 평가 상황, 평가 문제와 과제는 수업에서 접하지 않은 새로운 것이어야 한다. 한편, 문제나 과제는 학생들 자신의 힘으로 해결 가능한 것이어야 하며, 문제를 해결하는데 상당한 자유가 허용될 수 있어야 한다.

둘째, 문제나 과제를 해결하는 데 있어서 학생들은 필요에 따라 다양한 이용 가능한 자료들을 동원할 수 있어야 한다. 필요하다면 컴퓨터나 인터넷, 노트, 참고문헌, 도서관 등을 자유롭게 이용할 수 있는 개방형 평가 형태도 좋다. 이상적으로 말하면, 종합력을 평가하기 위한 장면은 학자, 예술가, 기술자 등이 자기 관심 영역의 문제를 해결하기 위해 몰두하는 상황과 비슷해야 한다. 따라서 평가 시 허용되는 시간, 조건, 제한점 등이 보통의 전형적인 평가와는 여러 가지 면에서 다르다.

셋째, 종합력을 발휘한 결과로 얻어진 성과는 종합력의 달성 여부를 입증할 수 있는 형태의 성과여야 하며, 평가하고자 하는 교육목표에 적합한 것이어야 한다.

넷째, 종합력을 통해 얻은 최종 성취도는 그것이 독자, 관찰자, 또는 청중에게 주는 효과, 과제 달성 방법의 적절성, 그리고 그것이 얻어지는 과정의 적절성에 의해 평가되어야 한다.

종합력 평가 문항 문제 진술에 포함할 동사와 목적어를 정리하면 표 4-7 과 같다.

표 4-7 종합력 평가 진술 동사와 목적어

하위 행동	동사	목적어
독특한 의사소통의 창안	쓴다, 말한다, 관계시킨다, 생산한다, 구성한다, 창안한다, 수정한다, 자료를 종합한다	구조, 유형, 생산(물), 수행, 설계, 계획, 작업, 의사소통, 노력, 구성
조작의 계획 및 절차의 창안	제안한다, 계획한다, 생산한다, 설계한다, 수정한다, 구체화한다	계획, 목적, 도식, 조작방법, 방법, 해결방법, 수단
추상 관계의 도출	생산한다, 도출한다, 개발한다, 종합한다, 조직한다, 분류한다, 형성한다, 수정한다	현상, 분류학, 개념, 도식, 이론, 관계, 추상성, 일반법칙, 가설, 지각, 방법 발견

⑥ 평가력 평가

평가력은 어떤 특정한 목적과 의도를 근거로 하여 주어진 자료 또는 방법이 가진 가치를 판단하는 능력을 의미한다. 평가력은 판단력, 비판력이라고도 할 수 있는 것으로 '어떤 목적을 갖고 아이디어, 작품, 방법, 소개 등에 관해 가치판단을 하는 능력'이다. 평가력에는 어떤 특정 사상이 얼마나 정확하고 효과적이며, 경제적이고, 만족할 만한지를 검정하는 준거와 표준을 활용하는 능력도 포함한다. 평가는 그 어떤 능력보다 복잡성이 더한 능력이며, 거기에는 상당 부분 정의적 요소가 포함되어 있다. 즉, 개인이 지닌 의견, 가치, 정서, 주장 등 정의적 요소가 평가능력을 구성한다.

평가력에 대한 평가의 기준은 내적 준거에 의한 판단과 외적 준거에 의한 판단이 있다. 내적 준거에 의한 판단은 의사소통의 정확성과 논리적 일관성이 준거가 되고, 외적 준거에 의한 판단은 설정된 준거에 의한 자료, 사물, 정책의 판단으로 전문성에 의한 판단이나 비판이라고 할 수 있다.

평가력 평가 문항 문제 진술에 포함할 동사와 목적어를 정리하면 표 4-8 과 같다.

표 4-8 평가력 평가 진술 동사와 목적어

하위 행동	동사	직접목적어
내적 준거에 의한 판단 (의사소통 정확성과 논리적 일관성)	판단하다, 토론한다, 타당화한다, 총평한다, 평가한다, 결정한다	정확성, 일관성, 허구, 오류, 신뢰성, 정밀성
외적 준거에 의한 판단 (설정된 준거에 의한 전문적 판단)	판단한다, 토론한다, 고려한다, 비교한다, 대비한다, 표준화한다, 평가한다	목적, 수단, 효율성, 경제성, 신뢰성, 대안, 행위 과정, 표준, 이론, 일반법칙

2) 정의적 영역의 교육목표와 평가

(1) 정의적 행동 개념

정의적 영역은 교육목표분류체계에서 인간의 정서와 감정을 밑바탕으로 형성되는 모든 행동, 즉 인간의 관심, 흥미, 태도, 가치관, 자아개념, 성격 등과 같은 정서의 분화와 의지의 심화가 결합하여 발달하는 모든 행동을 포함하는 영역이다.

Krathwohl과 Bloom 그리고 Masia(1964)는 정의적 영역을 내면화의 원리에 따라서 감수(receiving), 반응(responding), 가치화(valuing), 조직화(organization), 인격화(characterization)의 다섯 가지 범주로 분류하고, 이러한 범주들 사이에 위계적 관계를 설정하였다.

① 감수(receiving)

감수는 어떤 현상이나 자극을 감지하는 것으로 현상이나 자극을 수용하고 주의함으로써 의도된 다른 목표를 습득하기 위한 최초의 정의적 행동이다. 즉, 어떤 자극을 기꺼이 수용하고 자발적으로 주의를 기울이게 되는 것과 같은 민감성을 의미한다.

- 감지(awareness)
- 자발적인 감수(willingness to receive)
- 통제나 선택적 주의집중(controlled or selected attention)

② 반응(responding)

반응이란 현상에 단순히 감수하는 것 이상으로 능동적으로 반응하는 것을 말한다. 즉, 어떤 자극에 적극적으로 참여하고 자발적으로 반응하며 만족감을 얻게 되는 행동을 의미한다.

- 묵종 반응(acquiescence in responding)
- 자발적인 반응(willingness to respond)
- 반응에 대한 만족(satisfaction in response)

③ 가치화(valuing)

가치화는 행동의 지침이 되는 근본적인 가치를 가지고 동기가 유발되는 것으로써 특정한 대상이나 활동의 가치를 비교하고 연관을 지어 통합하는 것을 의미한다. 이 유목은 태도와 가치에 관한 목표를 기술하는 데 사용한다.

- 가치의 수용(acceptance of a value)
- 가치의 선호(preference of a value)
- 가치의 확산(commitment)

④ 조직화(organization)

조직화는 하나 이상의 가치가 관계된 상황에서 하나의 체계로 그 가치를 조직하고, 가치 간의 상호 관계를 결정하여 일관적인 가치체계를 수립하는 것이다. 즉, 가치와의 상호 관계를 통해서 그 체계 안에서 가치의 계층 단계를 설정하는 것이다.

- 가치의 개념화(conceptualization of a value)
- 가치체계의 조직(organization of a value)

⑤ 인격화(characterization)

인격화는 개인의 가치 위계 내에 자리 잡고 있으며, 내적으로 일관된 체계로 조직되고, 그 방향으로 행동을 조정할 만큼 장기적으로 개인의 행동을 통제하는 것이다. 이미 수용되어 조직화한 가치체계에 따라 일관성 있는 행동을 할 만큼 인격의 일부로 내면화된 상태이다.

- 일반화된 행동 자세(generalized set)
- 인격화(characterization)

교육목표분류학의 정의적 행동과 심리학적 정의적 특성과의 관계와 개념을 요약하면 표 4-9 와 같다(Krathwohl, Bloom, & Masia, 1964).

표 4-9 교육목표분류학의 정의적 행동과 심리학적 정의적 특성과의 관계와 개념 요약

단계	하위 행동	심리학적 정의적 특성	개념 요약
감수	1.1 감지		자극을 수용하고 자발적으로 주의하는 민감성
	1.2 자진 감수		
	1.3 선택적 관심	흥	
반응	2.1 묵종 반응	감	어떤 자극에 능동적으로 참여하고 자발적으로 반응하면서 만족감을 느낌
	2.2 자진 반응		
	2.3 반응에의 만족	미 태 가	
가치화	3.1 가치수용	상 적	특정한 대상, 활동의 가치를 비교하고 연관을 지어 통합하는 것
	3.2 가치 선호		
	3.3 가치 확신	도 치	
조직화	4.1 가치 개념화		가치 간의 상호 관계를 결정하여 일관적인 가치체계를 수립함
	4.2 가치체계 조직	응	
인격화	5.1 일반화된 태세		조직화한 가치체계에 따라 일관성 있는 행동으로 내면화된 일반적인 행동 자세
	5.2 인격화		

정의적 행동의 하위 행동을 요약하면 다음과 같다.

감수는 어떤 자극이나 활동을 수용하고, 자발적으로 주의를 기울이게 되는 민감성을 의미한다. 반응은 어떤 자극에 능동적으로 참여하고 자발적으로 반응하면서 만족감을 느끼는 것을 의미한다. 가치화는 특정한 대상, 활동의 가치를 비교하고 연관을 지어 통합하는 것을 의미한다. 조직화는 가치 간의 상호 관계로 결정되어, 일관적인 가치체계를 수립하는 것을 의미한다. 인격화는 조직화한 가치체계에 따라 일관성 있는 행동으로 내면화된 일반적인 행동 자세를 의미한다.

그리고 흥미, 감상, 태도, 가치, 적응 등의 심리학적 특성은 각 정의적 하위 행동과 관계된다. 흥미는 감지(1.1), 자진 감수(1.2), 선택적 관심(1.3), 묵종 반응(2.1), 자진 반응(2.2), 반응에의 만족(2.3), 가치수용(3.1), 가치 선호(3.2)와 관계된다. 감상은 선택적 관심(1.3), 묵종 반응(2.1), 자진 반응(2.2), 반응에의 만족(2.3), 가치수용(3.1), 가치 선호(3.2)에 해당한다.

태도와 가치는 자진 반응(2.2), 반응에의 만족(2.3), 가치수용(3.1), 가치 선호(3.2), 가치 확신(3.3), 가치 개념화(4.1)에 관계된다. 적응은 자진 반응(2.2), 반응에의 만족(2.3), 가치수용(3.1), 가치 선호(3.2), 가치 확신(3.3), 가치 개념화(4.1), 가치체계 조직(4.2), 일반화된 태세(5.1), 인격화(5.2)와 관계된다.

여기에서 흥미, 감상, 태도, 가치, 적응 등의 심리학적 특성이나 교육목표분류학에서의 정의적 특성 대부분이 상호 배타적이지 않고 중첩되어 있다는 것을 알 수 있다. 즉, 정의적 행동은 독립적이라기보다는 상호 관계적인 성격을 띤다고 할 수 있다.

(2) 정의적 행동 단계(수준)별 교육목표 및 평가 기준

정의적 행동 단계별 교육목표 및 평가 기준을 살펴보면 다음과 같다.

① 감수

이 단계의 행동은 어떤 현상에 대해서 단순히 그 존재를 인식하는 수준에서 선택적으로 주의를 집중하는 수준에 이른다.

> **교육목표 예**: 우리 고장에 어떤 축제가 있는지 알아본다.
> **평가문항 예**: 우리 고장에 어떤 축제가 있는지에 관심이 있는가?

② 반응

이 단계에서는 주어진 과제를 읽으라고 지시에 따라 묵묵히 읽는 행동 수준에서 주어진 과제 이외의 것도 필요하다고 생각되면 읽는 것과 같이 반응을 적극적으로 나타내는 행동 수준, 그리고 더 나아가 즐거움을 위해서 자발적으로 책을 읽는 것과 같이 만족감을 얻으려는 행동 수준의 반응이 있다.

> **교육목표 예**: 어떤 축제가 있는지 알아보고 직접 축제에 참여하여 즐긴다.
> **평가문항 예**: 어떤 축제가 있는지 알아보고 직접 축제에 참여하여 즐기는가?

③ 가치화

가치화는 어떤 활동이나 대상을 만족스럽거나 유용한 것으로 지각하고 그것에 대하여 몰두하는 것이다. 이 수준에서 학습된 가치는 일관성과 안전성이 있어서 하나의 신념이나 태도와 같은 것으로 굳어지게 되며, 이 수준의 행동은 행동의 밑바탕이 되어 있는 가치에 대한 자신의 확신으로 동기화되어 있다.

> **교육목표 예**: 특정한 축제에 참여하여 자원봉사활동을 홍보하고 주도한다.
> **평가문항 예**: 특정한 축제에 참여하여 자원봉사활동을 홍보하고 주도하는가?

④ 조직화

이 수준의 정의 특성은 친구 관계를 개선하기 위한 자신의 책임을 인정하는 것과 같이 가치를 개념화하는 행동이다. 개인의 경제적 안정과 사회적 봉사라는 두 가지 다른 욕구를 동시에 만족시킬 수 있는 작업계획을 세우는 것과 같은 개인의 가치관을 조직화하는 행동 수준이다.

교육목표 예: 자원봉사 관련 기관이나 단체 등에서 사회 관계적 및 직업적 차원의 자원봉사 업무를 경험한다.

평가문항 예: 자원봉사 관련 기관이나 단체 등에서 사회 관계적 및 직업적 차원의 자원봉사 업무를 하는가?

⑤ 인격화

인격화는 다양한 가치 사이의 상호 관계를 정립하는 것을 넘어서서 그러한 가치를 인생관 또는 세계관으로 조직하는 것으로 가치체계가 완전히 내면화되어 개인의 인격으로 굳어져 습관화되고 개인의 사고와 언행은 일관성을 유지하는 행동 수준이다. 궁극적으로 가치의 인격화는 개인의 행동을 일관성 있게 장기적으로 통제하며, 어떤 한 방향으로 행동하도록 하는 힘을 갖게 한다.

교육목표 예: 이웃과 빈민 국가를 돕고 더불어 사는 것을 자신의 인생관과 세계관으로 삼고 실천한다.

평가문항 예: 이웃과 빈민 국가를 돕고 더불어 사는 것을 자신의 인생관과 세계관으로 삼고 행동적으로 실천하는가?

정의적 행동의 행위 동사와 일반 목표 및 평가 기준들을 예시하면 다음 표4-10 과 같다.

표 4-10 정의적 행동별 행위 동사와 일반 목표 및 평가 기준 예시

단계	동사	일반 목표(평가 기준) 진술의 예
감수	주의를 집중하다, 질문하다, 선택하다, 기술하다, 따르다, 주다, 찾아내다, 명명하다, 지적하다, 선정하다, 대답하다, 사용하다	• 선생님의 시범에 주의를 기울인다. • 우리 지역 축제에 관심을 둔다. • 환경문제에 민감함을 나타낸다. • 문화의 차이를 수용한다. (선생님의 수업에 주의를 집중한다)
반응	대답하다, 돕다, 복종하다, 토의하다, 인사하다, 명명하다, 실행하다, 실천하다, 제시하다, 읽다, 암송하다, 보고하다, 선택하다, 분담하다, 연구하다	• 선생님의 시범을 따라 한다. • 선생님의 질문에 답을 한다. • 학급토의에 적극적으로 참여한다. • 학교 규칙을 지킨다. • 지역 축제의 봉사활동에 자발적으로 참여한다. • 봉사활동에 만족감을 느낀다. (수업에 적극적이며 성취감을 느낀다)
가치화	완성하다, 구별하다, 설명하다, 지도력을 발휘하다, 참가하다, 정당화하다, 제안하다, 읽다, 보고하다, 선택하다, 공부하다, 다른 사람과 나누다	• 영화를 좋아한다. • 책 읽기를 좋아한다. • 매주 프로야구 경기를 관람한다. • 지역 축제에 의미를 부여하고 홍보한다. • 민주적 절차를 제안한다. • 다른 사람에 대한 복지에 깊은 관심을 둔다. (진지한 수업 태도를 보인다)
조직화	고수하다, 변경하다, 나열하다, 결합하다, 비교하다, 옹호하다, 완성하다, 수정하다, 조직하다, 준비하다, 관련짓다	• 영화를 장르별로 나누어 감상한다. • 독서 목록을 작성하고 독서 모임을 한다. • 자신의 행동에 대한 책임을 받아들인다. • 자기 자신의 장단점을 이해하고 수용한다. • 자신의 능력과 흥미에 알맞은 인생 계획을 세운다. • 삶의 중요성을 깨닫고 자기존중감을 갖는다. • 가족 간의 사랑과 존중의 상호 관계를 파악한다. (협동학습에서 자신의 역할과 책임을 인정한다)
인격화	활동하다, 영향을 미치다, 실천하다, 수정하다, 질문하다, 교정하다, 봉사하다, 이용하다, 검증하다	• 일관성 있는 사고와 행동을 나타낸다. • 독립적으로 일하는 데 자신감을 나타낸다. • 집단활동에서 자발적으로 협동을 실천한다. (모든 수업에서 다른 학생에게 모범적인 수업 태도를 보인다)

또한 정의적 목표분류의 하위 영역별 지표 행동은 다음의 표4-11 에 제시된 바와 같다.

표 4-11 정의적 목표분류의 하위 영역별 지표 행동

감수	반응	가치화	조직화	인격화
• 묻다.	• 책임을 받아들이다.	• 연관을 짓다.	• 집착하다.	• 행동하다.
• 선택하다.	• 대답하다.	• 책임을 가정하다.	• 변명하다.	• 행동을 바꾸다.
• 따르다.	• 지원하다.	• 믿다.	• 준비하다.	• 행동 규칙을 개발하다.
• 주다.	• 기꺼이 하다.	• 확신하다	• 분류하다.	• 생활철학을 개발하다.
• 지지하다.	• 동의하다.	• 완성하다.	• 조합하다.	• 영향을 미치다.
• 선정하다.	• 동조하다	• 서술하다.	• 방어하다.	• 문제나 쟁점에 관해 판단하다.
• 흥미를 보이다.	• 즐기다.	• 차별화시키다.	• 확립하다.	• 경청하다.
	• 환영하다.	• 신념을 갖다.	• 판단을 내리다.	• 제안하다.
	• 돕다.	• 주도하다.	• 동일시한다.	• 제한하다.
	• 복종하다.	• 초대하다.	• 통합하다.	• 질문하다.
	• 수행하다.	• 참가하다	• 조직하다.	• 봉사하다.
	• 연습하다.	• 정당화하다.	• 대안 중에서 선택하다.	• 성숙한 태도를 보이다.
	• 제시하다.	• 참여하다/제안하다.		• 증명하다.
	• 보고하다.	• 선택하다.		
	• 선택하다.	• 공유하다.		
	• 말하다.	• 신청하다.		
		• 작업하다.		

3) 심체운동 기능 영역의 교육목표와 평가

심체운동 기능(psychomotor skill) 영역은 연기를 하거나, 조작 또는 구성하는 것과 같은 신체적 활동에서 근육이나 신경의 운동으로 학습될 수 있는 조작적 기능, 운동기능, 신경 근육 조정 등을 말한다.

Harrow(1972)는 심체운동 기능 영역의 목표를 반사적 운동, 기본-기초동작, 지각 능력, 신체 능력, 숙련된 동작, 직관적 의사전달 등으로 구분하고 있다.

① **반사적 운동**(reflex movement)

한 개인의 의사와는 관계없는 단순한 반사적 행동이다. 따라서 이 운동은 의도된 교육으로 발달하는 것이 아니기 때문에 교수목표로 설정하기는 어렵다. 단지 반사적 운동은 환경적 분위기에 따라 나타나기 때문에 잠재적인 교육과 관련해서 이해해야 한다. 예를 들어, 건널목 앞에 다가설 때, 갑자기 빨간 불로 변하면 나도 모르게 서게 되는데 이는 의도적인 반응이라기보다는 반사적인 행동이라고 할 수 있다.

② **기본-기초동작**(basic fundamental movements)

단순한 반사적인 운동들이 통합적으로 이루어지는 좀 더 높은 수준의 운동기능들이다. 이동 동작(locomotor movements), 비이동 동작(non-locomotor movements), 촉진 동작(manipulative movements) 등을 포함한다.

③ **지각 능력**(perceptual abilities)

지각운동으로서 시각적, 청각적, 촉각적 자극을 해석하고 느껴 어떤 사태나 문제에 대처하고 조정하는 기능이다.

④ **신체 능력**(physical abilities)

이 운동은 상당히 성숙한 운동으로서 지구력, 체력, 유연성, 민첩성 등을 포함한다.

⑤ **숙련된 동작**(skilled movements)

운동과 구체적 기능을 요구하는 복잡한 운동기능을 실천하는 데 나타나는 능률성, 우수성, 숙련성 정도를 말한다. 숙련된 동작의 단계는 단순적응 기능(simple adaptive skill)으로부터 혼합적응 기능(compound adaptive skill), 복합적응 기능(complex adaptive skill)으로 나타난다.

⑥ **동작적 의사소통**(non-discursive communication)

얼굴의 표현과 신체의 여러 가지 동작으로 운동 등을 포함하는 신체적 운동을 통한 의사소통의 운동기능이다. 예를 들어, 무용의 신체 표현, 피겨스케이팅의 예술적 표현, 리듬체조의 심미성 등을 들 수 있다.

이 외에도 우리나라에 잘 알려진 심동적 영역의 분류로는 Simpson(1972)의 목표분류가 있다. Simpson은 심동적 영역의 교육목표를 지각, 태세, 유도 반응, 기계화, 복합적 외현 반응, 적응, 독창성의 7단계로 체계화하였다.

표 4-12 Simpson의 교육목표분류

수준	설명
지각 (perception)	감각기관을 통해서 대상, 특징, 관계들을 감지하는 과정이 신체적 동작을 수행하는 첫 단계이다. 지각은 신체적 운동에 이르는 상황-해석-행위의 연쇄 과정 가운데서 주요 부분을 이룬다. (탁구를 배우기 위해 탁구에 관심을 가지고 보는 행위)
태세 (set)	특정한 운동이나 경험에 대한 준비적 조정을 하는 단계로서 태세는 정신적 · 신체적 · 정서적 태세로 구별될 수 있다. (탁구지식, 간단한 복장, 가벼운 신발, 라켓 등을 준비하는 과정)
유도 반응 (guided response)	복잡한 운동기능 발달의 초기 단계에 속한다. 따라서 더 복잡한 지도 밑에서 행하는 외형적 동작의 기초가 된다. (탁구공을 넘기기는 기술을 습득하는 단계)
기계화 (mechanism)	이 수준에서 학습자는 어느 정도의 자신과 숙련도를 가지고 동작을 수행할 수 있다. 습관적인 동작은 자극에 대한 가능한 반응 가운데서 학습자의 레퍼토리 일부이다. (유도반응을 넘어 자연스럽게 탁구를 치게 되는 단계)
복합적 외현 반응 (complex overt response)	이 수준에서 학습은 복잡한 기능 동작을 최소의 에너지와 시간을 소비하여 효과적으로 부드럽게 수행할 수 있다. (최소한의 힘으로 탁구공을 신속하고 정확하게 넘기는 단계)
적응 (adaption)	문제 상황이나 특수한 요구에 적합하게 숙달된 행위를 수정 또는 변화시킬 수 있다. (탁구공을 왼쪽으로 왔을 때 허리 뒤로 돌려받아 넘기는 단계)
독창성 (origination)	개인의 특이한 행동을 개발할 수 있다. (일반적인 자세가 아닌 개인의 독특한 자세로 능숙하게 하는 단계)

2. 교육목표와 평가

1) 평가에서 교육목표의 중요성

여러 번 강조한 것처럼 평가의 준거는 목표가 된다. 최초 설정한 목표는 여러 가지 교육활동, 즉 충분하고 적합한 교육과정을 마련하고, 적합한 교수방법을 적용하고, 그리고 그에 따른 적극적인 학습활동이 따라줌으로써 달성된다. 바로 교육과정의 성공 여부는 목표의 달성 여부로서 교육과정, 교수방법, 학습활동 등을 평가하는 것이다. 이런 의미에서 평가활동에서 목표에 대한 중요성을 가져야 한다. 잘못된 목표는 그 이후의 모든 교육의 과정을 쓰레기로 만들고 만다. 잘못된 목표를 위한 잘못된 교육과정, 잘못된 교육과정으로 인한 잘못된 교수-학습활동 또한 당연히 잘못된 평가로 이어지게 된다. 즉 교육의 과정의 필수 요소인 교육목표, 교육과정, 교육방법, 교육평가는 독립적으로 존재하는 것이 아니라 절대적으로 상호 관계적이어야 한다. 최초의 올바른 목표만이 그 이후 교육의 과정을 성공적으로 이끌 수 있다.

교육에서 교육목표의 도출은 교육의 이념에서 이념을 위한 교육의 목적으로, 그리고 목적 달성을 위한 교육의 목표를 설정하는 것으로 진행된다. 이념(idea)이 모든 사람을 모두 이롭게 한다는 의미를 가진 '홍익인간'이라면, 목적(goal)은 홍익인간을 위한 '창의적인 인간'을 기르는 것이고, 목표(object)는 창의적인 인간을 위한 자신의 잠재능력을 발휘하는 '자아실현의 인간'을 기르는 것이라 할 수 있다. 이러한 이념, 목적, 목표의 논리는 각급 학교, 각 학년, 각 학급, 각 교과에 적용될 수 있다. 여기에서 교육활동은 이념, 목적, 목표의 순으로 이어진다면, 교육평가는 목표, 목적, 이념의 순으로 거슬러 올라가는 것이 논리적으로 맞는다고 본다. 구체적인 활동에 대한 평가를 통해서 일정 수준의 목표 달성 여부를 결정하고, 그에 따라서 목적의 성취를 결정하고 궁극적으로 이념과 신념을 판단하는 것이다.

이와 같은 배경과 논리에 따라 평가에서는 목표에 대해서 무엇보다도 먼저 인식하고 그 중요성을 강조해야 한다. 특히, 수업에서 목표 즉, 교수목표 또는 학습목표는 실제적이고 실천적인 교육과정과 교수방법을 연결함으로써 실제적인 교육의 효과를 평가하는 준거가 된다. 수업에서의 교수목표는 명확하고 구체적일수록 목표의 달성 수준을 정확히 평가할 수 있다. 따라서 교수목표의 진술은 가능한 명확하고 구체적으로 진술되어야 한다.

2) 교수목표 진술방법

Ralph Tyler(1949)가 학습 내용과 행동을 동시에 제시하는 교수목표를 처음으로 제시한 이후 여러 학자가 교수목표 진술 방법을 제시하고 있다. 여기에서는 Mager, Gagné, Gronlund, Eisner의 진술 방식을 제시한다.

(1) Mager의 교수목표 진술

Mager의 교수목표 진술방법의 기본 조건은 다음과 같다.

① 가능한 조건이나 상황을 포함한다.
② 가능한 목표 달성 수준 즉, 준거를 제시한다.
③ 학습자의 도착점 행동으로 진술한다.

Mager의 진술 방식의 예를 들어보면 다음과 같다.

- 현미경을 통해서(조건 또는 상황) 세포의 핵, 세포막, 액포, 미토콘드리아를(준거) 그릴 수 있다.(도착점 행동)
- 트랙 운동장에서(조건) 100m를 16초 이내에(준거) 뛸 수 있다.(도착점 행동)

이와 같은 교수목표 진술방법에서 고려할 사항으로는 모든 교수목표에 반드시 상황이나 조건을 제시하는 것은 아니며, 준거를 반드시 포함해야만 하는 것은 아니다. 다만 이와 같은 진술 조건들을 가능한 교수목표 진술에 반영함으로써 교수목표가 보다 상세화되어 학습자의 학습 수준 및 방향 설정에 도움을 주고자 하는 것이다.

(2) Gagné의 교수목표 진술

Gagné는 수업목표의 확인 및 추출은 교육과정의 구성에 기초해야 한다고 주장하며 교육과정의 내용을 과제분석으로 확인하고, 이 확인된 내용 사이의 상호 관련을 기초로 수업목표를 학습위계에 따라 계층화할 것을 제시하고 있다.

Gagné는 수업목표 진술에서 다음과 같은 다섯 가지 요소(학습 능력, 행위 동사, 상황, 대상, 도구)를 제시하고 있다.

첫째, 학습 능력(capability to be learned)이다. '학생에게 요구되는 학습 능력이 무엇인가'가 제시되어야 한다. 지적 기능, 인지 전략, 언어기능, 운동기능, 태도 등으로 나누어지는 학습 능력 중에서 어떤 것을 변화시킬 것을 목적으로 하느냐가 첫 번째의 관심거리가 된다.

둘째, 행위 동사의 사용이다. 위에서 제시된 학습 능력이 변했는지를 알기 위해서는 학습자가 어떤 일반적인 행위를 하느냐 하는 것이다. 그러므로 학습 능력을 나타내는 행위 동사(핵심동사, 보조동사)를 활용하는 것이 요구된다.

셋째, 어떤 상황에서 그러한 행동이 나타나기를 바라느냐 하는 것이다. 즉, 행동이 나타날 수 있는 상황도 수업목표 진술에 반영되어야 한다는 것이다.

넷째, 무엇을 해내어야 하느냐 하는 이른바 대상이다. 즉, 양파의 세포를 관찰하는 것인지, 셰익스피어의 시를 감상하는 것인지, 실험용 자동차를 작동하는 것인지 그 요구되는 대상이 무엇이어야 하느냐 하는 것을 수업목표 진술에서 나타내야 한다는 것이다.

다섯째, 도구를 제시해야 한다. 어떤 대상을 가지고 어떤 조건에서 어떤 도구·기구를 활용하여 어떤 행동을 나타내어야 하는가를 수업목표에 진술해야 한다.

Gagné의 교수목표 진술방식의 예를 들어보면 다음과 같다.

> A 증권회사 앱을 통해서, (도구)
> 관심종목 동향을 살펴보고 (상황, 보조동사)
> 주식을 매수·매도할 수 있다. (대상, 학습 능력, 핵심동사)

이러한 Gagné의 목표 진술 방식은 Mager의 방식과는 달리 행위의 대상을 목표 진술의 한 구성요소로 들고 있으며, 학습되어야 할 능력을 세목화한 것이 그 특징이다. 또한 Mager의 목표 진술에 포함된 행동 목표의 기준이 빠져 있으며, 행동을 표시하면서 핵심 동사와 보조동사를 엄격히 구분하고 있다. 즉, 학습 능력에 내포된 행동을 묘사하는 동사를 핵심 동사, 어떤 내용을 통해 그 학습 능력을 표현하는 데 수단이 되는 동사를 보조동사라고 한다.

Gagné는 학습과제를 분석하고 이를 위계적인 형태로 만드는 일은 모든 학생의 가장 적절한 학생 항로의 발견을 위한 기초를 마련해 준다고 하고 있다. 학습과제를 분석하게 되면, 학생들에게 어떠한 순서로 학습시킬 것인지가 분명해지고, 무엇을 언제 평가해야 하는지가 분명해지며, 선수학습 능력이 무엇인가가 밝혀지게 된다. 따라서 학습과제 분석은 최종 수업목표의 성취를 위해 요구되는 세부 수업목표의 추출, 수업계열의 결정, 각종 수업과정의 평가를 위한 근거자료의 제공, 적절한 학습경험의 제공을 위해 반드시 있어야 할 활동이다.

(3) Gronlund의 교수목표 진술

Gronlund(1973)는 교수목표를 일반적 교수목표(general instructional objectives)와 명세

적 교수목표(specific instructional objectives)로 나누고 있다. 그는 기대하는 학습성과로서 일반적 교수목표를 먼저 진술한 다음, 일반적 교수목표 하위에 교수목표 달성의 행동적 근거가 될 수 있는 명세적 성취 행동을 진술하는 2차원적인 목표 진술 방식을 제안하고 있다.

일반적 교수목표는 적절한 수준의 일반성을 유지하기 위하여 학습 내용과 함께 '안다' 또는 '이해한다' 등과 같은 내재적 행동으로 진술한다.

일반적 교수목표 진술방법은 다음과 같다.

- 기대하는 학습성과를 학생들의 도착점 행동으로 진술할 것
- 내재적 행동을 나타내는 동사로 진술할 것
- 하나의 목표에 단일 학습성과만을 포함하도록 진술할 것
- 여러 차원에 활용될 수 있도록 교과 내용에 얽매이지 않게 진술할 것
- 다른 목표와 중첩되지 않도록 진술할 것

명세적 교수목표는 반드시 관찰되고 측정될 수 있는 행위 동사로 진술되어야 한다는 것을 제외하고는 일반적 교수목표 진술방법과 같다.

명세적 목표 진술의 구체적인 방법은 다음과 같다.

- 일반적 교수목표 하위에 학생들의 도착점 행동을 나타내는 명세적 학습성과의 대표적 표본을 나열할 것
- 관찰 가능한 행동을 나타내는 행위 동사를 써서 진술할 것
- 일반적 목표를 달성한 학생들의 성취 행동을 적절하게 나타내도록 명세적 목표의 수를 충분하게 제시할 것
- 명세적 수업목표가 여러 단원에 활용될 수 있도록 교과 내용에 얽매이지 않게 할 것
- 정의하기가 어렵다고 하여 복잡한 학습성과를 빠뜨리지 않도록 조심할 것

이러한 교수목표 진술 방법에 따라 '세포의 구조'에 관한 내용을 중심으로 교수목표를 진술해 보면 다음과 같다.

표 4-13 Gronlund 목표 진술의 예시

일반적 목표 진술	세포의 구조를 이해한다.
명세적 목표 진술	• 현미경으로 관찰한 세포의 핵, 세포막, 액포, 미토콘드리아를 그릴 수 있다. (목표 진술) • 세포의 핵, 세포질, 원형질, 액포의 기능을 설명할 수 있다. (목표 진술) • 세포질과 원형질을 구분할 수 있다. (목표 진술)

위의 예에서 '세포의 구조를 이해한다'라는 진술은 '일반적 목표'로서 수업의 목적을 말한다. 일반적 목표 진술을 위한 동사는 명세적인 행위 동사보다는 의사전달을 위한 동사이면 충분하다. 그러나 일반적 목표의 하위에 1.1, 1.2, 1.3 항은 일반적 목표를 달성하기 위하여 명세화된 '목표 진술'이며, 이러한 명세적 목표를 진술하기 위하여 사용되는 동사의 형태는 '그릴 수 있다', '설명할 수 있다', '구분할 수 있다', '뛸 수 있다'와 같은 행위 동사이어야 한다. 즉, 명세적 목표는 학생이 수업 후에 나타내야 할 구체적인 학습된 행동이다. 또 다른 예를 진술하면 다음과 같다.

1. 갑오경장을 이해한다.

   1.1 갑오경장이 일어나게 된 직접적인 원인을 3가지 이상 열거한다.

   1.2 갑오경장의 핵심 인물의 이름을 3명 이상 열거할 수 있다.

   1.3 갑오경장이 우리나라의 근대화에 미친 영향을 설명할 수 있다.

   1.4 갑오경장의 역사적 의의를 자신의 표현으로 설명할 수 있다.

Gronlund의 진술방법이 앞에서 살펴본 Mager와 Gagné의 진술방법과 다른 점은 구체적 학습성과 즉, 명세적 수업목표의 상위에 일반적 수업목표를 두고 있다는 점이다. 따라서 Gronlund의 경우 명세적 수업목표는 목표의 성취를 나타내는 행동적 증거가 되는 하나의 표본이지 그 자체가 목표는 아니며, 일반적 수업목표가 수업의 목적이 되는 것이다. 다시 말하면, 명세적 목표에 진술된 구체적 행동은 평가의 기초로 활용될 수 있으나 수업은 어디까지나 포괄적인 일반적 목표의 성취를 지향해야 한다는 것이다. 이를 통하여 명세적 목표만을 진술할 때의 단점을 극복하고 교수-학습의 과정을 보다 융통성 있게 진행할 수 있으며, 교육과정과 교과 및 단원목표 간의 연계성을 확보하는 것이 가능해진다. 또한 일반적 수업목표와 명세적 수업목표를 모두 진술해야 하므로 다소 복잡하지만 명세적 수업목표는 형성평가의 문항 작성, 일반적 수업목표는 총합평가의 문항 작성에 바로 이용될 수 있는 장점이 있다.

한편 일반적인 학교의 교과교육에서 Gronlund의 진술 방식의 목적 진술은 소단원의 주제 수준이 된다는 것을 참고하면 좋을 것이다. 특히, Gronlund의 진술 방식은 교과교육이 아닌 일반적인 교육프로그램에서 목적을 제시하는 데 유용하게 적용될 수 있을 것이다.

(4) Eisner의 교수목표 진술

Mager의 진술방법이나 Gagné의 진술방법에 따라 진술된 행동적 목표는 내용과 의미가 매우 명확해서 교육내용과 방법의 선정, 평가 방향의 설정과 문항 작성이 매우 쉽다는 장점이 있다. 반면에 의도하지 않은 결과를 포함한 학습의 모든 결과를 명시하기 어렵다는 단점이 있다.

행동적 목표는 수학, 과학 등의 과목에는 유용하지만 문학이나 예술 등의 과목에는 적절하지 않다는 비판을 받는다. 또한 행동적 목표는 체험을 통해 습득하게 되는 암묵적 지식의 학습을 위한 목표로는 부적절하다(김대현, 김석우, 2006).

예술적 교육과정 및 교육평가의 대표적인 학자인 Eisner(1985, 1994)도 예술이나 문학 등의 수업은 복잡하고 역동적인 과정이 대부분이기 때문에 수업 전에 행위목표의 형태로만 진술하는 것은 불가능하다고 하였다. 따라서 교수목표는 행위목표뿐만 아니라 문제해결목표와 표현적 결과목표가 추가되어야 한다고 주장하였다.

문제해결목표는 실제적인 문제가 주어지고, 상황에 관한 조건이 주어지면 학생들은 자유롭게 의사를 개진하여 다양한 해결책을 찾아낼 수 있는 경우를 대비한 목표이다.

그리고 표현적 결과목표는 목표를 미리 정하지 않고, 특정한 활동을 하는 중이거나 활동을 마치면서 학습자가 결과적으로 어떤 변화를 만들어냈는가에 따라 결정된다.

우리가 영화를 볼 때 어떤 목표를 세우고 관람하는 것이 아니라 영화를 보는 과정이나 본 후에 어떤 유익한 결과를 얻게 되는 것처럼, 동물원 방문이나 주말 캠핑과 같은 교육활동 이후에 그 결과를 통해 얻어지는 표현 결과가 있기 마련이다. 따라서 교육자는 이와 같은 표현 결과를 예측하여 학생들에게 교육적으로 바람직하게 보이는 활동에 참여하도록 해야 한다.

이 장의 논점(과제)

• 자신의 전공과 관련한 교수목표를 Mager의 진술방법으로 진술해 보자.

- 구체적인 진술일수록 목표가 분명하고, 목표 달성을 위한 내용의 선정 및 조직이 용이하며, 효과적인 교수-학습방법의 탐구 및 적용이 쉬워지고, 목표와 일치하는 평가 문항 제작이 용이해진다.

- 구체적이고 명료한 목표 진술 3 요소 :
  ① 조건 및 상황 ② 준거 및 수락 기준 ③ 도착점 행동

관련 탐구 자료

Bloom의 교육목표분류학

Chapter

05

정의적 행동 특성의 평가

생각하고 들어가기

학교 교육의 목적은 학습자의 인지적 · 정의적 · 심체운동기능 영역의 조화로운 형성과 발달을 통한 전인적 발달에 두고 있다. 그러나 우리나라 학교 교육의 실태는 입시 위주의 교육으로 인하여 지나치게 인지적 영역에 치우쳐 학습자의 정의적 발달 및 심체운동 기능적 발달을 소홀히 하고 있으며, 이러한 발달의 불균형으로 인하여 학습자들이 가치관 정립과 자아정체감 형성에 문제가 발생하고, 여러 가지 사회적 병리 현상이 나타나고 있다. 이러한 점에 비추어 볼 때 학교 교육에서 전인적 발달에 필수 영역인 정의적 영역의 교육과 그에 대한 평가는 매우 중요하며, 정의적 영역의 교육이 강화되어야 할 필요성이 있다.

이 장의 목적은 정의적 행동 특성의 개념과 평가의 중요성을 인식하고, 정의적 행동 특성의 측정 및 평가를 위한 질문지법, 관찰법, 평정법, 사회성 측정법, 의미분석법, 투사적 기법 등의 측정기법을 교육 현장에서 활용할 수 있는 능력을 배양코자 하는 것이다.

학습목표

1. 정의적 영역의 교육과 평가가 중요한 이유를 설명할 수 있다.
2. 정의적 행동 특성의 평가를 위한 측정기법의 유형과 개념을 설명할 수 있다.
3. 정의적 행동 특성의 평가를 위한 측정기법의 개념과 적용방법, 유의사항을 설명할 수 있다.
4. 다양한 측정기법을 활용하여 정의적 행동 특성의 측정 및 평가를 수행할 수 있다.

1. 정의적 특성의 개념과 중요성

1) 정의적 특성의 개념

정의적 특성(affective characteristics)은 인간 행동의 사회·정서적인 측면을 포괄한 개념이며, 일반적으로 정서, 흥미, 태도, 성격, 가치관, 자아개념, 동기 등 인간이 가지고 있는 전형적인 감정과 정서의 표현방식을 나타내는 특성 또는 특질을 말한다(Anderson, 1981). 한 개인의 정의적 행동 특성이란 다변하는 감정과 정서 속에서도 일정하게 지속해서 나타나는 어떠한 전형적인 경향성이 존재한다는 것을 의미한다.

정의적 특성은 다음과 같은 특징을 가지고 있다(정종진, 2010).

첫째, 정의적 특성은 정서 또는 감정을 포함한다.

둘째, 정의적 특성은 전형적인 느낌의 방식이다. 인간의 감정이나 정서에는 상황과 조건에 따라 조금씩 바뀌는 변동성이 있는 가운데서도 비교적 일관된 성향이 있게 되며, 이러한 특징을 전형성이라고 한다. 이러한 점에서 Cronbach(1970)는 인지적 검사는 최대수행(maximum peformance)을 측정하고, 정의적 검사는 전형적 수행(typical performance)을 측정하는 시도라고 하였다.

셋째, 정의적 특성은 어느 정도의 강도를 지니고 있다. 강도(强度)란 감정의 세기 혹은 정도를 말하는 것으로 같은 종류의 감정이라도 그 정도가 달라질 수 있는 것이다.

넷째, 정의적 특성은 방향성을 가지고 있다. 즉, 감정의 '좋음'을 나타내는 긍정적 방향과 '나쁨'을 나타내는 부정적 방향이 있다.

다섯째, 감정이 향하는 어떤 대상이 있다. 여기서 대상이란 감정이 향하는 목표물로서 활동 또는 아이디어 등을 말한다. 예를 들어 불안의 경우 그 대상은 학교나 교사 또는 교과 등이 될 수 있다.

정의적 행동이나 특성에 대한 개념은 모호하기 때문에 실체적인 개념이라기보다는 사람들에 의해서 조작적으로 정의된 개념이다. 많은 학자는 정의적 특성에 대한 구인을 찾아가면서 정의적 특성에 대한 속성을 포함해 개념화하고 있다. 여러 학자가 제시하고 있는 정의적 특성들을 살펴보면, Anderson(1981)은 태도, 흥미, 가치, 선호, 학업적 자기 존중, 통제의 소재, 불안 등의 7개 특성, 강승호 등(1996)은 Anderson의 정의적 특성에 인성, 행동 발달을 추가하여 9개 특성, 김진규(1987)는 여러 학자의 결과를 종합하여 흥미, 태도, 가치관, 자아개념, 성격, 사회성, 도덕성, 불안, 학습동기, 학습습관, 행동발달 등의 11개 특성으로 제시하고 있다.

2) 정의적 특성 평가의 중요성

넓은 의미에서 학교 교육의 목적은 학습자의 전인적 발달, 즉 인지적 영역과 정의적 영역 및 심체운동기능 영역의 조화로운 형성과 발달에 있다. 그러나 우리나라 학교 교육의 실태는 입시 위주의 교육으로 인하여 지나치게 인지적 영역에 치우쳐 학습자의 정의적 발달 및 심체운동기능적 발달을 소홀히 하고 있으며, 이러한 발달의 불균형으로 인하여 학습자들이 가치관 정립과 자아정체감 형성에 문제가 발생하고, 여러 가지 사회적 병리 현상이 나타나고 있다. 이러한 점에 비추어 볼 때 학교 교육에서 정의적 영역의 교육과 그에 대한 평가는 매우 중요하며, 정의적 영역의 교육이 강화되어야 할 필요성이 절실하게 요구되고 있다.

Anderson(1981)은 효과적인 교실 수업을 위해서 교사가 학생들의 정의적 특성에 관한 정보를 알아야 하며, 정의적 특성은 개인적인 문제인 동시에 공적인 문제이기 때문에 학교가 사회를 대표하여 학생들의 정의적 특성을 개발해야 한다는 점에서 정의적 특성의 평가가 필요하다고 주장한다.

황정규(1998)도 정의적 영역에 대한 평가의 중요성을 다음과 같이 제시하고 있다.

첫째, 우리의 교육이 인성교육, 전인교육, 인격교육을 지향한다면 성숙한 인격체를 구성하는 가장 핵심적인 요소의 하나가 정의적 특성이라고 할 수 있다.

둘째, 학교학습 장면에서 정의적 특성은 중요한 추진력 역할을 하는 점에서 정의적 특성에 대한 평가가 중요하다는 것이다. 교육이 학생에게 지적 성공과 실패의 연속선상에서 점수나 등급을 결정해 주는 것만 아니라, 그들에게 긍정적 정의적 특성도 함께 형성시켜 주는 것에 있다면 형성평가의 기능이나 기타의 노력을 통하여 긍정적 정의적 특성을 형성하는 데 이바지해야 할 것이다.

셋째, 교육과정, 교과서 등 교육프로그램의 개선을 위한 의사결정에 도움이 되는 정보를 얻기 위해서는 정의의 교육 및 평가가 필요하다.

넷째, 학생들에게 정의적 특성의 객관적인 정보를 제공함으로써 문제행동을 치료·교정할 수 있다. 정의적 특성의 정도를 점수화하는 것은 사생활을 침해할 가능성이 없지 않으나 개인의 행동 발달은 형성적으로 평가하는 것이 바람직하다. 정의적 특성의 실제를 객관화시켜서 평가한 자료를 학생들에게 제시하면 바람직한 행동의 발달을 위해 자기의 현재 위치를 파악하게 할 수 있고 개선을 위한 노력을 하도록 유도할 수 있을 것이다.

다섯째, 정의적 교육평가 이론의 개발이라는 측면에서 정의적 특성 평가의 중요성을 찾을 수 있다. 지금까지 교육평가의 이론이나 실제가 거의 지적 영역의 학생행동, 즉 학업성취도의 평가에 치중됐으므로 정의적 특성에 대한 성숙한 이론과 평가방법이 개발되지 않은 상태로 머물고 있다. 따라서 정의적 특성의 평가에 관한 이론의 개발과 그 실용화를 위한 계속 연구가 추진되어 현장 교육의 개선은 물론 교육평가 이론의 정립에 이바지한다는 점에서 그 중요성이 한층 더 강조되어야 할 것이다.

2. 정의적 특성의 평가방법

정의적 특성을 평가하는 방법에는 자기 보고에 의한 방법과 타인의 관찰에 의한 방법으로 구분할 수 있다. 자기 보고식 평가방법으로는 질문지, 심리검사 등이 있으며, 타인의 관찰에 의한 방법으로는 체크리스트, 평정법, 면접법, 관찰법, 투사법, 사회성 측정법 등이 있다.

1) 질문지법

(1) 질문지법의 특징과 분류

질문지(questionnaire)는 1880년 갈톤(Galton)에 의해 처음 사용되었으나, 질문지가 연구와 평가를 위한 측정 도구로 사용된 것은 1891년 홀(Hall)의 '아동심리연구'에서 기원한다. 질문지는 어떠한 대상에 대한 개인의 신념이나 감정, 태도, 동기 등과 같은 정의적 특성을 측정하기 위하여 응답자가 질문에 직접 응답 또는 기술하도록 하는 자기 보고식 평가방법이다. 질문지는 단시간에 많은 대상자를 조사할 수 있으며, 조사 결과에 대한 통계적 처리가 쉽다는 장점이 있다.

질문지의 용도는 두 가지로 크게 나눠 볼 수 있다. 하나는 사실 발견에 관한 질문으로서 직업, 가족 수, 수입, 주거지, 지나온 생활사 등 주로 학생의 생활 배경에 관한 사실을 묻는 것이고, 다른 하나는 의견, 판단, 태도, 감정 등과 같은 자아 관여가 깊게 작용하는 내용에 관한 질문으로서 교사에 대한 태도, 흥미 방향, 국가에 대한 감정 등을 묻는 것이 그 예에 속한다.

또한 질문지는 대상자의 응답 형식에 따라 구조화된 질문지와 비구조화된 질문지로 구분한다. 구조화된 질문지는 여러 개의 유목 또는 선택지를 제시하여 응답자가 선택하도록 하는 유형으로 구체적이고 제한된 선택지를 주기 때문에 결과의 처리가 쉽다는 장점이 있어 많이 사용된다. 그러나 자칫 잘못 제작되면 어느 선택지가 '보다 마땅하다'라는 암시를 줄 위험도 있고, 피험자의 창의적 반응을 얻을 수 없다는 단점이 있다.

비구조화된 질문지는 대상자가 주어진 문제에 대해 비교적 자유롭게 반응하도록 하는 방법으로 구조화된 질문지에 비하여 동기, 흥미, 태도, 가치관, 의견, 판단 등에 관한 구체적인 정보를 획득할 수 있는 장점이 있다. 그러나 응답자에게 많은 시간과 정신적 노력을 요구하기 때문에 무성의한 응답이나 무응답이 나올 가능성이 크며, 조사 결과 정리에 많은 노력이 필요할 뿐만 아니라 기술된 내용을 해석하는 데 주관적 편견이 작용할 위험성이 존재한다.

질문지법을 활용할 때 유의할 사항은 다음과 같다(정종진, 2010).

① 확장형 예비조사를 통하여 최종적인 질문지를 작성해야 한다.

② 질문지는 문장해독력이 있고, 판단력이 충분히 발달한 자에게 실시해야만 믿을 수 있는 결과를 얻을 수 있다.

③ 질문지를 실시할 때의 조건과 환경, 예컨대 물리적 조건(소음, 협소, 날씨 등)이나 응답자들의 신체적 조건(피로, 권태 등)이 집단에 따라 차이가 나지 않도록 통제해야 한다.

④ 강한 정서적 반응을 불러일으키거나 도덕적 문제와 관련이 있는 질문지는 가능한 연구자가 직접 실시해야 한다.

⑤ 응답자가 어느 정도 협력해 줄 것인지를 미리 면밀하게 검토해야 한다. 흔히 중등학교에서 학부모의 반응을 조사하기 위하여 학생들에게 질문지를 전달할 수가 있는데, 이때 학생들은 자기들이 반응하고 이것을 학부모의 반응으로 가장하는 수가 있다. 따라서 사전에 학생들에게 충분하게 설명해야 하며, 학부모들이 설문조사에 어느 정도 협력해 줄 것인지를 사전에 검토해야 한다.

⑥ 가능하면 응답의 타당성과 신뢰성을 검증해야 한다.

⑦ 질문의 수가 많아지면 정확한 응답을 얻기 힘들 뿐만 아니라 자료 처리에도 곤란을 느끼게 되므로 질문의 수는 목적을 달성할 수 있는 범위 내에서 최소로 해야 한다.

⑧ 질문지의 회수율을 높이도록 노력해야 한다. 적절한 보상은 회수율을 높이는 방법이 될 수 있다.

(2) 질문지의 유형

일반적으로 활용되는 질문지의 유형을 제시하면 다음과 같다(황정규, 2004).

① 자유 반응형(open or free response questionnaire)

응답자가 질문에 대해 자유롭게 자기 생각이나 의견을 진술하는 형식이다. 응답자의 응답능력, 표현능력을 믿을 수 있을 때 활용이 가능한 방법이다. 이 방법에 따라 얻은 자료는 질적 분석이 선행되어야 하며, 그러기 위해서는 조사자의 특별한 훈련과 능력이 갖추어져 있어야 한다.

■ 자유 반응형 질문의 예

우리 학교에서 지금 운동장에 여러 가지 운동시설을 하려고 합니다. 어떤 운동시설을 했으면 좋겠습니까? 다음에 세 가지씩만 적어 보시오.

1. ______________________

2. ______________________

3. ______________________

② **선택형**(choice method)

두 개 이상의 선택지 중에서 적절한 선택지를 택하도록 하는 방법이다. 선택지는 일반적으로 한 개로 하지만 필요에 따라서는 두 개 또는 여러 개를 선택할 수도 있다. 이 형식은 결과를 백분율에 의해 처리하면 각 선택지의 비중을 간단하게 알 수 있다. 응답자에게 비교적 부담을 덜 주기 때문에 가볍게 대할 수 있어 무응답의 수가 적어질 수 있다. 이와 반대로 자신에게 적절한 답이 없어도 억지로 선택해야 하므로 분명하지 않은 상태에서 기분 내키는 대로 답을 할 가능성도 있다. 이러한 무성의한 응답을 방지하기 위해서는 선택지에 기타 항목을 추가하고 응답자가 내용을 입력할 수 있도록 하는 방법이 효과적이다.

■ **선택형 질문의 예**

매일 매일의 생활에서 가장 마음을 쓰게 되는 문제를 두 개만 고르시오(없으면 기타에 간단히 쓰시오).

_____건강 문제 _____종교 문제 _____친구 관계
_____학업성적 문제 _____진로 문제 _____가정 경제 문제
_____부모 불화 문제 _____용돈 문제
_____기타( )

③ **체크리스트형**(checking method)

이 방법은 상당한 실험적 절차를 거쳐 제작하는 질문지 형식이다. 어떤 문제에 대해 자유 반응 형식으로 반응자의 반응 내용을 탐색해서 그것을 기초로 완전한 목록을 제작한다. 이렇게 제작된 질문지를 다시 적당한 실험집단에 실시해서 각 항목이 모두 적당한 자극치가 있는지를 검증하여 없는 것은 제외한다. 이렇게 결정된 일군의 같은 종류의 문항에 대해 긍정 또는 부정으로 응답하는 것이 체크리스트 방

법인데, 해당 항목이 없으면 모두 표시해도 되고 하나도 없으면 전혀 표시하지 않아도 된다.

체크리스트형은 대개 한 문제나 행동 영역에 대해 적어도 20~30개의 문항을 제작해서 실시해야 의의가 있다. 결과는 체크한 것의 총체로서 수량화시켜 비교하면 된다. 다음의 예시는 우울증 조사를 위하여 활용되는 간이정신진단검사(Symptom Checklist-90-Revision)의 일부이다.

■ **체크리스트의 예**

다음에 제시된 각각의 항목을 읽고 자신에게 해당 사항이 있다고 생각되면 괄호 안에 ✔표를 하시오.

( ) 1. 머리가 자주 아프다.
( ) 2. 신경이 예민하고 마음의 안정이 안 된다.
( ) 3. 쓸데없는 생각이 머리에서 떠나지 않는다.
( ) 4. 어지럽거나 현기증이 자주 난다.
( ) 5. 다른 사람들이 못마땅하게 보인다.

④ **유목분류형**(classification method)

같은 종류의 여러 가지 문항을 일정한 표준 혹은 준거에 따라 몇 개의 유목으로 분류시키는 방법이다. 이것은 분류된 결과에 따라 반응자의 잠재적인 호오(好惡), 찬부(贊否), 가치 방향, 태도 등을 알 수 있는 특징이 있다.

■ **유목분류형의 예**

다음에 여러 가지 직업의 종류가 있다. 이 직업 중에서 전망있다고 생각하는 직업에는 [전]이라고 표시하고, 전망이 없다고 생각하는 직업에는 [비]라고 표시하시오. 단, 판단할 때는 자기의 의견에만 의존해서 판단해야 한다.

[ ] 교사	[ ] 약사	[ ] 국회의원
[ ] 의사	[ ] 게임전문가	[ ] 군인
[ ] 변호사	[ ] 세무사	[ ] 요리사
[ ] 은행가	[ ] 아나운서	[ ] 영화감독

⑤ **등위형**(ranking method)

같은 성질을 띤 일군의 항목을 중요성이나 기호, 가치에 따라 최상위에서 최하위까지 순위를 정하는 방법으로 서열법이라고도 한다. 이 방법에서 주의할 것은 순위를 매겨야 할 항목이 너무 많으면 신뢰성이 낮아진다는 점이다. 대개 7~8개가 적당하다.

■ **등위형의 예**

다음에 10개 영역에 걸친 문제가 있다. 이 문제 영역 중에서 여러분에게 가장 문제가 된다고 생각하는 것을 3개만 고르고, 그것을 가장 문제가 되는 차례대로 쓰시오.

건강 문제	종교 문제	1. ______________
경제 문제	학업 문제	2. ______________
게임 문제	개인 심리적 문제	3. ______________
대인관계 문제	이성 문제	
경제 문제	가족 문제	

⑥ 평정척도형(rating scale method)

평정척도형은 미리 정해둔 3, 5, 7, 8단계의 척도에 따라 평정하도록 하는 방법으로 대개 실험적 절차를 거친 척도나 표준화 검사에서 많이 사용된다. 이 방법은 응답자가 척도에 응답한 결과를 수량화하여 통계적으로 검증하는 것이 일반적이나 엄밀하게는 그것이 동간척도가 아닌 이상 무리가 있는 방법이다. 이 같은 임의적인 비중 방법보다는 가능하다면 실험적 절차를 거친 비중 방법을 사용하는 것이 바람직하다.

■ 평정척도형의 예

다음에 여러 가지 성격 특성이 있습니다. 그것을 잘 읽고 다음과 같이 대답하시오.

만약 그 성격이

마음에 꼭 맞는 것이면 3
싫지도 좋지도 않으면 2
마음에 들지 않는 것이면 1

라고 번호를 쓰시오.

명랑한 성격	( )	민감한 성격	( )
엄격한 성격	( )	침착한 성격	( )
단호한 성격	( )	온화한 성격	( )
활동적 성격	( )	우유부단한 성격	( )

⑦ 조합비교형(method of paired comparison)

조합비교형은 짝지어진 두 개 혹은 세 개의 항목을 서로 비교해서 어느 한쪽을 선택하게 하는 방법이다. 일종의 강제 선택형인데 비교적 신뢰성이 높은 방법이기는 하나 그 제작에 훈련, 기술, 시간을 많이 요구한다는 것이 문제이다. 또 비교할 항목이 많아지면 $_nC_2$의 급수로 짝을 많이 만들어야 한다는 것도 난점의 하나이다. 보통의 질문지에서는 별로 사용하지 않으나 정의적 특성을 엄밀하게 측정하려는 경우나 표준화 검사에서는 많이 사용되고 있다.

■ **조합비교형의 예**

다음에 짝지어진 두 개의 활동 중 보다 좋아하는 쪽에 ✔표하시오.

(_____) 바이올린을 연주하는 것	(_____) 고전음악을 듣는 것
(_____) 피아노를 연주하는 것	(_____) 경음악을 듣는 것
(_____) 플루트를 연주하는 것	(_____) 기타를 연주하는 것
(_____) 오보에를 연주하는 것	(_____) 만돌린을 연주하는 것

(3) 질문지법의 장단점

일반적인 질문지법의 장단점은 다음과 같다(정종진, 2010).

질문지법의 장점은 첫째, 면접법보다는 비용이 덜 들고, 일시에 다수의 대상을 초과할 수 없으므로 관찰법이나 면접법과 비교해서 연구자의 시간을 대폭 절약할 수 있다는 것이다.

둘째, 연구 대상에 미치는 연구자의 영향이 다른 방법에 비해 가장 적다는 것이다. 더구나 연구자와 연구 대상자 간의 사회적 관계는 질문지법에서 비교적 쉽게 그러면서 일의적으로 통제할 수 있다.

셋째, 다른 방법으로는 조사하기 어려운 개인적 생활 경험이나 심리적 특성을 질문지를 통하여 알아볼 수 있다. 예컨대, 어떤 사회문제나 사건에 대하여 개인이 가지고 있는 의견이나 태도 또는 주관적으로 지각하는 환경 특성의 조사에 있어서는 다른 방법에 따르는 것보다는 질문지를 이용하는 것이 효과적이다. 특히 개인의 성장사나 생활 경험을 조사할 때 대개 질문지를 이용하여 필요한 자료를 수집하기 마련이다.

질문지법이 같은 자료 수집의 수단으로 사용되는 관찰법이나 면접법에 비해서 불리한 점, 즉 단점은 대체로 다음과 같다.

첫째, 질문지는 응답자의 문장이해력과 표현능력에 크게 의존하기 때문에 이 같은 능력이 부족한 대상에게는 적용하기 어렵다는 것이다. 일반적으로 초등학교 3, 4학년 이하의 아동에게는 질문지법의 적용이 곤란하다. 물론 조사내용이나 조사방법에 따라서는 이보다 어린 아동에게도 질문지를 실시할 수 있겠지만 반응의 신뢰성이 대개 낮아지기 쉽다. 어린 아동들은 아직 판단력이 덜 발달하고, 자기 의견이나 태도를 분명하게 주장하지 못하기 때문이다.

둘째, 질문지법은 질문에 대한 응답 이외의 것은 파악하기가 거의 불가능할 뿐만 아니라 연구 대상 과거의 경험 사실을 묻는 경우 응답자의 기억 착오가 개입할 여지가 있다는 점이다.

셋째, 질문지의 회수율이 낮다는 점이다. 연구자가 직접 응답자들에게 질문지를 실시할 때는 별로 문제가 되지 않지만 우송할 때는 대체로 회수율이 낮아지기 쉽다. 만약 처음 계획한 표준대로 질문지가 회수되지 않고 성의 있는 일부 응답자들만 돌려보냈을 경우 편파적인 표집의 문제가 대두된다.

2) 관찰법

관찰법(observation)은 도구를 이용하지 않고서도 감각기관을 활용하여 대상이나 사건에 대한 정보를 수집하는 가장 오랜 역사를 가진 인간 행동 측정방법으로 가장 기초적이면서 기본적인 연구 방법이라고 할 수 있다. 관찰은 주로 감각기관을 활용하여 이루어지지만 보다 정밀한 관찰, 즉 어느 특정한 장면이나 상황에서 발생하는 행동 체계를 가능한 한 상세하고 정밀하게 탐구하기 위하여 측정 도구를 이용하기도 한다. 그러나 도구의 활용이 측정하는 사람에게는 영향을 미치지만, 측정 대상에게는 영향을 미치지는 않는다(Bradfield & Moredock, 1957; 황정규, 1984). 또한 관찰을 통하여 필요한 정보를 수집하기 위해서는 사전에 주도면밀하게 계획되어야 하며, 타당하고 신뢰롭고 객관적으로 관찰이 이루어져야 한다. 따라서 관찰법은 관찰자의 훈련과 기술이 매우 중요한 방법이라고 할 수 있다.

일반적으로 관찰법을 사용하는 경우는 크게 두 가지로 볼 수 있다(황정규, 1984). 첫째, 다른 측정 방법으로서는 사회적 상호작용의 과정을 방해할 위험이 있을 경우이다. 예컨대 집단토의 과정에서 참가자들에게 사회자의 행동에 대한 만족도를 질문할 때, 만약 관찰자가 다음의 토의에서 일어날 어떤 사건에 계속 관심이 있으면, 질문이 그것을 방해할 위험이 있고, 또한 질문을 함으로써 응답자는 질문받은 특별한 사건에 관심이 쏠리기 때문에 다른 행동에 영향을 미칠 수 있다. 이 같은 경우에는 질문 방법보다는 관찰이 유효하다.

둘째, 행위자 자신이 직접적인 정보원으로서는 부적당한 경우이다. 예컨대, 상호작용의 속도, 계속 변화의 연속적 현상, 감수성이나 언어표현이 부족한 피험자의 행동 등은 질문만으로는 파악하기 힘들어서 관찰에 의존할 수밖에 없다. 특히 유아들의 경우 자기의 생각이나 느낌을 충분히 표현할 수 없으므로 질문지나 검사 등을 활용해서는 필요한 정보를 수집하기가 어려워 관찰법을 활용하는 경우가 많다.

관찰방법은 그 기준에 따라 다양하게 분류된다. 관찰하려는 행동 장면을 인위적으로 조작하는가에 따라 통제적 관찰과 비 통제적 관찰로 나누기도 하고, 관찰의 조직 정도에 따라 자연적 관찰과 조직적 관찰로 나누기도 한다(황정규, 1998). 또한 관찰 상황의 통제 여부에 따라 자연적 관찰과 통제적 관찰, 관찰자와 피 관찰자 간의 참여 여부에 따라 참여관찰과 비참여관찰로 구분하기도 한다(이종승, 1987).

관찰기록은 객관적 자료가 되어야 하므로 타당하고 정밀하고 객관성 있게 기록되어야 한다. 이를 위해서 첫째, 관찰 대상을 한정시키고 사실과 의견을 나누어 기록하려면 기록방법 자체에 특별한 고찰을 하도록 해야 한다. 둘째, 관찰 결과의 기록, 특히 비 통제적 관찰에 있어서는 주관적으로 관찰한 것과 주관적 해석을 분류해서 기록하도록 해야 한다. 셋째, 관찰표를 미리 작성하도록 해야 한다. 넷째, 관찰기록을 보충하기 위해서 가능한 관련되는 보조기구 또는 방법을 사용해야 한다.

관찰법은 관찰자의 전문적 능력과 경험에 의존하기 때문에 성공적인 관찰이 되기 위해서는 충분한 관찰의 계획, 상황 조건의 고려, 기록을 위한 철저한 준비, 객관적인 관찰 태도 등이 요구된다. 일반적으로 자주 활용되는 관찰기록의 방법은 다음과 같다(황해익, 2012).

(1) 일화기록법(anecdotal records)

일화기록법은 하나의 사건 내용 즉, 일화에 대한 서술적인 기록으로 개인의 특성을 이해하기 위하여 그 개인이 나타낸 구체적인 행동 사례나 어떠한 사건에 관련된 관찰을 상세히 기록하는 방법이며, 직접적인 관찰방법 중에서 가장 사용하기 쉬운 방법이다. 그 이유는 관찰과 기록이 특정한 사건에 얽매이지 않으며, 기록할 만한 가치와 흥미가 있으면 환경이나 상황의 특별한 설정 없이 어느 곳에서나 일화기록이 가능하기 때문이다.

일화기록법은 대상의 특정 행동이나 사건에 초점을 맞추어 대상자의 행동 패턴이나 특기할 만한 변화된 내용을 범주에 따라 관찰하여 기록한다.

일화기록 작성 시 다음과 같은 지침을 참고하도록 한다.

- 객관적이고 사실적으로 기록하며, 추론과 해석을 배제한다.
- 관찰 대상이 한 말은 그대로 인용부호(" ") 안에 기록한다.

- 핵심 단어를 사용하여 관찰한 후 가능한 한 빨리 간결하게 기록하거나 녹음한다.
- 객관적 사실과 이에 관한 관찰자의 해석이나 처리방안을 명확하게 구분하여 기록한다.
- 관찰 대상의 주 행동 즉, 한 가지 행동에만 초점을 맞춘다.
- 관찰 시간, 장면, 진행 중인 활동 등 상황적인 자료를 기록에 포함한다.
- 관찰 대상의 말과 행동뿐만 아니라 그와 상호작용하는 다른 교사나 동료의 말과 행동도 기록한다.
- 발달상의 중요 포인트를 적어 놓는다.

(2) 시간표집법(time sample technique)

시간표집법은 미리 선정된 관찰 대상의 행동들을 정해진 시간 동안 일정 간격을 두고 반복적으로 관찰하는 방법이다. 즉, 계속 관찰하는 것이 아니라 일정한 시간 간격으로 잠시 행동을 관찰하여 그 결과를 기록하는 것으로, 비교적 짧은 시간 사이에 행동이 얼마나 발생하는가를 양적으로 측정하는 방법이다.

시간표집법은 관찰하려는 행동이나 사건에 초점을 맞춤으로써 관찰 상황을 통제하기 쉽고, 행동이나 사건의 발생 빈도를 파악함으로써 행동수정 프로그램을 작성하거나 평정척도 같은 측정 도구를 만드는 데 기초 자료를 제공하고, 서술적인 관찰방법보다 시간과 노력을 덜 들이고 효율적으로 관찰할 수 있다. 하지만 관찰된 내용이 적당한 시간표집에 맞추어 부호화되어 있지 않으면 시간표집으로 얻은 자료는 질적인 분석을 할 수 없고, 행동과 행동 사이의 상호 관계를 파악하기 어렵다. 또한 구조화된 관찰에서 관찰 범주가 미리 정해진 후 관찰이 이루어지면 때로는 관찰내용을 편견으로 이끌 가능성이 있다.

시간표집법에서는 행동의 출현 여부나 빈도수로 결과를 기록한다. 어떤 행동의 출현 여부만을 표시할 때는 일정한 시간 단위 내에서 한 번이라도 나타나면 그 빈도수와 상관없이 '나타났다'에 표시를 한다. 반면에 빈도수를 표시할 때는 일정한 시간 단위 내에서 행동이 나타날 때마다 세기 표(/)로 나타내는 것이다. 이 외에도 행동의 출현 여부나 세기 표를 표시한 후 그 행동이 잠시 일어난 것인지 지속적인지를 구분하기 위해 추가로 기록하는 방식도 있다.

(3) 사건표집법(event sample technique)

사건표집법은 자연스러운 상태에서 일어나는 행동의 원인과 결과를 알고자 하거나 특정 행동이 얼마나 자주 일어나는지를 알아보고자 할 때 유용한 관찰방법이다. 사건표집법에는 문제행동 전후의 사건을 서술하여 행동의 원인을 밝히는 데 도움을 주는 서술식 사건표집법과 문제행동이 얼마나 자주 일어나는지를 알 수 있는 빈도 사건표집법이 있다(김희진, 박은혜, 이지현, 2000).

서술식 사건표집법은 관찰하고자 하는 사건이나 행동이 일어나기 전 상황(Antecedent Event: A)과 사건이나 행동 그 자체(Behavior: B), 그리고 사건이나 행동이 일어난 후의 결과(Consequence: C)를 순서대로 기록하는 방법이다. 빈도 사건표집법은 도표를 가지고 미리 정해진 범주와 행동이 일어날 때마다 기록하는 방법이다. 즉, 선별된 행동이나 상황이 얼마나 자주 일어나는지를 알아보는 주제 중심의 관찰방법이다(이정환, 박은혜, 1995).

서술식 사건표집법이 질적인 정보를 제공해 준다면 빈도사건표집법은 양적인 정보를 제공해 준다. 이때 표집되는 행동의 단위를 상호 배타적이며 포괄적으로 범주화하는 것이 중요하다. 관찰자는 미리 정해진 범주의 행동이 나타날 때까지 기다렸다가 체크 표시를 하면 된다.

3) 평정법

평정법(rating scale method)은 대상의 성격이나 행동 특성의 정도 또는 수준을 미리 정해진 범주에 따라 평가하고자 할 때 사용하는 방법이다. 이 방법은 행동의 관찰에 적당한 장면이나 그 장면에서의 관찰기록의 숙달 없이는 신뢰도를 기대하기 어려우므로 관찰자의 정확한 자료 수집과 엄정한 태도가 요구된다. 평정의 결과는 평정 대상의 특성을 다른 사람과 비교하여 그 정도를 3단계, 5단계, 7단계 등으로 평정하며, 다양한 평정척도의 유형이 활용된다(황해익, 2012).

(1) 기술 평정척도(descriptive rating scale)

기술 평정척도는 행동의 한 차원을 질적 차이가 나타나는 연속적인 몇 개의 범주로 나누어 기술하고, 관찰대상자의 행동에 부합하는 기술을 선택하는 방법이다.

■ **기술 평정척도의 예**

지역 축제에 대한 관심도는 어느 정도인가?

( ) 전혀 관심이나 흥미를 보이지 않으며, 참여할 의사도 없다.

( ) 약간의 관심을 가지고 있지만, 참여할 의사는 없다.

( ) 관심을 가지고 있으며, 기회가 되면 참여할 의사가 있다.

( ) 관심을 가지고 있으며, 흥미있는 행사에 참여한다.

( ) 매우 관심을 가지고 있으며, 정기적으로 참여하고 있다.

(2) 숫자 평정척도(numerical rating scale)

숫자 평정척도는 어떤 특성을 나타내려는 정도에 따라 각 척도치에 숫자를 부여함으로써 이루어진다. 이때 숫자는 일종의 점수로서 평정된 자료를 수량화하여 통계적 분석을 가능하게 해준다. 기술 평정의 각 범주에다 일련의 숫자를 배정함으로써 숫자 평정척도로 바꿀 수 있다. 이 방법은 제작과 사용이 쉽고, 결과를 통제적으로 처리하기 쉬우므로 가장 일반적으로 사용되는 방법이다.

■ 숫자 평정척도의 예

지역 축제에 대한 만족도

측정 문항	전혀 아니다	아니다	보통이다	그렇다	매우 그렇다
1. 전시장에 대한 만족도	1	2	3	4	5
2. 자원봉사자 활동에 대한 만족도	1	2	3	4	5
3. 교통 및 주차장에 대한 만족도	1	2	3	4	5
4. 셔틀버스에 대한 만족도	1	2	3	4	5
5. 구내 식당에 대한 만족도	1	2	3	4	5

(3) 도식 평정척도(graphic rating scale)

도식 평정척도는 관찰자의 판단을 돕기 위해 기술적인 유목에 선을 첨가한 형태를 말한다. 이때 선은 척도치에 따라 몇 개의 간격으로 나누어진 일반적으로 횡적인 직선을 많이 사용한다. 도식 평정에서 일정한 직선을 제외하고 직선상의 위치에 따라 판단을 할 때 관찰자는 직선을 하나의 시각적 단서로 활용하게 되며, 관찰하는 행동의 연속성을 가정하게 된다.

■ **도식 평정척도의 예**

학급 활동 참여도

1. 체육대회 참여도		
선수나 응원에 참여하기 싫다.		선수나 응원에 적극 참여한다.
2. 학급회의 참여도		
발언하지 않는다.		적극 발언한다.
3. 교외행사 참여도		
행사에 참여하는 것이 귀찮다.		행사에 적극 참여한다.

평정법은 측정 도구의 제작과 활용이 쉽고, 상당한 수준의 정확성과 객관성을 가지고 측정할 수 있으며, 측정 결과의 수량화 및 통계 처리가 쉽다는 장점으로 인하여 많이 사용된다. 그러나 평정자의 개인적 편견으로 인한 부정확한 측정이나 오류의 발생 가능성이 크다는 점을 주의해야 한다.

평정자가 주의해야 할 오류들은 다음과 같다(제3장, 3. 객관도 참조).

- 집중화 경향의 오류(error of central tendency)
- 표준의 오류(error of standard)
- 후광 효과에 의한 오류(error of halo effect)
- 대비의 오류(contrast error)
- 논리적 오류(logical error)
- 근접의 오류(approximate error)
- 관용(엄격)의 오류(leniency or strictness error)

4) 사회성 측정법

학생들이 집단 내에서 동료들로부터 얼마나 인정받고 수용되느냐는 사회성 발달뿐만 아니라 정서발달과 인지발달에 영향을 미친다. 따라서 교사는 학급 내에서 조직 구조, 학생들 간의 역학관계 등을 파악하여야 할 필요가 있으며, 이를 위하여 활용되는 기법이 사회성 측정법(sociometry method)이다. J. L. Moreno에 의해 시작된 사회성 측정법은 집단 내의 구성원 간의 호의, 혐오, 무관심 등의 관계를 조사하여 각 개인의 집단 내에서의 상태와 집단 자체의 역동적 구조를 알아보는 방법이다.

이 방법은 집단 내에서 개인 상호 간의 매력, 배척, 무관심 정도 등의 역동적인 관계를 파악함으로써 학생들의 사회적 구조나 교우관계 또는 집단 내에서의 위치를 확인하여 개인이 사회적으로 수용되는 정도를 평가하고, 집단의 응집력을 알아보고자 할 때 이용한다(박도순, 2001). 사회성 측정법은 개인의 사회적 적응 개선과 집단의 사회적 구조 개선, 집단의 조직에 유용하게 활용된다.

사회성 측정법에는 동료평정법과 추인법, 동료지명법, 사회적 거리 척도 등이 있다. 동료평정법은 특정한 행동 특성에 대하여 학생들이 다른 학생을 평정하도록 하는 방법으로 교사가 직접 평가하기 어려운 행동 특성에 대한 정보를 얻을 수 있다. 추인법은 어떤 특성을 표현한 진술문에 가장 일치된다고 생각되는 사람의 이름을 적도록 하는 방법이다. 동료지명법은 추인법과 유사하지만, 질문 양식에 있어서 약간의 차이가 있다. 어떤 상황, 조건 또는 특성을 제시하고 그 상황이나 조건에 맞는 사람의 이름을 적도록 하는 방법이다. 사회적 거리 척도는 일련의 문항을 제시하고 특정한 한 명의 학생에 대해 모든 학생에게 반응하도록 함으로써 특정 개인이 집단을 수용-거부하는 정도는 물론 집단이 특정 개인을 수용-거부하는 정도를 분석하는 방법이다.

■ 추인법의 예

우리 반에서 **리더십**이 가장 많다고 생각하는 친구는 누구인가? 괄호 속에 이름을 적으시오.

(　　　　　　)

■ 동료지명법의 예

이번 지역 **사과 축제**에 봉사활동으로 참여하기로 한 우리 반에서 부모를 따라온 아이들을 위한 **아이돌봄 팀장**은 누가 하면 좋을 까요? 괄호 속에 이름을 적으시오.

(　　　　　　)

■ 사회적 거리 척도법의 예

우리 반 학생들에 대해 여러분이 어떠한 생각을 하고 있는지를 살펴보기 위한 질문입니다. (*김OO*) 학생과 관련된 다음 질문들에 대하여 자기 생각을 '예', 또는 '아니오'에 V 표하시오.

1. (　　　)와 친하게 지내고 싶다. (예) (아니오)
2. (　　　)와 친하지는 않지만, 같이 어울리고 싶다. (예) (아니오)
3. (　　　)는 가끔 어울리는 것은 괜찮지만 오랫동안 같이 지내고 싶지는 않다. (예) (아니오)
4. (　　　)가 우리 반에 있든 없는 관계없지만 친하게 지내고 싶지는 않다. (예) (아니오)
5. (　　　)는 우리 반에 없었으면 좋겠다. (예) (아니오)

사회성 측정검사를 시행할 때는 다음과 같은 점을 유의해야 한다(김종서, 1984).

첫째, 사회성 측정을 시행하는 자는 신뢰가 형성된 학급 담임이 좋다. 제 3자인 경우에는 학생과의 친숙이 어느 정도 이루어져 있어야 한다. 왜냐하면 학생들이 그 결과의 이용에 대하여 의구심을 가지면 사실대로 반응하지 않을 우려가 있기 때문이다.

둘째, 결과는 학생들에게 절대 알리지 않도록 한다. 사회성 측정은 학생들의 개인적 적응의 개선, 집단의 사회구조 개선, 집단조직 등에 이용하는 것이 목적인데, 결과의 공개는 이러한 목적을 달성하는 데 저해가 되는 수가 많다.

셋째, 집단의 한계가 명시되어 있어야 한다. 예를 들면 '우리 학교, 우리 학년, 우리 학급, 우리 분단' 등 어떤 한계의 집단에서 선택할 것인지가 명시되어야 한다.

넷째, 전수조사이어야 한다. 즉, 한정된 집단의 전원이 조사 대상이 되어야 한다. 휴학자를 제외한 장기 결석자, 단기 결석자도 모두 포함해야 한다. 이러한 사고자들은 피선은 되나 선택을 할 수 없는 문제점이 있지만 이러한 문제점은 그들이 출석할 때 보완한다.

다섯째, 학급의 전체 구조 및 그 변화과정을 알기 위해서는 한 학기에 한 번 정도 실시하는 것이 좋다.

여섯째, 초등학교 저학년은 질문지 응답에 대한 판단력이 부족할 수 있기 때문에 개별면접으로 하는 것이 좋다. 면접 시 특히 유의할 점은 피면접자가 면접자의 암시를 받지 않도록 해야 한다는 것이다.

5) 의미분석법

의미분석법(semantic differential method)은 Osgood 등(1957)이 창안한 심리분석기법으로 특정한 조건에서 개념에 대한 양극적인 의미를 가진 한 쌍의 형용사를 이용하여 이루어지며, 반응자는 양극적인 형용사 사이의 공간에 자신의 느낌을 표시하여 이를 수치화하게 된다.

Osgood 등은 3개의 요인으로 구성되는 개념의 의미공간을 가정하고 있다. 즉, 가치판단과 관련된 평가요인(evaluation factor), 능력에 관계되는 능력요인(potency factor), 개념의 활동성과 관련된 활동요인(activity factor)이 각각 독립된 X·Y·Z축을 이루는 3차원의 의미공간을 구성한다. 의미분석법은 이처럼 만들어진 의미공간에서 각 개념의 위치를 상대적으로 비교·분석하는 방법이다. 개념의 의미분석은 반드시 3차원의 의미공간에서만 가능한 것이 아니라, 때에 따라서는 위에서 말한 세 개의 요인들을 알맞게 조합한 2차원의 평면에서도 분석할 수 있다.

평가요인과 능력요인, 활동요인에 해당하는 몇 가지 상반되는 형용사 군을 제시하면 다음과 같다(Osgood et al., 1957; 정종진, 2010).

표 5-1 평가요인과 능력요인, 활동요인의 예시

평가요인	능력요인	활동요인
좋은 – 나쁜	강한 – 약한	능동적 – 수동적
가치 있는 – 가치 없는	큰 – 작은	빠른 – 늦은
친절한 – 잔인한	무거운 – 가벼운	뜨거운 – 차가운
무정한 – 부드러운	굵은 – 가는	날카로운 – 둔한
깨끗한 – 더러운		
옳은 – 옳지 않은		
유쾌한 – 불유쾌한		

6) 투사적 방법

투사적 방법(projective method)은 의식적 또는 무의식적으로 표출을 피하고 있고, 사회적으로 금지된 개인적인 욕구·감정 등의 표현을 언어와 동작이나 작품 등을 통해 표출하도록 하여 대상자의 심리 상태를 분석하고자 하는 방법이다. 즉, 개인적

인 욕구, 감정, 특수한 지각, 해석 등이 방어기제의 작동이 없이 표현될 수 있도록 하는 자극을 피험자에게 제시함으로써 검사의 목적이 드러나지 않는 상태에서 개인적인 성격 특징을 밝혀내려는 목적으로 사용되고 있다.

투사적 방법에는 세 가지 특징이 있다(Frank, 1948; 정종진, 2010 재인용).

첫째, 투사적 방법에서는 성격의 특징을 판단하기 위하여 비구조적 자극(unstructured stimulus)을 사용한다. 즉, 자극 자료가 비구조화되어 있어서 피험자의 반응은 자유롭고 따라서 투사할 수 있는 양이 풍부하게 되는 것이다. 그러나 구조화의 정도는 투사적 방법의 종류에 따라 다르며 어떤 방법은 상당히 구조화되어 있는 때도 있다.

둘째, 투사적 방법은 개인의 지각과정을 측정함으로써 성격 특징을 판단하려고 한다. 장면을 분명하게 하지 않을수록 그것을 지각하는 개인차가 많아지며 그만큼 투사적 방법의 목적을 달성하게 된다.

셋째, 투사적 방법은 형태심리학의 영향을 받아 발달했기 때문에 피험자의 성격을 전체로 보고 이해하려고 하며, 그 요소들을 서로의 관련 속에서 파악하려고 한다.

투사적 방법에 해당하는 검사는 상당히 많으나 일반적으로 알려진 다음과 같은 대표적인 방법들이 있다.

(1) Rorschach 잉크 반점 검사(Rorschach Inkblot Test)

스위스의 H. Rorschach에 의해 1921년에 개발된 기법으로 좌우대칭의 잉크 얼룩이 있는 10장(무채색 5장, 유채색 5장)의 카드로 이루어 있다. 개인의 성격 속에 잠재해 있는 지각적·정서적 요인의 상호작용을 밝혀내기 위하여 임상적 수단으로 구안한 기법이다. 종이 위에 잉크 방울을 떨어뜨리고 반으로 접었을 때 발생하는 대칭적인 도형의 형태에 대해 '무엇처럼 보이는지?', '무슨 생각이 나는지?' 등을 피험자에게 자유롭게 말하도록 하고 그 의미를 해석하는 방법이다.

검사는 피험자에게 카드를 1장씩 보여주면서 다음과 같은 단계로 진행된다.

첫째, 자유 반응 단계: 피험자는 카드의 잉크 반점이 무엇으로 보이는지를 자유롭게 응답하도록 한다.

둘째, 질의 단계: 검사자는 어디가 어떻게 보이는지를 피험자에게 질의하고 청취한다.

셋째, 반응시간, 반응 내용, 반응 영역, 결정 원인 기록 단계: 반응 시간과 반응 내용(무엇을 보았는지), 반응 영역(어디서 그렇게 보았는지), 결정 원인(어떤 특징에서 봤는지)이 기록된다.

(2) 주제 통각 검사(Thematic Apperception Test: TAT)

하버드 대학의 C. D. Morgan과 H. A. Murray에 의해 1935년에 개발된 기법으로 여러 차례의 임상과 연구를 통하여 1943년에 최종 개정된 31매(애매한 그림 30매와 백지 1매)로 구성되었다. 피험자로 하여금 모호하고 다양한 인물이나 풍경이 들어 있는 그림을 중심으로 연상적인 이야기를 만들게 해서 개인의 성격 속에 잠재해 있는 모습, 특히 개인의 실생활의 과거, 현재, 미래의 여러 가지 상황을 밝혀내기 위한 검사이다.

이 검사로 이론적 배경은 프로이트(Freud, S.)의 정신분석에 있으며, 성격 해석의 근거 이유는 다음과 같다.

첫째, 인간의 애매한 사회적 장면을 해석하려고 할 때 자신의 과거 경험과 현재의 욕구로 그것을 설명하려는 경향이 있다.

둘째, 이야기를 만드는 사람은 그 정보를 자신의 경험에서 가져오며, 의식적 무의식적으로 자신의 감정 욕구를 이야기 속에 포함한다.

머레이(Murry, H. A.)의 분석 기준은 다음과 같다.

첫째, 누가 주인공입니까? 피험자는 누구와 동일시하고 있습니까?

둘째, 주인공의 욕구, 동기, 감정의 분석

셋째, 주인공에게 주는 환경의 압력에 대한 분석

넷째, 결과가 어떻게 끝났습니까?, 해피엔딩입니까? 그렇지 않습니까? 성공입니까? 실패입니까?

다섯째, 주제(테마)

여섯째, 흥미와 감정

(3) HTP(Home, Tree, Person) 검사

HTP는 1948년 J. N. Buck에 의해 개발되었으며, Hammer에 의해서 발전된 기법으로 피험자의 성격, 성숙, 발달, 융통성 등의 통합 정도와 현실에 주어지는 문제해결 능력, 환경과의 상호작용 정보를 파악할 수 있다. HTP는 쉽게 친밀감을 느끼고 연령에 관계없이 공감될 수 있으며, 쉽고 편하게 그림을 그리고 의미를 언어로 표현할 수 있는 일상적이고 친근한 주제로서 집(House)–나무(Tree)–사람(Person)을 선택하여 그림을 그리게 하여 피험자의 성격을 이해하고자 하는 기법이다.

이 기법은 오늘날 미술치료의 시조가 된다. 집, 나무, 사람은 다른 것을 그리는 것보다 솔직한 자유롭게 이야기할 수 있고, 피험자의 무의식과 관련하여 풍부한 상징을 나타내 준다. H–T–P 검사의 고유 상징은 다음과 같다.

① H(집): 집은 현실을 반영해 준다. 집에서의 생활과 가족간의 상호작용, 집의 분위기, 과거 또는 현재의 가족 구성원과의 관계, 가족생활 만족도, 가족 구성원이나 자신의 미래 소망 등을 반영한다.

구체적인 상징의 기준을 살펴보면 다음과 같다.

- 문(자신과 세상(타인)의 접근 가능성)
- 창(대인관계, 자신과 환경과의 상호작용 능력)
- 벽(자아 강도나 자아 통제력)
- 굴뚝(가족들 간의 애정과 교류, 좌절, 상실, 우울)
- 지붕(내적인 공상 활동, 자기 자신의 생각, 관념, 내적 인지 과정)
- 계단이나 출입로(타인과의 접촉)
- 집과 땅(지면)이 맞닿는 선(현실과의 접촉 및 안정성)

② T(나무) : 나무를 그리면서 수많은 기억으로부터 무의식적으로 감정이입 하면서 동일시한다.

구체적인 상징의 기준을 살펴보면 다음과 같다.

- 기둥 및 줄기(자아 강도, 내면의 힘)
- 뿌리(자기 자신에 대한 안정감과 현실과의 접촉 수준)
- 가지(타인과의 상호작용, 성취)
- 잎(외계 장식, 활력 수준)
- 죽은 나무(부적응적 양상, 정신병리적 특성), 나무의 나이(성숙 정도)

③ P(사람) : 의식적인 자기 개념, 자기 표상, 자기에 대한 태도나 감정들의 투사와 관련된다.

구체적인 상징의 기준을 살펴보면 다음과 같다.

- 처음 그리는 성(동성상, 이성상)
- 머리(인지 능력, 공상 활동)
- 얼굴(사회적 관계 눈: 기본 성향 및 현재 기분, 코: 성적 상징, 입: 의사소통, 귀: 정서, 턱: 공격성과 자기주장, 목: 지적 영역과 충동 및 통제력)
- 몸통(어깨: 책임성, 가슴: 남자는 힘 여자는 성적 성숙과 애정 욕구, 허리: 성적 행동과 성 충동, 엉덩이: 성적 발달 미숙)
- 팔다리(팔: 현실 욕구 충족, 다리: 목표 행동, 손: 사회적 교류, 발: 독립성 대 의존성), 전체 윤곽선(자기 통합 정보 제공)

이 장의 논점(과제)

- 중 · 고교 시절 학교에서 정의적 교육에 해당되었다고 생각되는 프로그램이나 활동을 말해 보자.
- 전인교육이란 무엇인가? 왜 전인교육을 교육의 목적으로 삼는가?

관련 탐구 자료

발도로프 교육 - YouTube (https://youtu.be/uQHtHDxt5yM)

Chapter

06

평가 문항 제작

생각하고 들어가기

교육평가는 교육 및 수업의 효과성을 검증하고 교육적인 처치를 위한 활동이다. 평가에서 효과성을 정확히 검증하는 배경은 정확한 측정 도구에 달려 있다. 즉, 타당도와 신뢰도를 갖춘 측정 도구를 통해서 정확한 성취도 및 효과성을 평가할 수 있는 것이다. 특히, 학교에서의 교육 및 수업의 효과성을 검증하고 평가하는 것은 교과 관련 평가 문항이다. 평가 문항이 우수해야 학생의 성취도와 수업의 효과성을 정확히 검증할 수 있으며, 그 결과에 따라 교육평가의 본질적 의미인 교육적 처치로서의 피드백을 수행할 수 있는 것이다. 교사는 전문적인 평가 문항 제작자가 되어야 한다. 따라서 교사는 평가 문항을 제작하기 위한 측정 평가적 지식과 교육심리학적 지식을 겸비하면서 평가 문항 제작의 기법을 습득하고, 반복적인 경험을 통해서 문제은행(item pool)을 구축하며, 새롭고 창의적인 우수한 문항을 개발해야 할 것이다.

학교에서 평가를 위한 필수적인 활동은 이원분류표의 작성과 활용이라 하겠다. 이원분류표는 최초로 설정한 교육목표를 근간으로 주요 학습 내용이나 행동을 선택하는 기준이 될 뿐만 아니라 기준 없이 일부 내용이나 행동에 편중하여 평가하는 것을 방지하는 역할을 한다. 따라서 이원분류표 작성은 평가 문항을 제작하는 근거가 된다. 다음으로 실제의 문항 제작에 있어서 많은 경험과 이론에서 제기되는 문항 제작의 조건과 절차를 이해하고 문항의 유형에 따른 원칙과 유의점을 준수하여 최적의 문항을 제작해야만 올바른 평가를 할 수 있다는 것을 명심해야 한다. 잘못된 문항으로 올바른 평가를 할 수는 없는 것이다.

이 장에서는 문항 제작 조건, 문항 제작 절차, 그리고 선택형과 서답형 평가 문항을 제작하고 활용할 수 있는 문항 제작기법을 제시하고자 한다.

학습목표

1. 좋은 문항 제작의 조건을 열거하고 설명할 수 있다.
2. 문항 제작의 절차를 설명할 수 있다.
3. 문항 제작자가 갖추어야 할 자질과 소양을 열거하고 설명할 수 있다.
4. 이원분류표를 작성하고 활용할 수 있다.
5. 진위형, 연결형, 선다형 문항의 특징과 장단점, 문항 작성 유의점을 열거하고 설명할 수 있다.
6. 진위형, 연결형, 선다형 문항을 제작할 수 있다.
7. 단답형, 완성형, 논술형 문항의 특징과 장단점, 문항 작성 유의점을 열거하고 설명할 수 있다.
8. 단답형, 완성형, 논술형 문항을 제작할 수 있다.

1. 문항 제작의 조건과 절차

좋은 문항을 제작하는 것은 생각보다 쉽지 않다. 문항 개발 전문가가 좋은 선다형 문제를 하루에 2문제 제작하기도 쉽지 않다고 한다. 문항 제작은 제작 전 활동, 제작과정 활동, 제작 후 검토 및 재제작 등의 반복적 과정을 거치면서 세련된 문항을 완성한다. 여기에서는 문항 제작 조건과 문항 제작 절차를 살펴보고자 한다.

1) 문항 제작 조건

문항 제작의 조건을 충족하기 위해서는 문항 제작 시 고려해야 할 사항을 준수하고, 문항 제작자는 문항 제작 능력 및 소양을 갖추고 있어야 한다.

좋은 문항 제작의 조건과 문항 제작자의 자질과 소양을 살펴보자.

(1) 좋은 문항 제작의 조건

좋은 문항을 제작하기 위해 문항 제작 시 고려해야 할 조건은 다음과 같다(박도순, 원혜연, 이원석 2011; DeVellis, 1991 참조).

① 문항은 교육목표와 일치해야 한다. 교육목표는 평가의 준거가 되기 때문이다. 평가의 목적은 최초 목표한 것을 교수-학습을 통하여 달성되었는지를 알아보는 것이다. 따라서 목표와의 부합성을 따지기 위해 내용과 행동 수준을 포함하는 이원분류표를 반드시 작성해야 한다.

② 문항의 타당도를 확보하기 위하여 문항의 질문은 명료해야 한다. 즉, 문항은 평가하고자 하는 목적에 부합하는 명확한 내용을 다루고 있어야 하고, 학습자의 언어 수준(독해력과 이해력)을 고려해서 묻고자 하는 의도를 정확히 전달해야 한다. 사회과 시험에서 문항의 문장이 어려워 답을 알고 있음에도 불구하고

질문의 의도를 몰라 틀렸다면, 이는 사회 능력을 재려다가 자칫 독해 능력을 재는 타당치 못한 상황에 해당한다. Gronlund(1988)도 필요 이상의 어려운 단어, 복잡한 문장 구조, 모호한 문장, 불명확한 지시 등을 문항 제작의 장애 요소로 보고 있다.

③ 문항은 가능한 참신한 것이어야 한다. 문항은 가능한 한 새롭고 창의적인 내용이나 경험을 요구하는 것이 좋다. 문항이 매번 반복적이거나 시대나 정서에 맞지 않은 진부한 문항은 좋지 않다. 한편 지나치게 생소한 것은 피하고 어느 정도의 경험이나 정서를 반영하는 문항이어야 한다.

④ 문항은 가능한 고등정신 능력을 측정하는 것이어야 한다. 최근의 교육목표는 단순한 지식이나 사실을 기억하거나 이해하는 수준을 넘어 지식을 응용하고, 분석하며, 종합하는 등의 고차적 행동을 요구하기 때문에 평가 문항도 이러한 고차적 사고능력을 측정하는 것이어야 한다.

⑤ 평가목적에 따라 문항의 유형을 결정해야 한다. 예를 들어, 고등정신 능력을 측정하기 위해서는 선다형보다는 서답형을 채택하는 것이 바람직할 것이다.

⑥ 응답자에게 미칠 수 있는 부정적 영향을 고려하여야 한다. 이는 윤리적인 문제로 너무 어렵게 출제하여 좌절, 불안, 포기 등의 부정적인 정의적 행동을 불러일으키는지, 거짓의 학습을 조장하는지, 비교육적 영향을 미치는지 등을 사전에 따져보고 문항을 제작해야 한다.

(2) 문항 제작자의 자질 및 소양

문항 제작자의 바람직한 자세는 앞에서 제시한 좋은 평가 문항 제작을 위한 조건들을 준수하는 것이다. 이러한 준수 활동의 성취는 문항 제작자의 자질 및 소양으로 이루어질 수 있다.

문항 제작자의 자질 및 소양을 살펴보면 다음과 같다.

첫째, 문항 제작자는 교과 내용을 담고 있는 교육과정을 충분히 이해하고 있어야 한다. 잘 알고 있는 만큼 잘 물을 수 있기 때문이다. 단편적인 내용에 대한 이해를 넘어 내용의 전후 관계, 내용에 관한 원리, 내용에 관한 경험, 내용의 활용 등 전반적인 교육과정에 대한 이해가 필요하다.

둘째, 문항 제작자는 충분한 언어력과 논리적 사고력을 갖추어야 한다. 문항 제작자는 학습자의 어휘 수준을 반영하고 통제하면서 문항의 문장을 명료하고 정확하게 진술해야 한다. 또한 문장을 논리적으로 진술해야만이 묻고자 하는 의도를 정확히 전달할 수 있다. 그밖에 문항 제작자는 문항에 대해 언어전문가의 검토, 동료 교사나 학생에 대한 반응과 검토를 통해서 평가 문항의 문장을 세련되게 만들어 가는 습관도 필요하다.

셋째, 문항 제작자는 측정 및 평가에 관한 학문적 소양이 필요하다.

구체적인 측정 및 평가에 관한 소양을 살펴보면 다음과 같다.

① 좋은 문항 제작의 조건, 문항 제작 절차 이해 및 준수에 관한 소양

② 이원분류표 작성 및 활용 능력

③ 타당도, 신뢰도, 객관도, 실용도 등의 문항의 질 판단에 관한 소양

④ 문항곤란도, 문항변별도, 문항추측도, 오답매력도 등의 문항 분석 능력

⑤ 다양한 문항 유형 제작 및 활용에 관한 소양

넷째, 문항 제작자는 교육심리학적 소양을 갖추어야 한다. 학습자의 발달·언어·학업성취 등의 특성을 잘 파악할 수 있어야만 문항의 곤란도 수준이나 진술 수준을 결정할 수 있다.

2) 문항 제작 절차

문항 제작은 중요한 교육평가 활동의 하나이다. 문항 제작은 정확한 교육평가의

개념을 배경으로 삼아야 한다. 교육평가 개념의 핵심은 교육목표의 달성 여부를 확인하고, 그에 따른 적절한 처치 즉, 결과의 교육적 활용에 있다. 따라서 문항 제작의 기본적인 활동은 교육목표에 부합하는 문항을 개발하는 것이다.

완성된 좋은 문항을 제작하기 위해서는 체계적인 절차가 필요하다. 일반적인 문항 제작 절차는 평가목적 확인, 문항 작성을 위한 사전 활동 수행, 문항 초안 작성, 검토와 최종 문항 작성, 문항 편집 및 인쇄 등의 순서로 진행된다.

일반적인 문항 제작 절차를 그림으로 나타내면 다음 그림 6-1 과 같다(박도순, 홍후조, 2008 참조).

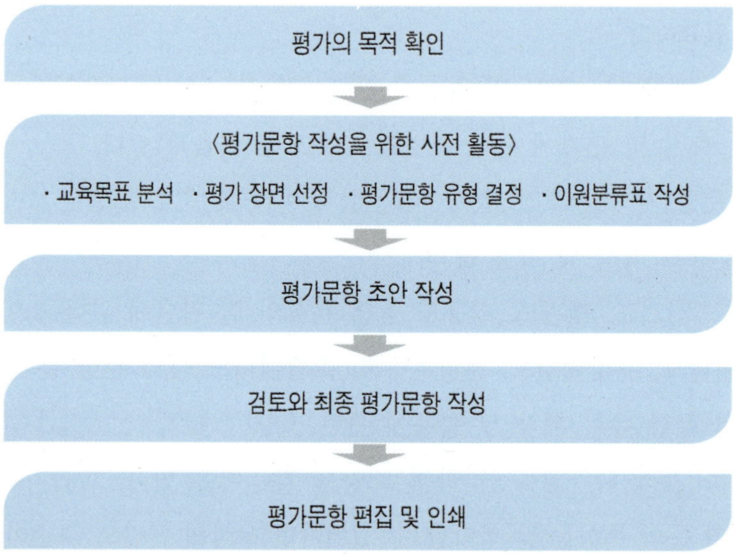

그림 6-1 문항 제작의 일반적 절차

(1) 평가목적 확인

문항 제작자는 문항 제작에 앞서 평가목적이 어디에 있는지를 먼저 확인해야 한다. 왜냐하면 평가목적에 따라서 문항 유형, 문항 수, 문항 내용 및 범위, 문항 곤란도 등이 달라지기 때문이다. 평가목적이 수업 전 학습 수준을 확인하고 진단하기 위한 것에 있다면 전반적인 내용을 포함하는 곤란도가 평범한 문항을 제작해야 하고, 구체적인 선수학습 확인을 위한 것이 목적이라면 비교적 곤란도가 낮은 기초 문항을 제작해야 한다. 그리고 수업이 진행되는 과정에서 학습진전도를 확인하고 수업 개선을 목적으로 한다면 준거참조평가를 전제로 하는 적은 수의 선택형 또는 서답형 문항을 제작하고, 성적이나 등급을 매기기 위한 것이 목적이라면 채점의 객관도를 확보하기 위해 준거참조평가보다는 규준참조평가를 전제로 하는 서답형보다는 비교적 많은 수의 선택형 문항을 제작하는 것이 바람직하다.

따라서 문항 제작을 위한 첫 번째 중요한 활동은 평가목적이 어디에 있는지를 정확히 확인하고 판단하는 일이다.

(2) 문항 작성 사전 활동

실재의 문항 작성에는 필수적인 절차와 활동을 수반한다. 문항 작성에 앞선 문항 제작자의 활동으로는 첫째, 문항의 준거가 되는 교육목표를 분석하는 것 둘째, 목표 진술 분석에 따른 적절한 사태나 장면을 선정하고 결정하는 것 셋째, 결정된 평가 장면에 적합한 평가유형을 결정하는 것 넷째, 목표 진술, 평가 장면, 평가유형에 따른 내용 및 행동 수준을 표로 나타내는 이원분류표를 작성하는 것 등을 들 수 있다.

① 교육목표 분석

교육평가의 준거는 교육목표다. 따라서 문항 작성에서 제일 먼저 수행해야 하는 것이 교육목표 분석이다. 교육목표 수준은 학교 급별, 학년별, 교과목별 일반적 목표, 구체적 목표, 상위 목표, 하위 목표 등으로 분석된다. 분석된 교육목표 수준에 따라서 평가 문항의 유형이나 진술 형태가 달라진다. 학년의 진급 시점에서 교과 전반의 성취 수준을 진단하기 위한 진단평가나 총합평가 문항을 작성하기 위해서는 비교적 전반적 내용을 포괄하는 상위 목표에 해당하는 일반적 교육목표가 분석 대상이 될 것이고, 한 단원의 기초가 되는 선수학습 확인과 처치를 위한 진단평가나 수업에서 하나하나의 목표를 달성해 가는 과정을 평가하고 피드백하기 위한 형성평가 문항을 작성하기 위한 것이라면 구체적인 하위 목표가 분석 대상이 된다.

교육목표 분석의 절차는 먼저, 분석 대상이 되는 목표를 선정하고, 교육목표에 내포된 내용과 행동 수준을 확인·분석하는 것이다. 결과적으로 교육목표에 내포된 내용과 행동 수준 분석함으로써 평가 장면 선정과 문항의 진술 형태와 수준을 포함하는 평가문항 유형을 예측할 수 있다.

② 평가 장면 선정

교육목표의 분석이 끝나면 분석된 교육목표를 효과적으로 평가하는 장면을 선정하여야 한다. 즉, 분석된 행동 수준과 내용을 측정하고 평가하기 위한 적절한 사태나 장면을 선정하거나 창안해야 한다. 하지만 여기에서는 문항 작성을 전제로 하여 교육목표를 분석하고 평가 장면을 선정해야 하는 절차를 따르고 있지만, 문항 작성을 위한 적절한 사태나 장면의 준거는 이미 진술된 교육목표에 내포되거나 표현되어 있을 가능성이 있다. 따라서 행동의 증거가 잘 진술된 목표일수록 평가 사태나 장면을 쉽게 선정하고 결정할 수 있다는 것을 염두에 두고, 문항 제작과는 별개로 교수-학습을 위한 교육목표 진술 시점에서부터 교육목표 진술 조건을 갖춘, 더욱 상세하고 구체적인 행동을 포함하는 목표 진술을 선행하여야 할 것이다. 또한 앞에서 탐구한 좋은 문항 제작의 조건, 문항 제작자의 자질 및 소양 등에서 언급한 것처럼 문항 제작 조건을 준수하고 문항 제작기법을 습득함으로서 좋은 평가 장면을 선정하고 개발할 수 있을 것이다.

적절한 문제 사태나 장면의 문항을 작성하기 위해서는 다음과 같은 요소들이 적정 수준으로 문항에 포함되어야 한다(김명숙, 2000; 박도순, 원혜연, 이원석, 2011 참조).

첫째, 적절성(relevance)이다. 문항은 구체적인 내용과 행동을 드러내는 적절한 장면을 포함해야 한다.

둘째, 복잡성(complexity)이다. 문항은 적절히 복잡해서 고차적인 정신작용을 자극할 수 있는 장면을 포함해야 한다.

셋째, 추상성(abstractness)이다. 문항은 너무 구체적인 단편적 지식을 평가하는 데 머물지 말고 적절한 추상성을 유지하는 장면을 포함해야 한다. 그러나 지나치게 비현실적인 추상성을 지닌 장면은 배제해야 한다.

넷째, 참신성(novelty)이다. 문항은 지나치게 생소하지 않으면서 비교적 새로운 경험을 주는 장면을 포함해야 한다.

다섯째, 구조화(structure)이다. 문항은 어느 정도 비구조화된 장면을 포함해야 한다. 즉, 문항이 지나치게 구조화되면 표현력이나 창의력을 측정하기 어렵기 때문에 적절한 (비)구조화 장면이 필요하다.

여섯째, 동기화(motivation)이다. 문항 자체는 학습의 효과뿐만 아니라 학생의 창의력 계발에 영향을 미칠 수 있으므로 문항에는 동기유발, 흥미 유발, 자아개념 형성에 도움이 되는 장면을 포함해야 한다.

일곱째, 실제성(reality)이다. 문항은 학생들에게 도움이 될 실제 세계에서 경험하거나 하게 될 실제 세계와 연계된 장면을 적절히 포함해야 한다.

여덟째, 대표성(representativeness)이다. 문항은 전체의 내용 영역이나 목표 영역을 잘 대표하는 장면을 포함해야 한다.

③ 문항 유형 결정

평가 장면이 설정되면 그 장면을 어떤 형태의 문항으로 표현하고 진술할 것인지를 결정해야 한다. 문항 유형의 결정은 평가 문항 제작 및 실시 여건에 의해 영향을 받는다. 평가 문항 유형은 평가 대상 수, 평가의 참조, 측정 행동의 유형 및 수준,

학습자 특성 및 수준, 평가목적, 채점의 객관도, 문항 제작 시간과 채점 시간 등의 평가 요소 기준에 따라 결정된다.

평가 문항 유형 결정을 평가 요소의 기준에 따른 선호 평가유형을 정리하면 표 6-1 과 같다.

표 6-1 평가요소의 기준 수준 및 유형에 따른 선호 평가유형

평가 요소	기준 수준 및 유형	선호 평가 문항 유형
평가 대상 수	많음	선택형
	적음	서답형
평가의 참조	규준참조평가(상대평가)	선택형
	준거참조평가(절대평가)	선택형, 서답형
측정 행동 유형 및 수준	지식, 이해, 적용, 사실 평가	선택형
	분석, 종합, 평가, 표현, 태도 평가	서답형
학습자 특성 및 수준	저학년 / 언어발달 부족	선택형(진위형, 배합형) 서답형(단순 완성 및 단답형)
	고학년 / 언어발달 충분	선택형, 서답형
평가 목적	진단평가, 형성평가	선택형, 서답형
	총합평가	선택형, 서답형(객관도 충족)
채점의 객관도	높은 객관도 유지	선택형
	객관도보다는 개인 의견	서답형
문항 제작 시간과 채점 시간	제작 시간 충분 / 채점 시간 단축	선택형
	제작 시간 부족 / 채점 시간 충분	서답형

④ 이원분류표 작성

이원분류표는 평가 문항을 작성하기 전에 작성자가 어떤 내용을 어떤 행동 수준으로 측정할 것인지를 내용과 행동을 이원화하여 구성한 표로써 평가 문항 작성의 근거가 된다. 교육목표는 평가 문항 작성을 위한 근거가 된다는 점에서 단원 또는 주제별로 산재해 있는 교육목표들을 하나의 표 즉, 교육목표(진술)를 위한 내용에 해

당하는 행동 수준을 표시하는 이원분류표를 작성해 놓을 필요가 있다. 따라서 필자는 앞으로 이원분류표에 대한 개념을 교육목표 설정과 평가 문항 작성 모두를 위한 이원분류표를 전제한다.

이원분류표 작성의 목적은 교육목표와의 일치도, 특히 주요 교육목표에 대한 평가 문항 작성, 평가 문항의 수, 평가 내용 및 행동 영역의 분포 등을 결정하는 데에 있다. 한편 교육목표 설정을 위한 이원분류표를 먼저 작성하고, 그것을 활용하면 문항 작성을 위한 이원분류표 목적을 쉽게 달성할 수 있다. 최초 교육목표로 작성된 이원분류표에서 평가 문항으로 작성될 내용과 행동(교육목표)을 선택하여 기재 또는 표시만 하면 된다.

'기후' 단원에 대한 교육목표 및 평가 문항 작성을 위한 이원분류표 양식의 예를 표로 나타내면 표 6-2 와 같다.

표 6-2 교육목표 및 평가 문항 작성을 위한 이원분류표의 예

내용 \ 행동	지식	이해	적용	분석	종합	평가	목표 및 문항 수	비율 (%)
기온	3	4	3	3	2	1	16(목표)	32
	(1)	(2)	(1)	(1)			(5)(문항)	(25)
바람	2	4	4	4	2	1	17(목표)	34
	(1)	(2)	(2)	(2)	(1)		(8)(문항)	(40)
비	1	4	5	5	1	1	17(목표)	34
		(2)	(3)	(2)			(7)(문항)	(35)
행동 및 문항 수	6	12	12	12	5	3	50(목표)	
	(2)	(6)	(6)	(5)	(1)		(20)(문항)	
비율(%)	12	24	24	24	10	6		목표 100
	(10)	(30)	(30)	(25)	(5)			(문항 100)

위의 이원분류표에 의한 평가 문항 작성의 지침을 설명하면, 문항 수는 50개의 목표 중에서 20문항을 출제하고, 내용별로 기온에 대해 5문항(25%), 바람에 대해 8문항(40%), 비에 대해 7문항(35%), 행동별로 지식 2문항(10%), 이해 6문항(30%), 적용 6문항(30%), 분석 5문항(25%), 종합 1문항(5%)으로 출제하는 지침이다.

(3) 평가 문항 초안 작성

이원분류표가 작성되면 그 지침에 따라 본격적인 평가 문항을 작성하게 된다. 문항 작성을 위해서는 앞에서 탐구했던 것처럼 평가 문항 제작 시 고려사항, 좋은 평가 문항 조건, 그리고 평가 문항 제작자의 자질 및 소양 등을 종합적으로 적용해야 한다. 그리고 각 문항의 유형에 따르는 세밀한 기법을 터득하고 계속해서 문항 제작의 경험을 쌓아가면서 보다 창의적이고 참신한 문항을 개발해야 한다.

문항의 초안은 이원분류표에 나타난 내용과 행동에 대한 최종 문항 수보다 2배 정도를 개발한다. 개발된 초안 문항은 타당화와 신뢰도 등 다방면의 검토와 수정을 거쳐 최종 문항으로 선정되거나 문항 풀(item pool)로 축적될 수도 있다(DeVillis, 1991).

(4) 검토와 최종 평가 문항 작성

초안으로 작성된 문항은 교과 전문가, 평가 전문가, 관련 현장 교사 등의 검토를 통한 타당화 과정을 거치고, 가능한 예비 평가를 실시하여 타당도 및 신뢰도를 갖춘 최종 문항을 결정한다. 특히, 이러한 타당도 및 신뢰도를 확보하는 과정은 국가적 차원이나 규모가 큰 공신력 있는 문항 제작에서는 필수적인 절차다.

현장에서는 현실적인 문제의 제약이 따르기 때문에 약식의 타당화 및 신뢰도 확보를 위한 과정을 거칠 수밖에 없지만, 더 정확하고 공정한 평가를 위해서는 문항의 타당화와 신뢰도 확보를 위한 노력이 필요하다. 현장에서의 문항 타당화 및 신뢰도 확보 활동으로는 학년 또는 학교 내의 동일 교과 교사 검토 및 협의, 지역 동일 교과 교사 검토 및 협의, 지역 동일 교과 문항 풀(item pool) 개발과 활용, 평가 시행 및 측정학적 자료 수집(문항 분석) 활동 등을 들 수 있다. 한편 이러한 활동에 서 요구되는 능력을 함양하기 위해서 교육청 또는 학교 차원의 정기적인 평가 관련 연수가 병행되어야 한다.

하나하나의 문항은 위와 같이 다방면의 문항에 대한 타당도 및 신뢰도 확보 활동을 통해서 완성된다. 마지막으로 문항의 최종 선정에서 반드시 고려해야 하는 것은 학생의 관점에서 실제적인 검토가 이루어져야 한다. 즉 학생에게 문항의 의도가 잘 전달되고 있는지, 적절한 곤란도와 변별도가 유지되고 있는지, 문항 풀이 시간은 적절한지, 문항의 배열은 적절한지, 정답의 위치는 편중되지 않았는지 등을 검토함으로써 학생의 관점을 충분히 반영하는 문항이 작성된다.

(5) 문항 편집 및 인쇄

다방면의 검토와 수정을 거쳐 최종 문항으로 결정되면 문항들을 평가할 문항지로 옮기는 편집과 인쇄과정만 남는다. 특히 문항의 길이나 배열, 정답지의 배치 등이 잘 편집되어야 한다.

평가 문항 편집 및 인쇄를 위해 고려해야 할 사항들을 제시하면 다음과 같다(박도순, 원혜연, 이원석, 2011; 박도순 외, 2012 참조).

① 평가 문항이 관련된 교육목표를 측정하는지를 최종 검토한다.

② 진술 표현이 문장상 문제가 없는지를 재검토한다.

③ 가능한 한 관련있는 교육목표를 측정하는 문항들을 묶어 배열한다.

④ 유사 교육목표 측정 문항 배열 기준을 준수하면서 가능한 한 쉽고 간단한 문항에서부터 점차 어렵고 복잡한 문항으로 배열한다. 왜냐하면 학생이 문제를 푸는 과정 자체도 학습의 하나이기 때문에 처음부터 어려운 문제에 봉착하게

되면 자칫 시험 자체를 포기하거나 문제를 해결하고자 하는 동기가 유발되지 않을 수 있다.

⑤ 문항에 대한 응답의 지시가 필요한 경우는 응답의 방법을 명확히 지시해야 한다. 그리고 두 개 이상 문항에서 동일한 지시가 필요한 경우는 묶어서 지시한다.

⑥ 최종적으로 철자법, 문장 및 문법구조, 글씨의 크기나 선명도, 줄이나 문항 간의 간격 등에 대해 본인은 물론 타인에 의한 재교정을 걸쳐 인쇄에 들어간다.

2. 문항 유형 및 제작의 실제

평가 문항의 유형은 평가 대상 수, 평가의 참조, 측정 행동의 유형 및 수준, 학습자 특성 및 수준, 평가목적, 채점의 객관도, 문항 제작 및 채점 시간 등에 따라 선정되고 결정된다. 따라서 매우 다양한 문항 유형이 존재하며, 동일한 문항 유형이지만 학자에 따라 다른 용어로 불리기도 한다.

가장 일반적으로 활용되는 문항의 분류 방법과 문항 유형은 평정 과정에서 채점자의 주관성 개입 정도에 따라 객관형(objective type)과 주관형(subjective type), 피험자의 반응 유형에 따라 선택형(selection type)과 서답형(supply type)으로 구분된다. 그러나 주관형과 객관형은 주관성의 개입 정도를 어느 수준에서 분류할 것인지가 명료하지 않기 때문에 1차적인 문항 분류체제로 삼기는 다소 어려운 관계로 일반적으로 선택형과 서답형 문항 분류체제를 사용한다.

여기에서는 평가 문항의 유형을 선택형과 서답형으로 구분하여 각 문항의 특성과 구성 형식, 작성기법을 살펴보고자 한다(본문에서 예시된 평가 문항은 성태제, 2010, 정종진, 2010. 한국교육과정평가원 교수학습개발센터 http://classroom.re.kr 등의 자료를 인용하였음).

1) 선택형 문항

선택형 문항은 지시문 및 문두와 함께 여러 개의 선택지를 제시한 후 그 중에서 적합한 답지를 선택하도록 하는 문항 형식이다. 이러한 문항 형식은 여러 개의 선택지 중에서 정답지를 확인해서 선택하도록 하는 재인 과정이 요구되기 때문에 재인형 문항이라고도 한다(정종진, 2010).

선택형 문항에는 진위형, 배합형, 선다형 문항이 있으며, 각각의 문항 유형에 대한 특징과 제작기법을 살펴보자.

(1) 진위형

진위형(true-false form)은 특정 사실, 용어, 원리 등의 진술에 대한 진위를 판단하는 능력을 측정하기 위한 문항 유형으로 진술문을 제시하고 응답자가 진술문에 대한 진위, 정오, 또는 긍정-부정의 이분법적인 판단을 요구하는 문항 형식으로 양자택일형이라고도 부른다. 진위형의 기본 형식은 진술문의 내용 및 형식에 따라 진위(眞僞)형, 정오(正誤)형, 긍정-부정형으로 구분될 수 있다.

진위형 문항의 특수한 형태로는 문항의 옳고 그름을 선택한 후 수정을 요구하는 교정진위형 문항(true-false requiring correction item), 옳은 진술만을 선택하는 진위형 문항(multiple true-false item), 연계성 진위형 문항(sequential true-false item) 등이 있다(Oosterhof, 2001).

■ 기본형 예시문

다음 진술문을 읽고 맞으면 O표, 틀리면 X 표하시오.

• 아이즈너(Eisner)는 예술적 교육과정의 중요성을 강조하였다. (○)

■ 교정진위형 예시문

다음 진술문을 읽고 맞으면 O표, 틀리면 X 표를 한 후, X표를 한 경우 잘못된 부분을 수정하시오.

• 진술문을 제시하고 응답자가 진술문에 대한 진위, 정오, 또는 긍정-부정의 이분법적인 판단을 요구하는 문항 형식을 ~~배합형~~이라 한다. (×)
(진위형)

진위형 문항을 사용할 때 유의점과 장단점을 살펴보면 다음과 같다.

유의점

① 진술문에는 중요한 내용만 포함해야 한다. 응답자가 문항에 대한 지식을 갖고 있음에도 불구하고 불필요한 내용을 포함해 응답자에게 혼란을 주어 오답을 유도하는 것은 정확한 측정이라고 할 수 없다. 이럴 때 측정의 오차는 커지고 검사의 신뢰도는 감소하게 된다.

② 가능한 하나의 문항에는 하나의 내용을 다루고 하나의 간단한 문장으로 진술한다. 여러 내용을 포함하면 측정이 어렵고, 조건이 붙는 긴 문장은 자칫 옳고 그름의 판단을 흐리게 할 수 있다.

③ 가능한 부정문이나 이중부정을 사용하지 않는다. 사람들은 대개 일상적으로 긍정적 언어에 익숙해 있어서 부정어나 이중부정의 표현은 혼란이나 실수를 유발할 수 있다. 부득이 부정어를 사용해야 할 경우는 주의를 끌 수 있게 **진한 글씨**로 표기하거나 밑줄을 긋는 것이 바람직하다.

④ 진술문에는 답의 단서가 될 수 있는 부사어를 사용하지 않는다. '절대', '항상', '반드시', '전혀', '모두' 등의 부사어는 틀린 답의 단서가 될 수 있으며, 반대로 '흔히', '간혹'이란 부사어는 진술문이 옳음을 암시한다.

⑤ 정답을 단일 유형으로 고정되지 않도록 해야 한다. 즉, 정답이 고정된 유형에 따라 배열되어 특정의 패턴이 드러나면 피험자들이 추측으로 정답을 맞힐 가능성이 커지게 된다.

⑥ 가능한 교과서에 있는 똑같은 문장으로 질문하지 않는다. 교과서에 있는 문장을 그대로 지문으로 활용하면 피험자들은 문제에 대해 깊게 생각하고 답을 맞히기보다는 기억력에 의하여 문항의 답을 맞힐 가능성이 커지며, 깊게 생각하지 않게 될 가능성이 있다.

⑦ 일반화되지 않은 주장이나 이론의 옳고 그름은 묻지 않는다. 일반화되지 않은 주장이나 이론의 옳고 그름을 묻는 것은 논쟁의 대상이 될 수 있고, 피험자의 인지적 능력을 측정하기 위한 질문으로는 부적절하다.

장점

① 짧은 시간에 많은 교육목표 즉, 주어진 검사 시간에 다수의 문항으로 많은 교과 내용을 측정할 수 있다.

② 문항의 답이 정해져 있어 채점의 논란이 일지 않고, 빠르고 객관적으로 채점할 수 있으며, 많은 피험자를 빠르게 채점할 수 있다.

③ 언어능력이 부족하고 한 번에 기억하는 용량이 부족한 저학년 아동에게 적합하다.

④ 문항의 제작이 쉬워 비교적 적은 시간에 쉽게 제작할 수 있다.

단점

① 추측으로 문항의 답을 맞힐 확률이 50%나 되기 때문에 검사의 신뢰도가 낮아질 수 있다. 즉, 우연을 통제하기 어려워서 정확한 측정이라고 단정하기 어렵다.

② 고차적 행동을 측정하기 어렵다. 문항 유형의 특성상 깊이 있는 사고력보다는 단순 지식이나 기억력을 묻는 문항이 될 가능성이 크다.

③ 사전에 진위형 문항으로 출제될 것을 알면 학습하고자 하는 동기가 저하될 우려가 있다. 이 경우 공부를 안 하거나 공부를 하는 경우도 피상적인 공부에 그칠 가능성이 있다. 공부 안 해도 50%의 정답률을 믿고 있기 때문이다.

④ 문항의 변별력이 선다형 문항보다 낮은 경향이 있다.

⑤ 응답의 형태가 ○나 ×로 표기되므로 곁눈질이 쉬워 부정행위를 조장할 우려가 있다.

(2) 연결형

연결형(matching form) 문항은 일련의 용어, 명칭, 구, 개념, 정의, 또는 불완전문장으로 구성된 자극군인 전제와 내용 또는 항목으로 이루어진 반응군으로 구성된 답지에서 서로 관계되는 것을 찾아 연결하거나 고르도록 하는 문항 형식으로 결합형 또는 배합형이라고도 한다. 연결형 평가 문항은 두 가지 내용의 연관성에 대한 기초지식을 측정하는 데 적합하며, 그림이나 도표 등을 사용할 수 있다.

표 6-3 연결형 문항의 자극군(전제)과 반응군(답지)의 내용

자극군(전제)	반응군(답지)
업적	사람 이름
역사적 사건	년/월
용어	정의
규칙	예시
기호/부호	개념
작품	저자
기계	사용 목적
동물/식물	분류
위계 구분	기능

출처: Linn & Gronlund, 1995.

연결형의 종류와 평가 문항의 예는 다음과 같다.

① 단순연결형

단순연결형(simple matching type)은 가장 일반적으로 활용되는 유형으로, 전제와 답지가 한 묶음으로 구성된 형식으로 지시 형식은 다음과 같다.

■ 다음의 학자에 해당하는 핵심 개념을 찾아 ( ) 안에 그 기호를 써넣으시오.

〈학자〉	〈개념〉
1) 프로이트 ( )	a. 대상의 영속적 개념
2) 파블로프 ( )	b. 관찰학습
3) 피아제 ( )	c. 초자아
4) 비고츠키 ( )	d. 조건반사
	e. 근접발달지대
	f. 다중지능
정답 : 1) (c), 2) (d), 3) (a), 4) (e)	

② 복합연결형

복합연결형(compound matching type)은 한 개의 전제에 대해 두 개 이상의 답지가 연결되도록 하는 문항 유형으로, 지시 형식은 다음과 같다.

■ 다음에 제시한 평가유형에 대하여 〈A〉에서 목적을 고르고, 〈B〉에서 시기를 골라 각각 그 기호를 써넣으시오.

	〈A〉 〈B〉 〈평가유형〉	〈A〉 (목적)	〈B〉 (시기)
1)	( ) ( ) 가. 진단평가	a. 등급 결정	a. 수업 전
2)	( ) ( ) 나. 형성평가	b. 선수학습 확인	b. 수업 중(소단원)
3)	( ) ( ) 다. 총합평가	c. 심리검사	c. 수업 후(대단원)
		d. 강화	d. 수업 전 과정
정답 : 1) (b) (a), 2) (d) (b), 3) (a) (c)			

③ 분류연결형

분류연결형(classification matching type)은 어떤 조건, 법칙, 개념, 사실 등의 전제에 따라 주어진 답지를 분류시키는 형식으로, 지시 형식은 다음과 같다.

■ 다음의 인간행동들을 제시한 A, B, C, D의 유목에 따라 분류하시오.

A. 인지적 행동 B. 정의적 행동 C. 의사소통
1) ( ) 지식
2) ( ) 수용
3) ( ) 종합
4) ( ) 분석
5) ( ) 가치화
6) ( ) 지각 능력
정답 : 1) (A), 2) (B), 3) (A), 4) (A), 5) (B), 6) (C)

④ 관계분석형

관계분석형(relation analysis type)은 답지에 제시된 두 개의 진술문 사이에 인과관계가 성립하는지를 분석해서 주어진 전제에 따라 분류시키는 형식으로, 지시 형식은 다음과 같다.

■ 아래 문제에는 주장과 그 주장에 대한 이유를 두었다. 다음 요령에 따라 답하시오.

- 만약 주장과 이유 두 가지가 다 옳고, 그 이유가 주장에 대하여 옳은 이유가 될 때는 ……………… '가'를
- 만약 주장은 옳으나 이유가 옳지 않을 때는 ……………… '나'를
- 만약 주장은 옳지 않으나 이유가 옳을 때는 ……………… '다'를

답안지에 표기하시오.

주장		이유	답지
1) 수업분위기 조성은 고전적 조건화 활용의 하나다.	왜 냐 하 면	수업분위기는 민주적 또는 억압적 느낌으로 조성된다.	( )
2) 침팬지는 의자에 올라가 사과를 딸 수 있다.		사과는 강화물의 역할을 하였다.	( )
3) 인간의 최초 인지발달 증거는 대상의 영속성개념 획득이다.		영아는 대상(사물)이 있던 곳을 기억한다.	( )
4) 비고츠키는 사고발달이 언어발달보다 우선한다고 하였다.		언어발달과 사고발달은 상호작용한다.	( )
정답 : 1) (가), 2) (나), 3) (가), 4) (다)			

연결형 문항 사용 시 유의점과 장단점을 살펴보면 다음과 같다.

유의점

① 전제와 답지는 각각 고도의 동질성을 가져야 한다. 동질성에서 벗어난 전제나 답지는 정답의 단서가 되기 때문이다.

② 전제의 수보다 답지의 수를 2~3개 정도 많게 구성해야 한다. 하나의 전제에 대한 답을 정확히 알고 있을 때 그 다음의 전제에 대한 답지의 수가 줄어들기 때문에 추측률이 높아진다. 예를 들어 한 응답자가 전제의 수가 4개이고 답지의 수가 4개일 때, 전제 3개의 답을 알고 나머지 하나의 전제에 대한 답을 모를 경우에도 이 응답자는 답을 맞힐 수밖에 없다.

③ 전제의 수는 5개 정도로 하고, 답지의 수는 7~8개 정도로 적절히 제한해야 한다. 특별한 경우라도 10개 이상 넘지 않는 것이 좋다. 전제나 답지가 너무 많으면 먼저 응답자에게 혼란을 일으키기 때문에 정확한 측정이 어렵게 된다. 또한 전제나 답지의 수가 너무 많으면 동질성을 확보하는 것이 어렵기 때문이다(김대현, 김석우, 2005).

④ 전제의 순서나 답지의 순서는 글자일 때 글자 순서로 배열하고, 연대나 역사의 순서가 있을 때는 전제는 역사적 사건에 대한 글자 순서로 답지는 연대나 역사 순서로 나열한다.

⑤ 일반적으로 전제들은 왼쪽, 답지들은 오른쪽에 배열하고, 문항 번호와 답지들의 번호를 부여할 때는 각기 다른 형태를 부여한다. 예를 들어 전제번호를 1), 2), 3)으로 하였다면 답지번호는 a, b, c, d 또는 ㄱ, ㄴ, ㄷ, ㄹ로 한다.

⑥ 일반적으로 연결형 문항은 논리적 사고나 창의성보다는 단순기억 능력을 측정하는 목적으로 활용되기 때문에 가능하면 전제와 답지를 짧게 하는 것이 피험자의 단순기억 능력을 측정하기 쉽다.

⑦ 전제와 답지들은 같은 페이지에 게재될 수 있도록 편집하여야 한다. 전제와 답지 일부가 다음 페이지로 넘어가면 문제 풀이 과정에 불편함과 시간적 낭비를 가질 수 있기 때문이다.

장점

① 문항 제작이 비교적 쉽고, 많은 문항을 출제할 수 있어서 많은 교육목표를 측정할 수 있다.

② 복잡한 내용을 관계짓고, 비교하고, 분류하고, 분석하는 등의 비교적 고차적 행동을 측정할 수 있다.

③ 채점을 빠르고 객관적으로 할 수 있다.

단점

① 동질적인 전제나 답지를 구성하기가 쉽지 않다.

② 추측률을 줄이기 위해서 답지의 수를 늘리지만, 정답을 찾아가면서 추측으로 정답을 맞힐 확률이 점점 높아진다.

(3) 선다형

선다형(multiple choice form)은 의문문 또는 불완전문장으로 진술되는 문두와 두 개 이상의 답지를 제시하고 응답자가 정답지를 선택하도록 하는 형태이다. 선다형 문항에는 여러 개의 답지 중에서 하나의 옳은 답지를 선택하는 정답형(correct-answer type), 가장 올바른 답지를 선택하는 최선답형(best-answer type), 두 개 이상의 답지를 선택하는 다답형(multiple response type), 틀린 답지를 선택하는 부정형(negative type) 등의 문항 유형이 있다. 선다형 평가 문항의 예는 다음과 같다.

① 정답형

정답형은 여러 개의 답지 중 한 개만 정답이고 다른 것은 전혀 관계없는 것으로 되어 있는 형식이며, 최선답형과 형식상의 차이는 없고 다루는 화제의 차이가 있을 뿐이다. 이 형식도 비교적 보편적으로 사용된다. 정답형 문항의 지시문은 다음과 같다.

■ 고려 광종이 다음과 같은 정책을 실시한 공통적인 목적이라 볼 수 있는 것은?

- 과거제 시행
- 노비안검법 실시
- 관복 제정
- 호족 세력 숙청

① 독창적 문화 형성　② 지방 호적 세력 포섭　③ 불교 강화
④ 왕권 강화　⑤ 국가 재정 확보

정답 : ④

② 최선답형

최선답형은 여러 가지 답지 중에서 가장 맞는 답 또는 정답의 정도가 가장 큰 것을 선택하게 하는 방법이다. 이 형식이 모든 선다형의 모체라고 볼 수 있으며, 좋은 문항을 만들기만 하면 어떤 형식보다도 유용하다. 지시 형식은 다음과 같다.

■ 다음의 밑줄 친 부분과 가까운 뜻으로 문맥에 가장 잘 어울리는 낱말은?

나무를 심었으면 그 뒤에 해야 할 일은 뿌리를 흙으로 잘 덮어 주는 일이다.

① 감싸 주는 ② 북을 주는 ③ 갈무리하는
④ 간수하는 ⑤ 보호해 주는

정답 : ②

③ 다답형

다답형은 답지에 정답이 여러 개인 형식이다. 분명한 정답이 여러 개 있고 그것을 한 문항 속에 담고 싶을 때 이 형식을 사용한다. 이 경우 문두에 답지 중 정답을 「여러 개 골라야 한다」는 것을 명시하고 반드시 밑줄을 긋는다. 채점 방법은 다 맞아야 정답이 되는 '全-無 방법(all or not)'을 따른다.

■ 수요에 관련된 올바른 설명을 모두 고른다면?

① 수요는 일정한 가격을 지불하고 재화나 서비스를 사려는 욕구이다.
② 금 가격이 계속 오르자 사람들은 금을 더욱 많이 사들였다.
③ 사람들은 일반적으로 가격이 내려가면 수요량을 늘린다.
④ 가격과 수요량은 비례하기 때문에 수요 곡선은 우상향한다.
⑤ 어떤 재화의 가격이 상승하면 그 재화의 수요량이 감소하는 것을 수요 법칙이라고 한다.

정답 : ①, ③, ⑤

④ 합답형

합답형은 여러 개의 답지 중 하나 이상이 합해서 정답이 되는 형식이다. 답지 중 정답을 하나만 알아서는 안 되며 여러 개를 종합적으로 알아야 한다. 형식은 다답형과 비슷하지만 '합해진 답지 세트'에 대해 정답으로 채점한다는 점에서 차이가 있다.

이 형식은 수험자가 완전히 이해해야 답할 수 있다는 장점이 있으나, 묶여 있는 답지군 때문에 정답의 단서를 줄 수 있는 단점도 있다.

▪ **다음의 〈보기〉에서 지방자치단체가 시민의 참여를 보장하기 위한 제도로 묶인 것을 고른다면?**

〈보 기〉

(ㄱ) 주민 소환제 (ㄴ) 주민 투표제 (ㄷ) 주민 참여 예산제 (ㄹ) 주민 감사 청구제

① ㄱ, ㄷ ② ㄱ, ㄴ, ㄷ ③ ㄱ, ㄷ, ㄹ

④ ㄴ, ㄷ, ㄹ ⑤ ㄱ, ㄴ, ㄷ, ㄹ

정답 : ⑤

⑤ 불완전문장형

불완전문장형은 불완전문으로 진술된 문구를 완성하는 데 필요한 내용을 선택지 중에서 찾도록 하는 형식이다. 이는 완성형 문항을 문구로 하여 선택지를 제시한 형식으로 볼 수 있다.

▪ **다음에 제시된 지문의 (   )에 들어갈 내용으로 맞는 것은?**

삼각형의 세 중선은 한 점에서 만나고 이 점은 세 중선의 길이를 꼭짓점으로부터 각각 (   )의 비로 나눈다.

① 1 : 2 ② 2 : 1 ③ 1 : 3 ④ 3 : 1

정답 : ②

⑥ 부정형

부정형은 여러 개의 답지 중에서 한 개의 위(僞)인 항목을 주고 그것을 고르게 하는 방법이다. 이때는 반드시 아닌, 틀린 등의 부정적 표현의 어구에 밑줄을 긋거나 다른 방법(**진한 글씨** 등)으로 주의를 시켜야 한다.

> ■ **다음 중 문화에 대한 설명으로 옳지 않은 것은?**
>
> ① 언어, 종교, 의식주, 풍습 등의 생활 양식을 말한다.
> ② 문화는 자연과 대비되는 개념으로 인위적으로 형성된다.
> ③ 인간이 환경에 적응하거나 환경을 극복하는 과정에서 형성된다.
> ④ 문화는 다른 지역의 영향을 받지 않기 때문에 지역마다 다르게 나타난다.
> ⑤ 문화적 상대주의는 문화 간에는 차이가 있으나 우월은 존재하지 않는다는 개념이다.
>
> 정답 : ④

선다형 문항을 사용할 때 유의점과 장단점을 살펴보면 다음과 같다.

유의점

① 문두의 진술은 가능한 단순하고 명료하게 하여 응답자가 질문의 의도를 정확하고 쉽게 이해할 수 있게 해야 한다.

② 정답지는 이의가 없이 정확해야 하며, 오답지도 그럴싸해야 한다. 오답지가 그럴싸해야 능력자와 비능력자를 구별하는 변별도가 확보된다. 한편, 오답지가 전혀 동떨어진 용어나 내용으로 진술되면 오답의 단서로 작용할 수 있기 때문에 각각의 오답지는 오답매력도를 갖추어야 한다. 오답매력도를 갖춘 그럴싸한 오답지를 만드는 데에는 많은 시간과 노력 그리고 문항제작자의 능력이 요구된다. 추측률을 줄이기 위해서 사지선다형 문항을 오지선다형 문항으로 변환하는 데 오랜 시간이 걸린 이유도 그럴싸한 오답지를 추가하는데 있었

다고 해도 과언이 아니다.

③ 한 문항의 질문이나 답이 다른 문항의 해결에 단서가 되면 안 된다. 이런 경우는 여러 명이 공동으로 출제한 후 중복이나 단서 제공에 대해 충분한 검토를 하지 않으면 발생할 수 있다.

④ 정답의 길이나 위치가 주는 정답의 단서를 배제해야 한다. 정답을 잘 모를 때 긴 답지에 답을 하는 경우가 많은데 사실 정답일 가능성이 크다. 왜냐하면 정답인 경우는 이의가 없이 정확해야 하므로 심리적으로 오답지보다 더 정성을 들여 진술하다 보면 길어질 수도 있기 때문이다. 그러므로 가능한 정답지나 오답지 모두 그 길이가 비슷하게 하는 것이 좋다. 그러나 답지의 길이가 부득이 달라야 하는 경우는 가능한 모든 문항에서 짧은 답지에서 긴 답지 순서로 배치한다.

그리고 우연이든 의도적이든 정답의 위치가 정답의 단서가 되는 때도 있으므로 문항 제작자는 최종 편집 및 인쇄 이전에 정답의 위치가 지나치게 편중되거나 일정한 형태(패턴), 또는 규칙성을 가지지 않도록 검토 및 재배치해야 한다.

⑤ 선다형 문항에서 답지의 수는 응답자의 수준을 고려해서 결정해야 한다. 저학년은 2~3답지, 고학년은 4~5답지가 적합하다. 답지 수는 상황에 따라 다르지만, 언어능력이나 기억 능력이 충분하다고 판단되면 정답의 추측률이 낮은 오지선다형이 가장 바람직한 문항이라고 할 수 있다. 그러나 추측률을 줄이기 위해 6개 이상의 많은 답지를 포함하는 문항은 오히려 응답자에게 혼란을 일으켜 의도한 것을 정확히 측정하지 못할 수 있어 바람직하지 못하다.

⑥ '모두 정답임' 또는 '정답 없음'과 같은 답지는 특별한 경우가 아니면 사용하지 않는 것이 좋다. 피험자는 자주 나오는 답지가 아니기 때문에 '혹시 답이 아닌가?' 하는 의문을 가질 수도 있다. 그리고 답이 하나일 때 정답에 해당하는 답지 중에서 두 개만 알아도 '모두 정답임'이 정답이라는 단서를 확보할 수 있다.

⑦ 답지 간에 범위나 의미가 중복되거나 중첩되지 않아야 한다. 범위나 의미가 중복되면 중복된 두 개의 답지 모두를 답으로 인정해야 하는 경우가 발생한다. 따라서 이상, 이하, 초과, 미만 등의 용어를 정확히 사용해야 한다.

⑧ 문장 첫머리에 질문의 준거를 포함해 답지 모두에 똑같은 말을 반복하지 않게 한다. 응답자가 반복된 진술을 불필요하게 읽음으로써 시간을 소비할 수 있기 때문이다.

⑨ 문항의 질문 형태는 가능한 긍정문으로 하는 것이 좋다. 부득이 부정형 진술을 해야 할 경우는 부정 문구를 반드시 **진한 글씨**나 밑줄을 긋는다. 즉 아닌, 틀린 등의 표시를 주어 주의를 끌도록 해야 한다.

장점

① 다양한 행동 수준을 측정할 수 있다. 지식이나 이해력 수준뿐만 아니라 원리를 응용하는 적용력, 실험의 과정을 검토하는 분석력, 그 이상의 추리력, 판단력 등의 고차적 행동도 측정할 수 있다.

② 주어진 시간 내에 많은 문항을 측정할 수 있어서 많은 교육목표를 평가할 수 있다.

③ 채점을 빠르고 객관적으로 할 수 있다.

④ 언어능력이나 기억 용량에 한계가 있는 저연령 및 저학년을 제외한 모든 연령층에 효과적으로 사용할 수 있다.

단점

① 표현력, 종합력, 창의력을 측정하는 데는 한계가 있다.

② 문항 제작이 쉽지 않을 뿐만 아니라 시간이 오래 걸린다. 그럴싸한 오답지를 만드는 일, 단서를 배제하는 일, 명료한 문장을 진술하는 일 등의 선다형 문항

작성기법은 많은 경험과 학습으로 터득된다.

③ 진위형보다는 정답의 추측률은 낮지만, 여전히 최소한의 정답 추측률은 남아 있다. 추측률을 보완하는 방법으로 단답형이나 완성형을 활용할 수 있다.

2) 서답형 문항

서답형 문항은 문두만 제시하여 응답자가 답을 생각해서 쓰도록 하는 형식의 문항이다. 이 형식은 응답자가 답을 스스로 생성하는 재생과정을 요구한다는 점에서 회상형 문항이라고 부른다. 서답형 문항에는 단답형, 완성형, 논술형이 있다.

(1) 단답형

단답형(short-answer type)이란 간단한 단어, 구, 문장, 숫자, 그림 등 제한된 형태로 대답하게 하는 문항 유형으로 주로 용어의 정의나 의미를 묻거나 계산 문제에 자주 사용된다. 단답형에서의 전제의 진술은 의문문이나 명령문의 유형을 취하며, 피험자는 단어, 그림, 구, 문장, 기호 등의 제한된 형태로 응답하게 된다.

① 단구적 단답형

단구적 단답형은 한두 개 정도의 단어, 어구, 숫자, 기호 또는 간단한 그림을 이용하여 응답하는 문항 형태이다. 지시 형식은 다음과 같다.

- 사회 질서와 유지에 관심을 두고 사회학을 창시한 사람은?

정답 : 콩트

② 서술적 단답형

서술적 단답형은 일반적으로 한두 개 정도의 짧은 문장으로 답하는 문항 유형으로 답안의 양이 비교적 적다는 점과 답안을 작성하는 데 있어 조직력이나 표현력이 별로 요구되지 않는다는 점에서 논문형과는 구분된다.

> ■ **북반구에서 고기압과 저기압의 바람의 방향을 명시하시오.**
>
> 정답 : 북반구에서 고기압은 시계 방향으로 불어 나가고, 저기압은 시계 반대 방향으로 불어온다.

단답형 문항을 사용할 때 유의점과 장단점을 살펴보면 다음과 같다.

유의점

① 단답형은 일반적으로 정의나 간단한 개념, 법칙, 사실 등을 질문하므로 가능한 한 간단한 형태로 응답이 되도록 질문한다. 질문의 내용이 명확할 때 여러 개의 정답이 될 가능성을 배제할 수 있다.

② 교과서에 있는 구, 절의 형태와 같은 문장으로 질문하지 않는다. 교과서에 있는 문장을 그대로 출제한다면 피험자들이 교과서에 있는 내용을 이해하기보다는 암기한다.

③ 출제와 동시에 정답이 될 수 있는 답들을 준비한다. 가능하면 정답이 하나가 되도록 질문을 하여야 하며, 동의어 문제로 답이 여러 개가 될 수 있는 경우 정답이 될 수 있는 답들을 준비(예시)하는 것이 좋다.

④ 계산 문제의 경우 정답이 되기 위하여 계산의 정확성 정도나 계산 절차의 수준을 명시하여야 한다. 계산 문제의 답을 쓰는 경우 소수점 몇 자리에서 반올림하라거나 계산 절차를 어느 수준까지 제시하라는 지시가 포함되어야 한다.

장점

① 정답 추측률을 제거할 수 있다.

② 문항 작성이 비교적 쉽다.

③ 논문형에 비해 채점이 객관적이다.

단점

① 단순 지식, 개념, 사실 등의 지식이나 이해 수준의 행동을 측정하는 경향이 있다.

② 채점의 객관도는 비교적 높은 편이지만 여러 개 또는 부분적인 정답이 나올 가능성도 완전히 배제할 수 없다.

③ 단답형을 많이 사용하면 기억에 의존하는 학습을 조장할 수 있다.

(2) 완성형

완성형(completion type) 문항은 문장 일부를 여백으로 남기고, 그 여백에 단어, 구, 숫자, 기호, 문장 등을 채워 넣는 형태이다. 완성형 문항에는 불완전문장형, 불완전도표형 등의 문항 유형이 있다.

① 불완전문장형

불완전문장형은 문장 중 중요하고 의미 있는 부분을 비워 놓고 그곳에 단어, 구, 숫자, 기호 등을 써넣게 하는 유형이다.

- 19세기 후반 많은 동남아시아 나라를 식민지화한 유럽 열강 국가들은 동남아시아에 고무, 커피, 사탕수수 등 특정 작물만 생산하는 (   ) 농업 방식을 강요하였다.

정답 : 플랜테이션

② 불완전도표형

불완전도표형은 문항의 내용을 도표로 제시하고, 도표 중 중요한 부분을 비워 놓고 그곳에 답을 써넣게 하는 유형이다.

■ 다음 도표에서 빈칸을 채우시오.

원급	비교급	최상급
cool	( )	( )
( )	( )	best

정답 : cooler, coolest, good, better

완성형 문항을 사용할 때 유의점과 장단점을 살펴보면 다음과 같다.

유의점

① 여백에 들어갈 답은 중요한 내용이어야 한다. 완성형의 여백에 들어갈 답이 지엽적이거나 중요하지 않은 내용이 되면 교육목표 측정 의도에도 어긋날 뿐만 아니라 문항의 가치가 없다.

② 진술문 속에 답의 단서가 없도록 해야 한다. 특히 여백 다음의 조사가 단서가 될 수도 있어서 가능한 조사를 다 제시해야 한다.

③ 출제와 동시에 정답을 마련해야 한다. 완성형 문항은 답을 선택하는 것이 아니기 때문에 의외로 또 다른 것도 답이나 부분적으로 답이 될 수 있는 경우가 많다(유사 가능한 답을 추출하여 정답 기준으로 삼는다). 그러므로 문항 출제와 동시에 답안을 작성하여 문항을 수정하거나 채점의 객관도를 확보해야 한다.

④ 문항의 진술은 가능한 하나의 답만 나올 수 있도록 문장 구조도 단순하게 하고 명료하게 진술해야 한다. 진술이 명료하지 못하면 응답자가 여러 측면으로 해석하여 의외로 여러 개의 답이 나올 수도 있기 때문이다.

장점

① 학생의 반응에서 추측요인을 줄일 수 있다.

② 좋은 문항을 만드는 것이 쉽지는 않지만, 선택형 문항보다 비교적 출제가 쉽고, 채점의 객관도가 단답형보다 높은 편이다.

단점

① 단답형보다는 채점의 객관성이 높은 편이지만 여러 개 또는 부분적인 정답이 나올 가능성을 완전히 배제할 수 없다.

② 원리의 적용이나 분석 등의 고차적 행동보다는 지식이나 사실 등의 낮은 수준의 행동을 측정하는 경향이 있다.

③ 단답형보다 문항의 진술 속에 정답의 단서가 포함될 가능성이 크다.

(3) 논술형

논술형(essay type) 문항은 주어진 질문에 여러 개의 문장이나 페이지에 걸쳐 응답하는 문항 형태를 말한다. 피험자가 문제에 접근하는 방법, 정보를 이용하는 부분, 응답을 구성하는 모든 부분에서 제한을 받지 않기 때문에 비판적 사고, 문제해결력, 창의력 등의 고차적 사고능력을 측정할 수 있다. 논술형 문항은 일반적으로 시간이나 글자 수, 서술 범위 등에 대해서 제한을 두지 않는 확장반응형(extended response type) 문항과 제한을 두는 제한반응형(restricted response type) 문항으로 구분하며, 답안 작성에 필요한 자료나 과제를 피험자에게 제공하는지에 따라 단독과제형과 자료제시형으로 구분한다.

① 확장반응형

확장반응형(extended response type) 문항은 응답의 내용 범위와 서술 양식, 답안의 길이에 대한 제한이 없어 피험자의 능력 수준과 시험시간에 의해서만 간접적으로 제한을 받는 유형으로 반응의 자유도가 가장 높은 문항 형식이다. 이러한 유형에서 피험자는 자신의 지식을 조직하고, 문제나 상황을 분석 및 평가하고, 창의적 사고를 표현할 수 있어서 고차적인 행동의 교육목표 성취 정도를 보다 직접적으로 파악하는 데 도움이 되고 피험자의 개인적 특성을 나타내게 하는 데 유용하게 활용될 수 있다. 확장반응형 문항 유형에 의해 측정될 수 있는 능력은 아이디어를 만들어 내고, 조직하고 표현하는 능력, 서로 다른 분야에서 학습한 내용을 통합하는 능력, 독창적인 형태를 창출하는 능력, 아이디어의 가치를 평가하는 능력 등이다(박도순, 원혜연, 이원석, 2011).

- 최근 우리나라는 미세먼지로 인해 공기 질(Air Quality) 악화가 심각하다. 이에 대한 자신이 생각하는 대책을 쓰시오.

② 제한반응형

제한반응형(restricted response type) 문항은 주로 주제나 내용을 제한하고, 자료를 해석하고 적용하는 것을 요구하는 형태로 반응의 내용과 형식을 구체적으로 지시하여 그에 따라 반응하도록 하는 문항 유형이다. 제한은 분량, 내용 범위, 서술 양식 등에 대해 이루어진다. 응답의 제한 방법에 따른 세부 유형으로는 ㉮ 반응 수, 진술 요소, 답안의 길이(문장 수, 글자 수, 또는 행 수) 등과 같은 물리적 제한이 가해져 있는 분량 제한형, ㉯ 응답할 내용 범위에 제한을 가하는 내용 범위 제한형, ㉰ 응답할 서술 양식에 제한이 가해진 서술 양식 제한형 등이 있다.

제한반응형은 문장표현력을 제외한 성취를 측정하고, 구체적인 문제에 대해 적절한 지식을 제시하고, 그 지식을 적절히 분류 및 조직하여 결론을 유도하는 것을 요구한다. 그리고 반응의 자유도라는 측면에서는 확장반응형보다는 낮다. 제한반응형 문항에 의해 측정될 수 있는 능력으로는 인과관계를 설명하는 능력, 원리의 적용을 기술하는 능력, 적절한 논의를 제시하는 능력, 조리 있게 가설을 설정하는 능력, 타당한 결론을 도출하는 능력, 필요한 가정을 진술하는 능력, 자료의 제한점을 기술하는 능력, 방법과 절차를 설명하는 능력 등이 있다.

■ **중학교 과학 문항 예시**

> 중학교 학생에게 100m를 몇 초에 달릴 수 있는지 알아보려고 한다. 출발지점에는 출발을 알리는 총을 가진 교사가 서 있고 도착지점에는 스톱워치를 가진 교사가 서 있다. 출발 시에 총을 가진 교사가 총을 쏘아 신호하고 도착지점에서는 스톱워치를 가진 교사가 시계를 작동한다. 시간을 정확하게 재기 위해서 스톱워치를 가진 교사가 총소리를 듣는 순간에 그 시계를 작동하는 것이 좋은가? 아니면 그 총에서 나는 빛을 보고 그 시계를 작동하는 것이 좋은가?

둘 중에 하나를 선택하고, 그 이유를 설명하시오.

③ 단독과제형과 자료제시형

확장반응형 또는 제한반응형에 관계없이 피험자에게 답안 작성에 필요한 자료나 과제의 제공 여부에 따라 단독과제형과 자료제시형으로 구분된다. 단독과제형은 자료나 정보를 제시하지 않고 특정 내용에 응답하도록 하는 문항 형태이며, 일반적으로 논술형 평가에서 가장 널리 쓰이는 문항 유형이다. 자료제시형은 피험자에게 정보 또는 자료를 제공하고 그것을 바탕으로 해서 응답하도록 하는 문항 형태로 자료제시를 단일자료로 하는가 복수자료로 하는가에 따라서도 구분할 수 있으며 제한반응형 논술 문항에서 일반적으로 활용되는 유형이다.

■ 단독과제형 예시

기후변화의 문제를 지적하고, 해결책을 논술문 형식으로 1000자 이내로 논하시오.

■ 자료제시형 예시

AI 발달이 인간에게 도움을 주는 측면, 인간을 위협하는 측면, 미래 인류를 위한 AI 발달 방향 등을 제시한 A4 3쪽 정도의 AI 분야의 논문 또는 평론을 배부

별도로 배부된 글을 읽고 다음 물음에 답하시오.

(1) 읽은 내용을 간략히 요약하시오.
(2) AI 발달이 미래 인류 발달에 미치는 영향을 논하시오.
(3) AI 적용의 직업 세계 하나를 예시로 서술하시오.

논술형 문항을 사용할 때 유의점, 일반적인 채점 기준, 장단점을 살펴보면 다음과 같다.

유의점

① 응답자의 입장에서 출제해야 한다. 학생의 능력이나 집단의 성격을 파악하여 너무 접근하기 어렵거나 동떨어진 것을 물어서는 안 된다. 그리고 문항의 수나 응답시간은 응답자의 특성을 반영하여 정한다.

② 질문은 명료하고 필요하다면 구조화된 문장을 사용해야 한다. 즉, 너무 포괄적인 질문보다는 질문의 요지가 분명히 드러나는 문장이어야 한다. '유아에 대해서 논하시오.'보다는 'Piaget의 인지발달에 대해서 논하시오.'가 훨씬 묻는 요지가 분명하고 구조화된 질문이다.

③ 단순 지시문의 논술형은 사용하지 않는다. 예를 들어, '~에 대해서 서술하시오.'와 같은 문항은 논술형 문항의 목적에서 벗어나 오히려 단순한 지식을 재

생하는 단답형 수준이 될 수 있다. 논술형 질문은 '무엇에 대해서 논하시오.', '무엇 무엇을 비교 · 분석하시오.', '예를 들어 설명하시오.', '자신의 견해를 밝히고, 그 이유를 대시오.' 등의 질문 형태가 적절하다.

④ 문항을 배열할 때는 쉬운 문항에서부터 어려운 문항으로 배열한다. 앞서 선택형 문항의 배열과 마찬가지로 평가나 검사 자체도 하나의 학습이기 때문에 응답자가 문제를 해결하고자 하는 학습동기를 유발하기 위해서는 쉬운 것부터 성취하면서 스스로 강화하도록 하는 것이다.

⑤ 가능한 문항의 배당 점수를 제시하고 그 점수의 폭을 너무 크게 하지 않는 것이 바람직하다. 점수의 폭이 너무 크면 배당 점수가 큰 문항에만 매달리는 경우가 발생하여 자칫 타 항에 대한 응답이나 평가의 의미가 상실될 수 있다.

⑥ 논술형 문항을 작성할 때 출제자의 가장 중요한 유의점은 문항 출제와 동시에 채점의 기준 및 준거를 마련하고 정답을 작성하는 것이다. 문항 출제 시점에서 채점의 기준 및 준거, 답안 작성 활동 등의 문항의 타당화 과정을 통해서 채점의 객관도를 어느 정도 확보하고 바람직한 문항으로 수정될 수도 있다.

⑦ 다수의 채점자가 포함되어야 할 경우라면 반드시 문항의 채점 기준 및 준거와 배점을 마련하고, 채점 기준 및 준거에 대한 사전 교육을 수행함으로써 채점의 객관도를 확보할 수 있다.

⑧ 채점의 객관성을 확보하기 위하여 채점자는 다음과 같은 오류를 최소화해야 한다(제3장, 3. 객관도 참조).

- 집중화 경향의 오류(error of central tendency)
- 표준의 오류(error of standard)
- 후광 효과에 의한 오류(error of halo effect)
- 대비의 오류(contrast error)
- 논리적 오류(logical error)

- 근접의 오류(approximate error)
- 관용(엄격)의 오류(leniency or strictness error)

⑨ 필체, 띄어쓰기, 철자법 등은 점수에 반영하지 않는 것을 원칙으로 하되 부득이 반영할 경우는 최소로 한다.

논술형의 일반적인 채점 기준

논술형의 채점 기준은 출제자의 의도, 문항 주제의 특징, 질문의 형태 등에 따라 다를 수 있다. 논술형 채점방식은 일반적으로 상세평가인 분석적 방법(analysis method)과 전체 단일평가인 총체적 방법(holistic method)으로 분류된다. 그 중 피드백을 목적으로 하고 보다 신뢰로운 방법은 분석적 방법이다.

분석적 평가 기준인 문제파악, 내용, 구성, 표현, 태도 등의 영역에 대한 평가요소는 다음과 같다(교육과정평가원, 2014).

① 문제파악: 문제분석력, 논지의 정확성

② 내용: 내용의 통일성, 내용의 독창성, 내용의 정확성

③ 구성: 논의의 구체성, 논의의 일관성, 근거의 타당성, 문단의 연결, 논술의 구조

④ 표현: 단어의 정확성, 문장의 정확성, 문장의 연결, 담화 관습

⑤ 태도: 탐구적 태도, 논술의 실천, 논술문의 활용, 공적 의사소통

여기에서는 지나치게 세부적인 분석적 방법과 포괄적인 총체적 방법의 단점을 보완하기 위하여 Bloom의 교육목표분류학에서 제시된 인지적 행동(지식, 이해, 적용, 분석, 종합, 평가)을 활용하는 일반적인 채점 기준을 마련해 보았다.

① 논술의 목적이 적합한가?

② 주제에 적합한 기본적인 지식을 포함하고 지식의 배경을 이해하고 있는가?

③ 적절한 실제의 적용(예시, 비유)을 들고 있는가?

④ 적절한 분석(요소, 관계, 원리) 및 문제지적(비판)과 대안(창의성, 참신성)을 제시하는가?
⑤ 진술의 순서와 논리가 적합하고, 서론과 본론에 따른 결론의 진술이 타당한가?

장점

① 표현력, 사고력, 문제해결력 같은 일반적 교육목표와 개념 혹은 원리의 적용 같은 학습목표를 쉽게 평가할 수 있으며, 분석력, 종합력, 비판력, 문제해결력 등의 고등정신기능 측정에 효과적이다.
② 문장의 구성 능력이나 표현능력을 측정하는 데 유리하다.
③ 평가 대상이 적을 때 적합하다.
④ 선택형 문항보다 문항 제작이 쉽다.
⑤ 일반적으로 선택형 문항이 인지나 재생 반응을 요구하기 때문에 암기 중심의 학습 태도를 유도할 우려가 있는 반면, 논술형 문항은 개념이나 원리 적용을 측정하는 경우가 많고, 이를 자신의 말로 표현해야 하므로 학습자의 학습 태도를 개선해 준다.
⑥ 추측으로 답할 가능성을 배제한다.

단점

① 채점의 객관성을 확보하기 어렵다.
② 채점에 시간과 노력이 많이 든다.
③ 응답에 많은 시간이 소요되기 때문에 하나의 검사지나 평가지에 많은 문항을 포함하기 어렵다.

이 장의 논점(과제)

- 이원분류표 작성 연습

- 선택형 문항 제작 연습
  진위형 - (기본형, 교정진위형)
  배합형(연결형) - (단순연결형, 복합연결형, 분류연결형, 관계분석형)
  선다형 - (정답형, 최선답형, 다답형, 합답형, 불완전문장형, 부정형)

- 논술의 채점 기준은?

Chapter

07

평가 문항 분석

생각하고 들어가기

교육의 효과를 검증하기 위한 평가 문항의 기본적인 조건은 재고자 하는 내용을 충실히 재는 타당도와 일관성 있게 오차 없이 정확히 재는 신뢰도를 갖추는 것이다. 그러나 아무리 타당화 과정을 거쳤더라도 대부분 학생이 답을 할 수 없다면 평가 문항으로서의 가치가 없다. 즉, 문항의 곤란도가 적절해야 한다. 그리고 좋은 문항은 능력에 따라 답을 맞히는 확률이 달라야 하는 변별력을 지녀야 하고, 답을 전혀 모르면서 추측으로 답을 맞히는 추측률을 줄여야 한다. 완전한 문항을 만들기 위해서는 검사 및 시험 한 문항을 점검하는 활동 즉, 전문적인 문항 분석 활동이 뒤따라야 한다.

문항 분석을 위한 이론에는 고전검사이론과 문항반응이론이 있다. 고전검사이론은 간편하고 쉽게 이용할 수 있는 이점이 있는 반면에 문항 분석의 정확성이 떨어지는 단점이 있다. 그리고 문항반응이론은 문항 분석 정확성이 높지만, 계산이 복잡한 단점이 있다. 평가자는 이러한 장단점을 잘 활용해야 할 것이다. 그리고 평가 결과를 보고함에서도 다양한 점수 보고 방식이 있는데 평가의 목적에 따라서 적절한 점수 보고 방식을 채택해야 할 것이다.

여기에서는 문항 분석에 대해서는 고전검사이론과 문항반응이론에서 접근하는 문항 분석으로 문항곤란도, 문항변별도, 문항추측도, 오답매력도 산출방법을 실제로 적용해 보고, 점수 보고 형식으로는 원점수, 등위점수, 백분위, 표준점수(Z점수, T점수, Stanine점수) 등을 이해하고 실제로 산출하는 시간을 가지고자 한다.

학습목표

1. 문항 분석에 대한 고전검사이론과 문항반응이론의 기본 가정과 개념을 비교할 수 있다.
2. 고전검사이론의 문항곤란도, 문항변별도, 문항반응분포, 문항추측도, 오답의 매력도를 산출 또는 도출하여 해석할 수 있다.
3. 문항반응이론의 문항특성곡선의 기본 가정과 개념을 설명할 수 있다.
4. 문항반응이론의 문항특성곡선에 나타난 문항곤란도, 문항변별도, 문항추측도를 도출하고 해석할 수 있다.
5. 원점수를 표준점수인 Z점수, T점수, Stanine점수로 변환하고, 해석할 수 있다.

1. 문항 분석

문항과 검사의 질을 분석하는 이론을 검사이론(test theory)이라 하며, 검사이론은 고전검사이론과 문항반응이론(item response theory)으로 구분된다(Brennan, 1983; Suen, 1990). Richardson(1936)이 처음으로 고전검사이론과 문항반응이론에 의하여 문항특성 추정의 관계를 증명하였고, Lawley(1943)이 Richardson의 증명을 재정립하여 문항특성 추정모형과 방법을 제안하였다.

고전검사이론은 관찰점수가 진점수와 오차점수에 의하여 합성되었음을 가정하고 총점을 기준으로 문항을 분석하고 피험자 능력을 추정하는 이론이다. 그러나 이 이론은 검사의 총점으로 능력을 추정하므로 검사가 쉬우면 학생의 능력이 과대 추정되고 검사가 어려우면 과소 추정되어 응답자의 불변성 개념을 유지하지 못하는 단점을 지니고 있다(김진규, 2004). 이는 고전검사이론에서 측정오차는 응답자 집단의 성질에 상관없이 동일하다고 가정하고 있으나, 실제로 측정오차는 응답자의 능력과 반비례하고 있기 때문이다. 즉, 측정오차는 능력이 높은 학생일수록 낮고, 능력이 낮은 학생일수록 큰 경향이 있다.

응답자의 능력에 따라 달리 추정되는 단점을 보완하기 위해 등장한 문항 분석이론이 문항반응이론이다. 이 이론은 응답자의 검사 결과에 영향을 미치는 관찰할 수 없는 잠재적 특성이 있다고 가정하고 검사 결과 점수로부터 잠재능력을 추정하는 이론이다. 즉, 총점을 기준으로 문항을 분석하고 피험자의 능력을 추정하는 것이 아니라 문항 하나하나에 근거하여 분석하는 이론이다. 문항반응이론은 응답자의 잠재능력 수준과 문항에 대한 반응 관계 즉, 응답자의 능력에 따라 문항을 맞힐 확률을 나타내는 문항특성곡선으로 나타낸다. 문항반응이론의 장점은 불변성(invariance)의 개념에 있다. 즉, 응답자의 능력에 따라 문항 특성이 변하지 않는다는 것이다.

문항반응이론이 문항 특성의 불변성 개념과 피험자 능력 불변성의 개념을 극복하였다는 점에서 고전검사이론에 비하여 문항 특성이나 피험자 특성을 추정하는 데 적합하지만, 수학적 난해성과 복잡성 때문에 실용적으로 사용되고 있지 못하다(김진규, 2004). 현장에서는 간편하고 실제로 실용성이 높은 고전검사이론에 바탕을 둔 문항 분석방법을 더 선호하고 있다. 그러나 최근에는 컴퓨터를 이용하여 현장에서도 문항반응이론을 문항 분석에 적용하는 경향이 커지고 있다(박도순 외, 2012).

1) 고전검사이론

(1) 문항곤란도

문항곤란도(item difficulty)는 '문항난이도'라고도 하는데 문항의 어렵고 쉬운 정도를 말하며, 곤란도는 한 문항에 대해 전체 응답자 중 몇 %가 정답을 했는지의 정답률로 결정된다. 문항곤란도는 0~100%에 이르기까지의 변산을 갖고 있으며, 수치가 높을수록 쉬운 문항이다. 여기에서 주의할 것은 한 문항의 곤란도는 집단(집단의 정답률)에 따라 다를 수 있다는 것이다.

① 기본 문항곤란도 검증(선택형)

문항곤란도(P)는 전체 사례 수(N)에 대한 정답자 수(R)의 비율(백분율)이다.
기본 문항곤란도(선택형)의 공식과 〈예시〉는 다음과 같다.

$$P = \frac{R}{N} \times 100$$

P : 문항곤란도
N : 전체 사례 수
R : 정답자 수

〈예시〉

$N = 30$, $R = 20$ 인 경우,

$$P = \frac{20}{30} \times 100 = 66.67\%$$

② 추측요인을 제거한 문항곤란도(선택형)

선택형 문항은 정답의 추측률이 내재할 수밖에 없다. 따라서 추측률을 제거해야만 순수한 문항곤란도를 산출할 수 있다.

추측요인을 제거한 문항곤란도의 공식과 〈예시〉는 다음과 같다.

$$P = \left[\frac{R - \frac{w}{n-1}}{N} \right] \times 100$$

P : 문항곤란도

R : 정답자 수

w : 오답자 수

n : 문항의 답지 수

N : 전체 사례 수

〈예시〉

$N=30$, $R=20$, $n=5$, $w=10$인 경우,

$$P = \left[\frac{20 - \frac{10}{5-1}}{30} \right] \times 100 = 58.33\%$$

③ 미달항과 추측요인을 고려한 문항곤란도(선택형)

답지에서 오답지를 고르거나 답을 하지 않으면 모두 오답으로 처리된다. 그러나 검사 전체에 대한 곤란도를 보는 것이 아니라 문항 하나하나의 곤란도를 보는 것이기 때문에 순수하게 몰라서 틀린 경우의 오답과 미처 시간이 모자라서 풀이 자체를 못 한 오답을 구별해서 순수한 오답만을 적용해야 한다. 시간이 모자라서 못 푼 어떤 문제가 시간이 충분했다면 해결될 수 있었을지도 모른다. 문항곤란도에서 적용되는 오답은 순수한 오답이어야 한다. 미달항의 결정은 마지막 풀이가 선택된 문항 이후의 연속된 무응답 문항으로 정한다. 중간중간의 무응답 문항은 앞에서부터 문항을 풀어가면서 어렵거나 모르는 문제로 무응답한 것으로 간주하여 미달항으로 볼 수 없다. 순수한 문항곤란도는 미달항(non-reach)을 제외한 것이어야 한다. 즉, 미달항을 낸 사람의 수는 전체 사례 수에서 제외하고 문항곤란도를 계산해야 한다.

미달항과 추측요인을 고려한 문항곤란도(선택형)의 공식과 〈예시〉는 다음과 같다.

$$P=\left[\frac{R-\dfrac{w}{n-1}}{N-NR}\right]\times 100$$

P : 문항곤란도

R : 정답자 수

w : 오답자 수

n : 문항의 답지 수

N : 전체 사례 수

NR: 미달항자 수

〈예시〉

$N=30$, $R=20$, $NR=3$

$n=5$, $w=10$ 인 경우,

$$P=\left[\frac{20-\dfrac{10}{5-1}}{30-3}\right]\times 100=64.81\%$$

④ 주관형 검사에서의 문항곤란도 검증

부분 점수를 줄 수 있는 주관식 검사에서는 다음과 같은 방법으로 문항곤란도를 구할 수 있다.

주관형 검사에서의 문항곤란도 검증의 공식과 〈예시〉는 다음과 같다.

$$P=\frac{R}{N\times A}\times 100$$

P : 문항곤란도

R : 해당 문항 전체 피험자들이 받은 점수의 합

N : 전체 사례 수

A : 문항에 주어진 배점

〈예시〉

$N=30$, $R=20$, $A=10$ 인 경우,

$$P=\frac{210}{30\times 10}\times 100=70\%$$

⑤ 문항곤란도의 활용

문항의 곤란도는 0~100%의 변산을 갖고 있는데 일반적으로, 20% 미만은 매우 어려운 문항, 20% 이상 40% 미만은 어려운 문항, 40% 이상 60% 미만은 보통 곤란도 문항, 60% 이상 80% 미만은 쉬운 문항, 80% 이상은 매우 쉬운 문항으로 본다(Ebel, 1965).

문항곤란도에 대한 몇 가지 활용방법을 제시하면 다음과 같다.

첫째, 규준참조평가(상대평가)에서 문항곤란도는 10~90%의 넓은 범위를 갖는 것이 무난하고, 문항곤란도 정도가 비슷하게 배당되는 것이 좋다. 한 검사가 50개의 문항으로 구성되었다면 10~20%, 21~40%, 41~60%, 61~80%, 81~90% 정도에 각각 10문항씩 배당하면 적절하다. 규준참조평가는 학생들의 개인차를 변별하는 것이 주된 목적이므로 문항곤란도가 낮은 문항에서 문항곤란도가 높은 문항까지 골고루 포함되는 것이 바람직하다. 그러나 준거참조평가(절대평가)의 경우는 학생의 목표 달성 여부를 판단하는 것이 주요한 목적이므로 문항의 곤란도를 중시하지 않고, 그 문항이 설정한 교육목표를 충실히 재고 있느냐에 관심을 둔다.

둘째, 문항곤란도 3% 미만의 지나치게 어려운 문항은 좋지 않다. 그러나 간혹 문항곤란도 98% 이상의 문항을 포함하는 것은 응답자에게 검사를 학습의 일환으로써 적극적인 검사에 임하게 하는 동기를 유발할 수 있으므로 문제가 되지 않는다.

셋째, 검사가 속도를 요구하는 경우는 문항곤란도 지수가 비교적 낮은 어려운 문항을 포함하는 것이 바람직하다.

넷째, 검사 내의 문항 배열 편집은 문항곤란도 지수가 높은(쉬운) 문항에서 문항곤란도 지수가 낮은(어려운) 순서로 한다. 시험의 경우 시험도 학습의 연장이기 때문에 쉬운 문제부터 배열하면 학습자는 초기의 쉬운 문제에 대한 정답 및 자신감으로 학습(수험) 동기가 생겨 포기하지 않고 풀이를 지속할 수 있다.

다섯째, 총합평가의 문항곤란도 지수는 30~70% 사이가 적당하다.

(2) 문항변별도

문항변별도(item discrimination)란 문항에 대한 피험자의 능력을 변별하는 정도를 말한다. 문항변별도의 기준은 한 검사의 개인 총점이 된다. 총점에서 높은 점수를 획득한 응답자가 모든 문항에서 맞을 확률이 높을 것이라는 가정하에서 총점에 기여하는 문항의 변별력을 구하는 것이다. 어떤 특정 문항에 대하여 검사의 총점이 높은 학생들이 정답률이 높고, 검사의 총점이 낮은 학생들이 정답률이 낮으면 변별력이 높은 문항이다. 반대로 어떤 특정 문항에 대하여 검사의 총점이 낮은 학생들의 정답률이 검사의 총점이 높은 학생들과 비슷하거나 오히려 높으면 그 문항은 변별력이 없는 것이다.

총점을 중심으로 학생들을 상위 능력 집단과 하위 능력 집단으로 구분한 후, 상위 능력 집단은 대부분 정답에 반응하고 하위 능력 집단은 대부분 오답에 반응하였을 때 해당 문항은 변별력이 있는 문항으로 판단한다. 그러나 반대로 상위 능력 집단 대부분이 오답에 반응하고 하위 능력 집단 대부분이 정답에 반응하거나, 상위 능력 집단과 하위 능력 집단 대부분 모두가 정답이나 오답에 반응하였다면 해당 문항은 변별력이 없는 문항으로 판단한다.

문항의 변별 정도를 지수로 나타내면 변별도 지수가 된다. 문항변별도 지수는 -1.00 ~ 0 ~ +1.00 사이에 분포한다. 일반적으로 바람직한 문항변별도 지수의 범위는 +0.3 ~ +1.0로 잡고 있다.

① 상, 하(상, 중, 하)층부 변별도 지수(선택형 상대평가)

검사의 총점을 기준으로 하여 상위 능력 집단과 하위 능력 집단으로 나누었을 때, 상위 능력 집단이 하위 능력 집단보다 모든 문항에서 정답을 맞힐 확률이 높으면 거기에 해당하는 문항은 변별도가 높다고 할 수 있다. 이러한 상황을 전제로 총점을 기준으로 하여 두 집단(상, 하) 또는 세 집단(상, 중, 하)으로 나누고 각 집단의 정답의 차이로 문항변별도 지수를 산출한다. 변별도 지수를 산출하기 위해서는 산출 공식을 적용하기 전에 상층, 하층 또는 상층, 중층, 하층의 정답자 수와 오답자 수를 정리한 문항 상관표를 활용하는 것이 좋다.

상대평가(선택형) 상관표와 Johnson(1951)의 문항변별도 지수(item discrimination index) 산출 공식과 〈예시〉는 다음과 같다.

표 7-1 상, 하(4간식)층부 문항 상관표의 〈예시〉

구분	−	+	계
H	25	175	200
L	75	125	200
계	100	300	400

H = 점수 상층부 집단

L = 점수 하층부 집단

+ = 정답자 수

− = 오답자 수

$$D.I. = \frac{H_+ - L_+}{\frac{N}{2}}$$

$D.I.$: 변별도 지수

H_+ : 상층부의 정답자 수

L_+ : 하층부의 정답자 수

N : 총사례 수

$$D.I. = \frac{175 - 125}{\frac{400}{2}} = 0.25$$

표 7-2 상, 중, 하(6간식)층부 문항 상관표의 〈예시〉

구분	−	+	계
H	40	60	100
M	80	20	100
L	90	10	100
계	210	90	300

H = 점수 상층부 집단

M = 점수 중층부 집단

L = 점수 하층부 집단

+ = 정답자 수

− = 오답자 수

$$D.I. = \frac{H_+ - L_+}{\frac{N}{3}}$$

$D.I.$: 변별도 지수

H_+ : 상층부의 정답자 수

L_- : 하층부의 정답자 수

N : 총사례 수

$$D.I. = \frac{60 - 10}{\frac{300}{3}} = 0.5$$

② 합격 · 불합격 층부 변별도 지수(선택형 절대평가)

문항곤란도가 0%나 100%에 가까울수록 변별도는 줄어들고, 일반적으로 문항곤란도가 50%일 때에 문항변별도는 가장 높다. 그러나 합격과 불합격을 기준으로 하는 절대기준평가에서는 개인차 변별보다는 목표 달성 여부에 목적을 두고 있기 때문에 교수–학습의 충실성에 의해 학생 대부분이 문항에 정답을 할 수 있는 즉, 문항곤란도가 90 ~ 100%에 가까울 수도 있다. 이런 경우에 앞의 상대평가를 전제로 하는 공식을 적용하게 되면 변별도가 과소 추정된다. 따라서 절대평가의 입장에서 적용될 수 있는 새로운 문항변별도 공식이 필요하다.

절대평가(선택형) 변별도의 공식과 〈예시〉는 다음과 같다.

$$D.I. = \frac{R_P}{N_P} - \frac{R_F}{N_F}$$

$D.I.$: 변별도 지수
N_P : 합격 집단 사례 수
N_F : 불합격 집단 사례 수
R_P : 정답자 수
R_F : 오답자 수

〈예시〉
$N_P = 25$, $N_F = 5$
$R_P = 27$, $R_P = 3$ 인 경우,

$$D.I. = \frac{27}{25} - \frac{3}{5} = 0.48$$

이 공식은 절대기준평가에서 최소로 만족한 수준이라고 볼 수 있는 합격, 불합격으로 나눌 수 있는 최소 기준점수가 있는 경우에 적용될 수 있다.

③ 상관계수를 이용한 문항변별도 지수

위의 공식들은 상층부, 중층부, 하층부 등의 집단으로 나누어 변별도를 추정하고 있다. 그러나 이러한 추정방법은 집단 내의 점수의 차이를 고려하지 않기 때문에 엄밀한 변별도를 추정한다고 볼 수 없다. 이러한 문제를 보완하는 방법으로 각 개인의 총점과 문항의 점수의 상관계수로 문항변별도 지수를 대체할 수 있다.

상관계수도 변별도 지수와 마찬가지로 −1.00 ~ 0 ~ +1.00의 범위를 가진다. 총점과 어떤 문항 간의 상관이 +1.00에 가까울수록 정적 상관 즉, 총점이 높을수록 문항의 점수가 높다는 것으로 정답자의 총점이 오답자의 총점보다 높다는 것을 의미한다. 이와 반대로 −1.00에 가까울수록 부적 상관 즉, 총점이 높을수록 문항의 점수가 낮다는 것으로 오히려 오답자의 총점이 정답자의 총점보다 높다는 것을 의미한다. 따라서 변별도 지수가 0에 가깝거나 그 이하(−)면 변별력이 없는 문항이다.

상관계수를 이용한 추정 방법은 더 정확한 문항변별도를 추정할 수 있도록 한다. 그러나 총점과 문항 간의 상관계수 산출에서 총점에 해당 문항을 포함하면 상관계수가 과대 추정될 수 있어서 총점은 해당 문항의 점수를 뺀 것이어야 한다.

상관계수를 이용한 문항변별도의 공식은 다음과 같다.

$$r = \frac{N\sum XY - \sum X \sum Y}{\sqrt{N\sum X^2 - (\sum X)^2}\sqrt{N\sum Y^2 - (\sum Y)^2}}$$

N : 총 피험자

X : 각 피험자의 문항 점수

Y : 각 피험자의 총점(문항 점수 제외)

④ 문항변별도 지수의 활용

문항변별도 지수는 −1.00 ~ 0 ~ +1.00의 범위를 가진다. −1.00에서 0까지의 문항변별도 지수는 변별도로서의 가치가 없다. 그러므로 0에서 +1.00 사이의 변별도 지수로 문항의 변별도를 해석해야 한다. Ebel(1965)은 .20 미만은 변별력이 매우 낮은 문항으로 삭제하거나 수정해야 하며, .20 ~ .30 미만은 변별력이 낮은 문항, .30 ~ .40 이하는 변별력이 있는 문항, .40 이상은 변별력이 매우 높은 문항으로 판단기준을 제시하고 있다(김진규, 2004 재인용). 문항변별도는 문항곤란도와의 관계에서 문항의 양호도 및 활용도를 판단할 수 있다. 문항곤란도에 따른 최대 가능 문항변별도를 제시하면 표 7-3 과 같다.

표 7-3 문항곤란도에 따른 최대 가능 문항변별도 지수

문항곤란도	0%	10%	20%	30%	40%	50%	60%	70%	80%	90%	100%
문항변별도	.00	.20	.40	.60	.80	1.00	.80	.60	.40	.20	.00

위의 표에서 보면, 문항곤란도 50%에서 이론적으로 최대의 변별도 1.00을 얻을 수 있고, 변별도 지수가 .40 이상이어야 좋은 문항으로 판단할 수가 있어서 문항곤란도는 20 ~ 80% 정도가 적당하다고 할 수 있다.

(3) 문항추측도와 오답지 매력도

문항 분석의 또 다른 활동으로 순수한 문항의 양호도를 판단하기 위하여 추측으로 정답을 맞히는 문항 추측률을 배제하는 것과 정답의 구실에 관한 판단을 위해서 상대적인 오답의 매력도를 확인하는 것이 있다.

① 문항추측도

문항추측도(item guessing)는 문항의 답을 모르고 추측으로 정답을 한 비율을 말한다. 문항추측도의 공식과 〈예시〉는 다음과 같다.

$$P_{G_R} = \frac{w}{N(n-1)}$$

P_{G_R} : 문항추측도

w : 문항의 답을 맞히지 못한 피험자 수

n : 문항의 답지 수

N : 전체 피험자 수

〈예시〉

$N = 30$, $n = 5$, $w = 10$ 인 경우,

$$P_{G_R} = \frac{10}{30(5-1)} = 0.08 = 8\%$$

② 오답지 매력도

오답지의 매력(attractiveness of distractors)은 상대적으로 정답의 구실을 살리는 역할을 한다. 우수한 선다형 문항의 기준은 매력 있는 오답지를 구성했는지에 있다. 만약에 4지 선다형 문항에서 2개의 오답지가 오답의 매력이 전혀 없다면 진위형에 불과하며, 3개의 오답지가 오답으로서의 매력이 없다면 그냥 답을 알려주는 격이 되어 버리고 만다. 선다형 문항에서 오답지의 매력도가 높으면 추측도가 낮아지고 문항곤란도 지수도 낮아질(어려워질) 가능성이 크기 때문에 고차적 능력을 측정할 수 있다. 오답지 매력도는 오답지가 정답처럼 보일 수 있도록 구성하여 학생들의 응답 반응을 유도하는 것으로 오답지에 대한 응답 비율에 의해 결정된다.

오답지의 매력도의 공식과 〈예시〉는 다음과 같다.

$$P_0 = \frac{1-P}{n \quad -1}$$

P_0 : 오답지 매력도

P : 문항곤란도

n : 답지 수

〈예시〉

$P = 50\%(0.5)$, $n = 5$ 인 경우,

$$P_0 = \frac{1-0.5}{5-1} = 0.125$$

오답지 매력도 지수는 각 오답지의 매력을 판단하는 준거가 된다. 각 오답지의 응답 비율이 오답지 매력도보다 크면 매력이 있는 오답지이고, 오답지 매력도보다 낮으면 매력이 없는 오답지로 판단된다.

위의 예시처럼, 어떤 5지 선다형 문항 문항곤란도가 .50(50%)일 때, 공식에 의한 오답지의 매력도 산출 결과는 .125이다.

오답지에 대한 응답자 비율에 따른 오답지 매력도 해석은 다음 표 7-4 와 같다.

표 7-4 답지에 대한 응답 비율에 다른 오답지 매력도 해석의 예

구분 / 답지	응답자 수	응답 비율	매력도 해석
①	10	.05	매우 매력이 없는 오답지
②	20	.10	매력이 없는 오답지
③	100	.50	정답지
④	30	.15	매력이 있는 오답지
⑤	40	.20	매우 매력이 있는 오답지
전 체	200	1.00	

위의 표에서 보면 답지 ①은 오답지로서의 매력도가 너무 떨어지기 때문에 전면적인 오답지의 수정이 필요하고, 답지 ②는 다소 매력도가 부족하지만 최소한의 수정을 하면 된다. 답지 ④와 ⑤는 오답지의 매력도가 충분한 문항으로 판단할 수 있다.

(4) 문항반응분포

문항반응분포(item response distribution)를 활용하는 문항 분석은 앞의 문항곤란도나 문항변별도를 이용한 문항 분석에서처럼 통계적인 분석을 하지 않고, 답지에 대한 정답과 오답의 분포를 표로 작성하고 분석하여 문항의 양호도를 판단하는 기초적 문항 분석 방법이라고 할 수 있다.

반응분포를 분석함으로써 정답이 정답의 구실을 하고 있는지, 오답에 대한 분포가 비슷하여 적절한 오답의 매력을 가졌는지, 상위 집단과 하위 집단의 반응에 차이가 있는지 등을 판단할 수 있다.

문항반응분포 활용 문항 분석의 예시는 표 7-5 와 같다.

표 7-5 문항반응분포 활용 문항 분석의 〈예시〉 (* 정답)

구 분		문항 1			문항 2			문항 3		
		전체	집단		전체	집단		전체	집단	
			상	하		상	하		상	하
답지	①	15	5	10	*15	10	5	2	0	2
	②	*75	50	25	22	20	2	4	1	3
	③	19	8	11	60	30	30	19	4	15
	④	23	7	16	33	10	23	*125	70	55
	⑤	13	5	8	17	5	12	0	0	0
	NR	5	0	5	3	0	3	0	0	0
	전체	150	75	75	150	75	75	150	75	75

문항 1의 경우는 *75명(50%)의 응답자가 정답에 반응하였고, 능력이 높은 집단(상)의 응답자 50명(약 67%)이 능력이 낮은 집단(하)의 응답자 25명(33%)에 비하여 높은 비율로 정답에 반응하였다. 또한 오답에도 비교적 골고루 반응하여 적절한 수준의 오답지 매력을 갖춘 우수한 문항으로 판단할 수 있다.

문항 2의 경우는 *15명(10%)이 정답에 답하고, 132명(88%)이 오답에 반응하여 정답의 구실이 부족하거나 어려운 문제로 볼 수 있다. 오답지 ②의 경우는 능력이 낮은 응답자 집단(하)에서는 2명(9%)만이 반응한 데 비하여 능력이 높은 집단(상)에서는 20명(91%)이나 응답하였다는 점에서 문항변별도가 전혀 없는 답지로 볼 수 있다.

문항 3의 경우는 너무 쉬운 문항으로 정답이 너무 뚜렷하고, 오답지의 매력이 거의 없는 문항이다.

2) 문항반응이론

문항반응이론(Item Response Theory: IRT)은 검사 총점으로 문항을 분석하는 것이 아니라 문항 각각이 불변하는 고유의 속성을 가지고 있으므로 그 속성을 나타내는 문항특성곡선에 의하여 문항을 분석하는 접근방법이다.

(1) 문항특성곡선

문항특성곡선(Item Characteristics Curve: ICC)은 응답자의 특성에 따라 각 문항에 정답을 선택할 확률을 함수로 나타내는 곡선이다. 여기서 함수의 X축에 해당하는 응답자의 능력을 θ(theta)로 표기하고, Y축에 해당하는 응답자가 정답을 맞힐 확률을 $P(\theta)$로 표기한다.

문항특성곡선의 X축의 응답자 능력은 평균이 0이고 표준편차가 1인 표준점수 척도를 사용하므로 응답자 능력은 이론적으로 $-\infty \sim +\infty$ 사이에 위치하지만 실제로 대부분의 응답자 능력은 $-3 \sim +3$ 사이에 위치한다. Y축은 응답자 능력 θ에 따라 문항에 정답을 선택할 확률로써 낮은 능력의 응답자는 특정 문항에 정답을 선택할

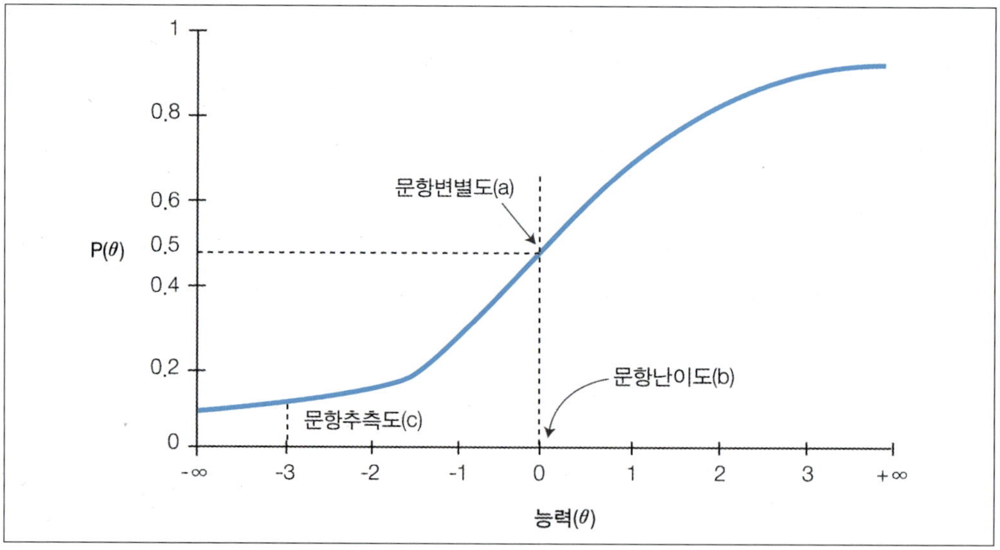

그림 7-1 문항특성곡선 기본 형태

확률이 낮고, 높은 능력의 응답자는 정답을 선택할 확률이 높다. 즉, 높은 능력일수록 $P(\theta)$ 1에 가깝고, 낮은 능력일수록 $P(\theta)$ 0에 가까워진다.

문항특성곡선은 문항곤란도(b), 문항변별도(a), 문항추측도(c)를 그래프로 동시에 나타낼 수 있다. 한 검사 내의 각 문항은 독특한 문항특성곡선으로 표기된다.

문항특성곡선의 기본 형태는 그림 7-1 과 같다.

(2) 문항곤란도

문항특성곡선이 오른쪽으로 치우칠수록 문항이 더 어려워지는 것을 의미하는데 문항곤란도란 문항의 확률이 .5에 대응하는 능력 수준 b(b_1, b_2, b_3)점이 된다.

그림 7-2 에 나타난 3개 문항의 문항특성곡선을 통해서 문항곤란도와 기능을 분석해 보자(박도순, 원혜연, 이원석, 2011 참조).

그림 7-2 에 의한 각 문항의 기능을 분석하면, 문항 1은 문항곤란도가 −1.5(b_1) 정도로 문항이 쉽고 능력 수준이 낮은 집단에 기능하는 문항이고, 문항 2는 문항곤란도가 0(b_2)으로 문항의 곤란도는 중간이며 능력 수준이 중간인 집단에 기능하는

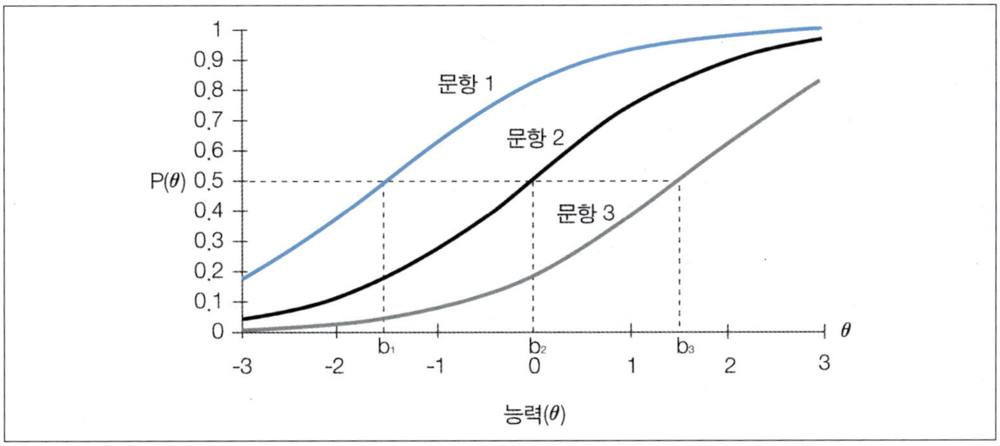

그림 7-2 문항특성곡선 상의 문항곤란도

문항이고, 문항 3은 문항곤란도가 1.5(b_3)로 문항이 어렵고 능력 수준이 높은 집단에 기능하고 있다.

Baker(1992)는 문항특성곡선에서의 문항곤란도 지수에 대하여 −2.0 미만은 매우 쉬운 문항, −2.0 ~ −0.4는 쉬운 문항, −0.5 ~ 0.4는 보통의 곤란도 문항, 0.5 ~ 1.9는 어려운 문항, 2.0 이상은 매우 어려운 문항으로 해석하고 있다(성태제, 2005 재인용).

위의 그래프에서 낮은 능력 집단(b_1)인 경우 문항의 답을 선택할 확률은 문항 1은 0.5, 문항 2는 0.15 정도, 문항 3은 0.05 정도로 판단할 수 있고, 중간 능력 수준(b_2) 경우 문항의 답을 선택할 확률은 문항 1은 0.8, 문항 2는 0.5 정도, 문항 3은 0.15 정도로 판단할 수 있고, 높은 능력 수준(b_3) 경우 문항의 답을 선택할 확률은 문항 1은 0.95, 문항 2는 0.8 정도, 문항 3은 0.5 정도로 판단할 수 있다.

(3) 문항변별도

문항변별도(item discrimination)는 문항특성곡선의 기울기를 말한다. 좀 더 자세히 말하면 문항특성곡선에서 문항의 정답을 선택할 확률 0.5에 해당하는 지점의 기울

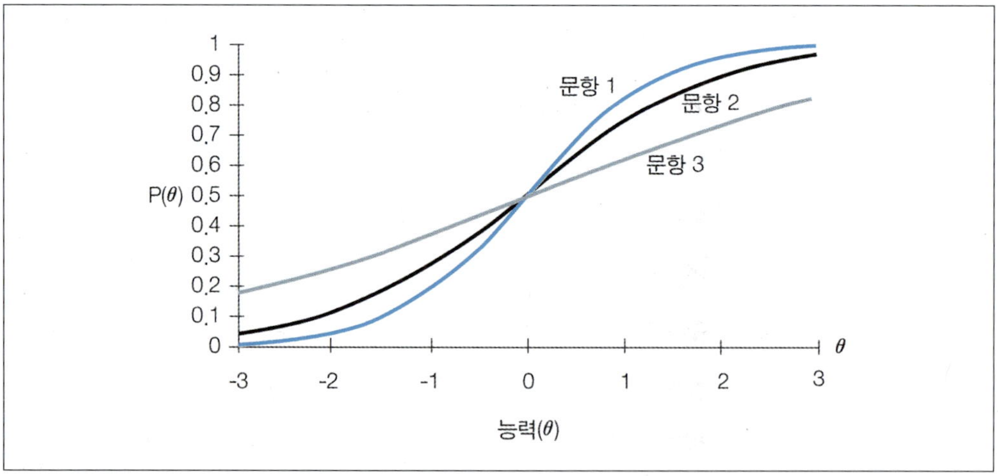

그림 7-3 문항특성곡선 상의 문항변별도

기를 말한다. 문항특성곡선의 기울기가 가파르면 문항변별도가 높아지고, 기울기가 완만하면 문항변별도가 낮아진다.

그림 7-3 에 나타난 3개 문항의 문항특성곡선을 통해서 문항변별도를 분석해 보자(박도순, 원혜연, 이원석, 2011 참조).

그림 7-3 에서 보면, 문항의 정답을 선택할 확률 0.5 지점에서 문항 1, 문항 2, 문항 3의 기울기가 다른 것을 보여주고 있다. 문항 1의 기울기가 가장 가파르고, 다음으로 문항 2, 문항 3 순으로 기울기가 완만하다. 그러므로 문항변별도 수준은 문항 1이 가장 높고, 다음으로 문항 2가 높고, 문항 3이 가장 낮다고 할 수 있다.

일반적으로 Baker(1992)는 문항특성곡선에서의 문항변별도 지수에 대하여 .00은 변별력이 없는 문항, 0.01 ~ 0.34는 변별력이 거의 없는 문항, 0.35 ~ 0.64는 변별력이 낮은 문항, 0.65 ~ 1.34는 변별력이 적절한 문항, 1.35 ~ 1.69는 변별력이 높은 문항, 1.70 이상은 변별력이 매우 높은 문항으로 해석하고 있다(성태제, 2005 재인용).

(4) 문항추측도

문항추측도(item guessing)란 최저 능력자가 답할 능력이 없음에도 불구하고 우연히 정답을 선택할 확률을 말하며, c로 표기한다. 즉, X축 최저 능력 집단의 지점에서부터 Y축 정답을 맞힐 확률점이 문항추측도 지수가 된다. 문항추측도 지수는 이론적으로 1/답지 수보다 적다.

그림 7-4 에 나타난 문항특성곡선을 통해서 문항추측도를 알아보자(박도순, 원혜연, 이원석, 2011 참조).

문항특성곡선 그림 7-4 에서 보면 능력이 거의 없는 −3 능력 수준 집단의 문항추측도는 0.1 정도다. 일반적으로 사지선다형 문항의 문항추측도는 0.2를 넘지 않는다. 그러므로 이 문항특성곡선이 사지선다형에 대한 것이라면 문항추측도는 적당하다고 할 수 있다. 문항추측도가 높으면 양호한 문항으로 볼 수 없으며, 문항추측

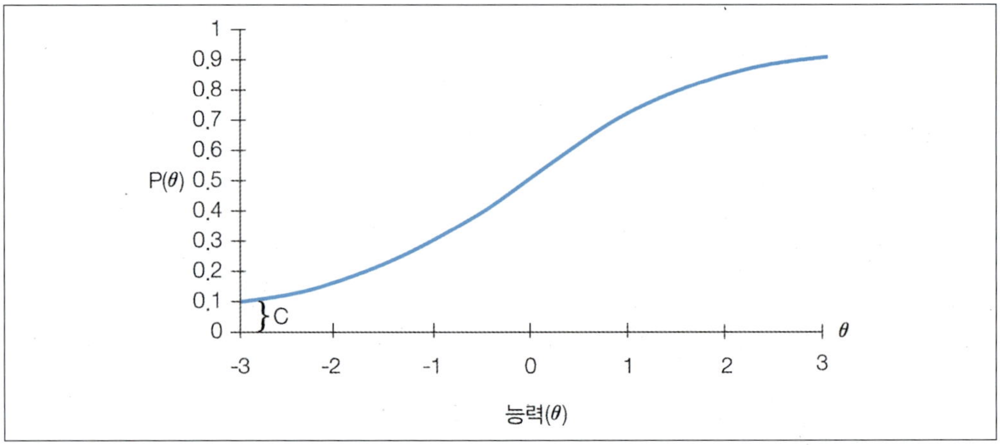

그림 7-4 문항특성곡선 상의 문항추측도

도가 지나치게 높다는 것은 전혀 능력이 없는 응답자가 정답을 선택할 확률이 높다는 것을 의미하므로 문항에 대한 검토와 수정을 해야 한다. 특히, 누가 보아도 정답을 선택할 수 있는 단서가 문항 내에 포함되어 있는지를 확인해야 한다.

2. 점수 보고

평가 결과를 보고하는 점수 표시방법은 목적에 따라 다르다. 검사 점수의 표시방법에는 여러 가지가 있다. 그중 간단한 것으로는 원점수, 백점만점점수, 등위점수가 있다. 가장 실용적이고 보편화된 것으로는 백분위점수, 표준점수 등이 있다.

1) 원점수

원점수(raw score)는 어떤 검사나 시험에서 피험자가 직접 얻은 최초의 점수 그대로를 말한다. 25문항 검사에서 배점이 각 1점이라면 20문항을 맞춘 학생의 원점수는 20이 된다. 원점수는 100점 만점 점수와 같은 의미가 있다. 비록 100점이라는 준거가 있기는 하지만 25문항 중에서 20문항을 맞힌 것은 25점 만점에 20점이라는 것과 같은 의미이기 때문이다.

원점수는 같은 내용을 검사한다고 하여도 검사마다 측정 단위가 다르고 문항곤란도도 달라서 각각의 검사 결과의 원점수 간에 같은 의미를 부여할 수 없다. 원점수는 단지 해당 검사의 만점에 비추어 몇 점을 획득하였는지의 정보만 줄 뿐이다. 따라서 점수의 비교나 상대적 위치 등의 의미를 부여하기 위해서는 의미를 부여할 수 있는 다른 점수로 변환해야 한다.

2) 등위점수

등위점수(rank-order score)란 원점수의 순위를 매겨 그 순위 자체가 점수가 되는 것을 말한다. 등위점수는 순위/사례 수와 같은 분수 형태로 표시한다. 30명의 집단에서 첫 번째 순위는 1/30, 다섯 번째 순위는 5/30, 25번째 순위는 25/30 로 나타낼 수 있다. 이렇게 하면 직접 획득한 능력을 비교할 수는 없지만, 순위로써 집단 내의 상대적 위치를 비교할 수 있으며, 다른 검사의 결과도 서로 비교할 수 있다. 한 집단(30명) 내에서 한 학생의 등위점수가 영어에서는 다섯 번째 순위 즉, 5/30, 수학에서는 10번째 순위 즉, 10/30이라고 한다면 해당 집단에서 영어를 수학보다 잘한다고 해석할 수 있다.

그러나 등위 점수는 등위의 차이로 점수의 차이를 말할 수 없다. 등위는 서열척도이기 때문에 능력의 차이를 말할 수 없다는 것이다.

3) 백분위와 백분점수

백분위(percentile rank)는 집단의 크기와 관계없이 집단을 100%로 규준집단으로 하여 그 규준집단에서 한 학생의 점수보다 낮은 점수를 받은 학생이 전체의 몇 %인지를 표시해 주는 것이다. 즉, 어떤 점수 아래에 있는 학생이 전체의 몇 %인지를 산출하고 그 산출된 %의 수치가 백분위이다. 예를 들어, 어떤 검사에서 A 학생의 점수가 80점인데 이에 해당하는 백분위가 75라면, A 학생보다 점수가 낮은 학생들은 전체 사례 중 75%가 된다는 뜻이다. A 학생 집단이 300명이라면 A 학생 아래의 학생 수은 300명의 75%인 225명이므로 A 학생은 75등에 해당한다고 해석할 수 있다. 백분점수(percentile score)는 백분위와 역의 관계로 백분위에 해당하는 원점수를 말한다. 따라서 위의 백분위 75에 해당하는 백분점수는 80점이다.

백분위는 전체를 100으로 하는 규준집단을 전제로 하므로 다른 집단의 점수분포, 다른 검사 도구에 의한 점수분포에서 나온 점수 간의 비교가 가능하여 표준화된 검사에서 규준으로 자주 사용한다.

백분위의 장점과 단점은 다음과 같다(김대현, 김석우, 2005).

장점은 다음과 같다.

첫째, 한 학생의 검사 점수가 집단 내에서 차지하는 상대적인 위치를 알 수 있다.

둘째, 등위 점수는 집단이 다르면 직접 비교할 수 없지만, 백분위는 같은 검사를 다른 집단에 실시하였을 때도 비교할 수 있다.

단점은 다음과 같다.

첫째, 등위 점수와 마찬가지로 동간성이 없어서 백분위수의 차이로 능력의 차이를 동간적으로 해석할 수 없다.

둘째, 원점수 분포를 백분위로 전환할 때 중간 점수는 과소평가하고 상하 극단의 점수는 과대평가하는 경향이 있다.

백분위의 공식과 〈예시〉는 다음과 같다.

$$\text{백분위}(PR) = \frac{cf}{N} \times 100$$

cf : 누가빈도

〈예시〉

$N = 40$, $cf = 36$ 인 경우,

$$\text{백분위}(PR) = \frac{36}{40} \times 100 = 90$$

백분위 계산과정은 다음과 같다(표 7-6).

① 원점수란에 40명의 원점수를 높은 점수부터 낮은 점수순으로 기입한다.

② 빈도(f)란에 각 피험자의 원점수에 해당하는 빈도수를 기입한다.

③ 누가빈도(cf)란에 가장 낮은 원점수의 빈도수부터 높은 점수로의 빈도수를 합한 누가빈도(cumulative frequence: cf)를 계산하여 기입한다.

④ 마지막으로 누가빈도를 전체 사례 수로 나누고 100을 곱하는 백분위 공식으로 계산하여 백분위에 기입한다(원점수 85의 백분위는 90이 된다).

표 7-6 백분위점수의 계산 〈예시〉

원점수	빈도(f)	누가빈도(cf)	백분위
95	1	40	100
93	1	39	97.5
90	2	38	95
85	4	36	90
80	5	32	80
.	.	.	.
.	.	.	.
.	.	.	.
55	2	5	12.5
50	2	3	7.0
45	1	1	2.5

4) 표준점수

표준점수(standard score)란 개인의 점수가 평균으로부터 떨어진 거리 즉, 편차의 정도를 표준편차의 단위로 나타낸 변환점수이다. 다시 말해 표준점수는 개인의 점수와 집단의 평균과의 차이를 구하고, 집단의 표준편차로 나눈 점수를 말한다. 표준점수는 정규분포를 가정하여 표준편차를 단위로 나타낸 변환점수로서 주요 표준점수로는 Z점수, T점수, Stanine점수 등이 있다.

김대현과 김석우(2005)는 표준점수의 공통적인 특징을 다음과 같이 제시하고 있다.

① 원점수와는 달리 의미 있는 기준점이 있다.
② 동간성(interval)을 지니고 있어서 특성에 대한 차이와 비교를 가능하게 한다.
③ 표준편차를 단위로 하므로 능력의 상대적 수준을 비교할 수 있다.
④ 여러 검사에서 나온 결과를 의미 있게 비교할 수 있다.

(1) Z점수

Z점수는 가장 대표적인 표준점수로서 한 특정의 원점수에서 집단의 평균점수를 뺀 점수를 집단의 표준편차로 나눈 값으로, 평균이 0이고 표준편차가 1인 정상분포 상의 점수로 전환한 것이다.

Z점수 산출 공식과 〈예시〉는 다음과 같다.

$$Z = \frac{(X - \overline{X})}{s}$$

X : 개인의 원점수

$\overline{X}$: 원점수 분포의 평균

s : 원점수 분포의 표준편차

〈예시〉

$X = 70$, $\overline{X} = 75$, $s = 5$ 인 경우,

$$Z = \frac{(70 - 75)}{5} = -1$$

예를 들어 개인의 원점수가 70점이고, 집단의 평균이 75점이며, 표준편차가 5라면 원점수 70점의 Z점수는 (70−75)/5의 계산으로 -1이 된다.

개인의 원점수가 Z점수로 전환되면 정상분포 안에서 평균과 표준편차를 기준으로 상대적 위치를 정해주고 다른 피험자와의 상대적 비교가 가능해진다. Z점수 산출의 형태는 한 개인의 원점수가 평균보다 작을 경우는 음수(−)로 나오고, 대부분 −3에서 +3 사이의 소수점으로 나타난다.

(2) T점수

Z점수는 음수나 소수점으로 산출됨으로써 점수를 다루기가 불편하다. 따라서 이러한 단점을 보완하기 위해 Z점수에 상수를 더하거나 곱하여 정수로 변환하여 사용하기 편하게 만든 것이 T점수이다. 즉, T점수는 평균을 50으로 하고 표준편차를 10으로 하여 전환한 점수이다. 우리나라 대학수학능력시험, 표준화 학력고사, 표준화 심리검사 등에서 T점수를 사용하고 있다.

T점수 산출 공식과 〈예시〉는 다음과 같다.

$$T = 50 + 10Z \qquad T = 50 + 10\frac{(X - \overline{X})}{s}$$

〈예시〉
Z = -1 인 경우,
$T = 50 + 10(-1) = 40$

앞의 Z점수 산출 예에서 Z점수가 −1이었다. 이를 T점수로 환산하면, 50+10(−1)의 계산으로 T점수는 40이 된다.

(3) 스테나인 점수

스테나인(Stanine)점수는 표준점수의 하나로 9분 점수라고도 한다. 9개의 범주를 가진 표준점수로 평균은 5이고 표준편차는 2로 표준화한 점수이다. 스테나인 점수는 원점수의 분포를 정상분포로 가정하고 가장 낮은 점수부터 높은 점수를 배열하고 범주마다 점수를 부여한다.

그림 7-5 는 스테나인 범주별 비율 및 누가비율을 나타낸 것이다(박도순 외, 2012).

표 7-7 스테나인 범주별 비율 및 누가비율

Stanine점수	1	2	3	4	5	6	7	8	9
비율(%)	4	7	12	17	20	17	12	7	4
누가비율(%)	4	11	23	40	60	77	89	96	100

정상분포를 중심으로 표준점수 간의 관계를 나타내면 그림 7-5 와 같다.

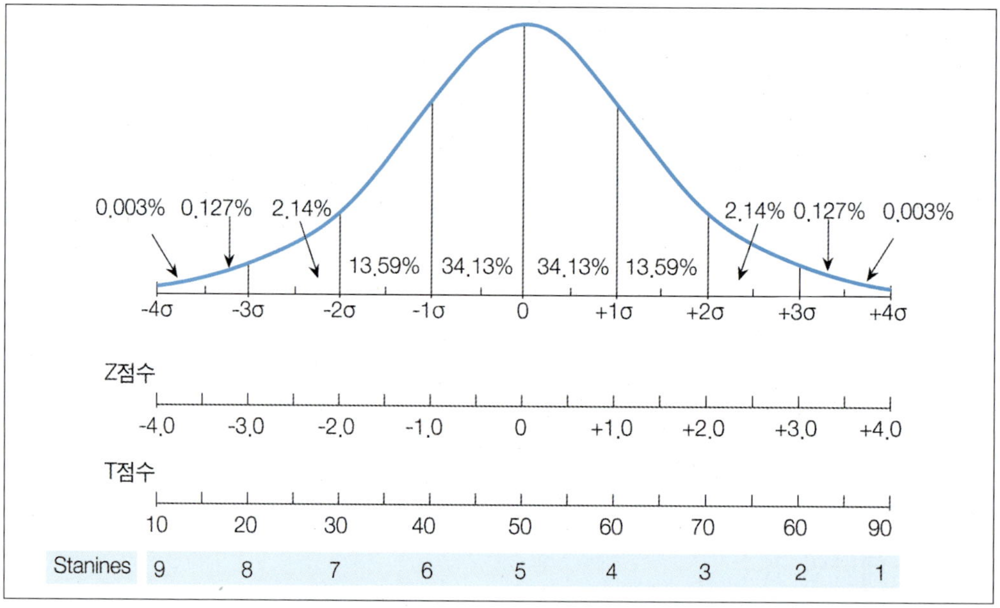

그림 7-5 정상분포 기반 표준점수 관계

이 장의 논점(과제)

- 문항의 양호도를 높이기 위한 기본 문항 분석들

- 문항곤란도 분석 / 문항변별도 분석 / 문항추측도 분석 / 오답지 매력도 분석 / 문항분포도 활용 분석

Chapter

08

수행평가

생각하고 들어가기

정보화 사회, 지식기반 사회에서는 비판적 사고와 문제해결능력, 창의력 등의 고차적 사고능력이 매우 중요하다는 인식이 확산하면서 고차적 사고능력을 함양하기 위한 교육과정의 구성 및 운영이 시대적 요구가 되고 있다. 이러한 교육에 대한 관점의 변화와 더불어 교육평가를 바라보는 관점도 빠르게 변화되고 있다.

전통적인 평가에서는 학습의 결과로써 얼마나 지식을 알고 있느냐에 초점을 맞추어 단편적인 지식에 대한 암기를 중심으로 학습성과를 측정하여 점수화하고, 이를 활용하여 학생들을 서열화하여 선발, 분류, 배치하는 행정적인 목적이 강조되었다. 그러나 새로운 평가에서는 개개 학생들의 성장과 발달을 돕기 위하여 학습의 과정(process)과 학습의 결과로써 지식과 기능을 얼마나 알고 있는가(knowing), 그러한 지식과 기능을 얼마나 잘 활용할 수 있는가(doing)를 전체적으로 평가하고 지도 및 조언을 제공하는 지원적 목적의 평가 관점으로 전환이 이루어지고 있다. 수행평가는 교수-학습의 결과보다는 과정을 중시함으로써 교수-학습활동이 더 효과적으로 이루어질 수 있도록 자극하는 교육평가의 본질적 기능인 피드백을 강조하는 평가체계다.

이 장에서는 수행평가의 필요성과 목적 및 개념과 특징, 수행평가의 유형과 방법, 수행평가의 개발 및 절차, 수행평가의 적용 등에 관해 탐구한다.

학습목표

1. 전통적 평가체제와 새로운 평가체제의 차이점을 비교 · 설명할 수 있다.
2. 학교 현장에서 수행평가의 필요성을 설명할 수 있다.
3. 수행평가의 개념과 특징을 설명할 수 있다.
4. 수행평가를 위한 평가방법의 유형을 구분하여 제시할 수 있다.
5. 수행평가의 개발 및 절차를 설명할 수 있다.
6. 수행평가를 위한 도구의 개발 및 실제 평가에 적용할 수 있다.

수행평가에 관한 규정은 정책 및 시대적 요구에 따라 수시로 변경됨
따라서 최근 교육부의 기본 규정 및 자료를 기본으로 하는 것이 필요함
또한 지역(지자체 교육청), 교과에 따라 상대적 차이가 있을 수 있음

https://www.moe.go.kr/sn3hcv/doc.html?fn=cce867f976bce3563188e957d685510a&rs=/upload/synap/202112/ 교육부 문서뷰어 (moe.go.kr)

1. 수행평가의 필요성과 개념

1) 수행평가의 필요성

2000년대 맞이하면서 정보화 사회와 지식기반 사회에 대비한 새로운 교육 및 평가가 요구되어 우리 학교현장에도 수행평가가 도입되어 시행되고 있다(교육부, 1998). 한편 정보화와 지식기반 사회를 넘어 창의적인 세상을 만들어 가는 4차 산업혁명 시대가 펼쳐지고 있는 시점에서 창의적인 인간을 길러낼 새로운 교육 및 평가가 필요하다.

오늘날 사회에서는 지식 습득보다는 지식을 생산할 수 있는 능력으로 비판적 사고, 문제해결능력, 창의력 등의 고차적 사고능력을 필요로 한다.

수행평가의 대두는 포스트모더니즘 철학의 대두에 따라 기존의 객관적, 절대적 진리관은 주관적, 상대적 진리관으로 바뀌고, 지식에 대한 관점 역시 객관적, 절대적 지식관에서 주관적, 상대적 지식관을 강조하는 방향으로 변화하고 있다. 진리관과 지식관의 변화에 따라 학습이라는 과정도 학생 외부에 객관적으로 존재하는 지식체계를 수동적으로 접수하는 과정이 아니라 지식의 요소들을 받아들여 이를 학생 내부에서 능동적으로 처리·구성하는 과정으로 해석하게 되었다. 이러한 상황에서 학습자 개개인의 특징 및 학습의 결과보다는 과정을 중시하는 새로운 교육과정인 수행평가가 대두되었다.

학교 교육 및 평가에 대한 수 많은 연구, 정책, 논란은 계속되고 있음에도 명확한

새로운 교육 및 평가체제는 아직도 제시되고 있지 않고 있다. 일반적 학교 평가체제와 수행평가를 포함하는 새로운 평가체제가 도입되고 정착해야 할 때인 것은 분명한데도 학력주의 사회구조를 비롯한 구 시대적 교육관, 입학전형의 연구 부족, 정책의 일관성 결여, 심지어는 충분한 연구와 시범이 없이 새로운 정권에 의한 속전속결의 정책 등에 의해 구태의 교육 및 평가가 시행되거나 아무런 대책 없는 새로운 평가체제의 도입으로 혼선을 빚는 것이 매년 입시 때면 겪는 일상이 되었다.

'무엇 때문에 아직도 절대평가를 도입하지 못하고 있을까?'라는 질문의 답이 이미 나와 있음에도 교육의 실제는 아직 상대평가와 결과 중시 평가에 머물고 있는 듯하다. 2015년 개정 교육과정에서도 '과정 중심 평가'를 강조하면서 학습을 지원하는 수행평가를 중요하게 여기게 되었다.

더욱이 다음의 전통적 교육 평가체제와 새로운 평가체계의 차이를 알고 새로운 평가체제를 정착를 위한 수행평가의 중요성을 인정해야 할 것이다.

전통적인 평가체제와 새로운 평가체제를 비교하면 표 8-1 과 같다(박도순, 홍후조, 1999).

표 8-1 전통적 평가체제와 새로운 평가체제 비교

구 분	전통적 평가체제	새로운 평가체제
시대적 상황	• 산업화 시대, 소품종 대량 생산	• 정보화 시대, 다품종 소량 생산
철학적 배경	• 실증주의, 합리론, 경험론 등	• 구성주의, 현상학, 해석학, 인류학 등
진리관	• 절대, 보편주의적 진리관	• 상대, 다양주의적 진리관
지식관	• 객관적 사실과 법칙 • 개인과 독립적으로 존재 • 사실과 개념의 축적 강조	• 개인에 의해 창조, 구성 및 재구성 • 개념과 관계의 생성 및 정교화 강조
학습관	• 직선적 · 위계적 · 연속적 과정 • 추상적 · 객관적 상황 중시 • 학습자의 기억 · 재생산 중시	• 인지구조의 계속적 변화 • 구체적 · 주관적 상황 중시 • 학습자의 이해 · 성장 중시
교사관	• 지식의 전달자	• 학습의 안내자촉진자

구 분	전통적 평가체제	새로운 평가체제
교육의 책임 소재	• 학습자에게 있음 • 학습자의 능력이나 특성에 따른 차이 강조	• 교사에게 있음 • 학습자의 학습목표 달성에 필요한 교수방법 강조
평가체제	• 상대평가, 양적 평가	• 절대평가, 질적 평가
평가목적	• 선발 · 분류 · 배치, 한 줄 세우기	• 지도 · 조언 · 개선, 여러 줄 세우기
교수-학습 활동	• 교사 중심, 인지적 영역 중심 • 암기위주, 기본 학습능력 강조	• 학생 중심, 지 · 정 · 체 모두 강조 • 탐구위주, 창의성 등 고등 사고기능 강조
평가내용	• 명제적 지식(내용적 지식) • 학습의 결과 중시 • 학문적 지능의 구성요소	• 절차적 지식(방법적 지식) • 학습의 과정 중시 • 실천적 지능의 구성요소
평가방법	• 선택형 평가 위주 • 표준화 검사 중시 • 대규모 평가 중시 • 일회적 · 부분적인 평가 • 객관성 · 일관성 · 공정성 강조	• 관찰자 판단 위주 • 개별 교사에 의한 평가 중시 • 소규모 평가 중시 • 지속적 · 종합적인 평가 • 전문성 · 타당도 · 적합성 강조
평가시기	• 학습활동이 종료되는 시점 • 교수-학습과 평가활동 분리	• 학습활동의 모든 과정 • 교수-학습과 평가활동 통합

2) 수행평가의 개념

'수행(遂行, performance)'이란 구체적인 상황에서 실제로 행동을 하는 과정(process)이나 그 결과(product)를 의미한다는 점에서 '수행평가는 학습자가 스스로가 자신의 지식, 기능, 태도를 나타낼 수 있도록 답을 작성하거나, 발표하거나, 산출물을 만들어 내거나, 행동으로 나타내도록 요구하여 교사가 학습자가 구성하고 창출하는 수행과정이나 결과를 전문적으로 판단하는 평가방식이라고 할 수 있다. 특히, 학습자가 구성하고 창출한다는 것은 단순히 반응한다는 것이 아니므로 구성자 유도가 낮은 반응이나 산출물들은 수행평가의 진정한 의미를 갖추지 못한 것이다(교육과학기술부, 2010). 수행평가는 학생들이 행동에 있어 단순히 그들의 지식 정도를 제시하는 것이 아니라 복잡하고 확장된 양식으로 수업에 적극적으로 참여할 것을 요구하고 있으며, 별도의 평가시간을 따로 정해 놓고 하는 것이 아니라 실제로 교사-학생 간 혹은 학생 그룹 간에 협동할 수 있도록 해주어야 하므로 잘 설계된 수행평가는 수업활동과 구별할 수 없다(정창우, 2004). 지식과 정보를 알고 이해하는 능력과 지식과 정보를 다룰 줄 아는 능력을 함께 요구하는 지식산업사회에서 인간에 대한 평가는 어떤 사실을 아는 정도는 물론, 알고 있는 지식을 얼마만큼 잘 행하는지, 즉 실제 생활에 얼마만큼 적용하는지를 평가하는 수준까지 요구한다(성태제, 2010).

이러한 의미에서 수행평가는 다음과 같은 용어 및 개념을 혼용한다.

- 기존의 평가방식과 구별되는 대안적 평가(alternative assessment)
- 지식의 활용 면에서 실기 평가(performance-based assessment)
- 실제 상황(참 평가) 평가(authentic assessment)
- 지속적이고 축적된 평가(portfolio assessment)

수행평가의 일반적인 특징을 정리하면 다음과 같다(교육과학기술부, 2010 참조).

첫째, 수행평가는 학생이 문제의 정답을 선택하게 하는 것이 아니라, 자기 스스로 정답을 작성(서술 혹은 구성)하거나 행동으로 나타내도록 하는 평가방식이다.

둘째, 수행평가는 추구하고자 하는 교육목표의 달성 여부를 가능한 한 실제 상황하에서 파악하고자 하는 평가방식이다.

셋째, 수행평가는 교수-학습의 결과보다는 교수-학습의 과정을 더 중요하게 여기는 평가방식이다.

넷째, 수행평가는 단편적인 영역에 대해 일회적으로 평가하기보다는, 학생 개개인의 변화·발달 과정을 종합적으로 평가하기 위해 전체적이면서도 지속해서 이루어지는 것을 강조하는 방식이다.

다섯째, 수행평가는 개개인을 단위로 해서 평가하기도 하지만, 집단에 대한 평가도

중시하는 평가방식이다.

여섯째, 수행평가는 학생의 학습 과정을 진단하고 개별 학습을 촉진하려는 노력을 중시하는 평가방식이다.

일곱째, 수행평가는 학생의 인지적인 영역(창의성이나 문제해결력 등 고등정신기능을 포함) 뿐만 아니라, 학생 개개인의 행동 발달 상황이나 흥미 · 태도 등 정의적인 영역, 그리고 체격이나 체력 등 심체운동기능 영역에 대한 종합적이고 전인적인 평가를 중시하는 평가방식이다.

여덟째, 수행평가는 기억, 이해와 같은 낮은 사고능력보다는 창의, 비판, 종합과 같은 고등정신 능력의 측정을 중요하게 여기는 평가방식이다.

2. 수행평가의 유형과 방법

수행평가는 전통적인 선택형 지필 검사를 제외한 모든 대안적인 평가방법을 포괄하는 개념이다. 이러한 방법들은 학습자에게 요구되는 활동 과정에 따라서 구성적 응답, 결과물, 활동 및 과정평가 등의 네 가지로 분류할 수 있다(McTighe & Ferrera, 1996; 정종진, 2010 재인용).

구성적 응답(constructed response) 평가는 주어진 답지 가운데서 답을 고르는 전통적인 선택형 평가와는 달리 학생들에게 개방형 질문이나 과제를 제시하고 그것에 대해 간단하게 글로 응답하게 하거나, 개념도나 그래프 또는 흐름도 등과 같은 시각적 응답을 스스로 만들어 보도록 하는 방법이다.

결과물(product) 평가는 어떤 지식이나 기능을 적용하여 결과물을 만들도록 하는 과제를 제시하고, 학생들이 만들어 낸 과제를 관찰하여 그 지식이나 기능 영역에 대한 학생들의 숙련 정도를 평가하는 방법이다. 결과물 평가의 예로는 글짓기,

연구보고서, 실험보고서 등과 같은 글로 쓴 것, 그리고 모형, 전시물 같은 시각적인 것, 음성녹음과 같은 구어 등이 있다.

활동(performances) 평가는 실제 생활과 유사한 상황에서 활동 중심의 과제를 제시하여 그 과제를 가지고 학생들이 활동하는 모습을 직접 관찰함으로써 지식과 기능을 평가하는 방법이다. 이 방법은 성악, 악기연주, 체육, 연설, 연극, 구두 제시, 시범, 논쟁 등 활동을 중심으로 이루어지는 영역에서 광범위하게 사용되고 있다. 활동 중심 평가의 구체적인 예로는 교내 합창단 활동에 대한 평가를 들 수 있다. 합창곡과 평가 기준이 학생들에게 미리 제시되며, 교사는 각 학급의 학생들이 연습하는 장면과 실제 공연을 보고 기준에 따라서 활동을 평가하는 것이다.

과정 중심(process-focused) 평가는 학생들의 학습전략과 사고 과정을 관찰할 수 있는 과제를 제시하여 학생들의 가시적인 활동과 결과물, 그리고 응답보다는 그것의 바탕이 되는 인지적 과정을 알아내는 데 초점을 두는 방법이다. 과정 중심 평가를 통하여 교사는 자신의 수업 활동에 대한 진단적 정보를, 학생들은 학습활동에 대한 피드백을 받는다는 점에서 이 방법은 형성평가의 성격을 지닌다. 다양한 과정 중심 평가가 수업 일부로서 일상적으로 사용되고 있다. 학기 초에 교사가 학생들과의 면담을 통하여 그들의 인지와 언어발달, 사회적 기술, 그리고 기타 관심 영역에 대한 유용한 정보를 얻는 것도 과정평가의 한 형태가 될 수 있다.

이러한 평가방법들에서 구체적으로 활용되고 있는 여러 기법을 정리해 보면 다음 표 8-2 와 같다(McTighe & Ferrera, 1996).

표 8-2 접근방법에 따른 수행평가의 기법

구성적 반응 평가	결과물 평가	활동 평가	과정 중심 평가
• 도표나 그림에 제목 붙이기 • 과제물 제시 • 시각적 표현(개념도, 흐름도, 그래프, 표, 도안 등)	• 논술 • 연구보고서 • 실험보고서 • 이야기 / 극복 • 시 • 포트폴리오 • 미술작품 • 과학 프로젝트 • 모형 • 비디오 / 오디오	• 구두 발표 • 무용 / 동작 • 과학실험 시연 • 체육 경기 • 연극 • 토론 • 음악 발표	• 구두 질문 • 관찰 • 면담 • 회의 • 학습일지

수행평가의 여러 가지 방법은 새롭게 개발되었다기보다는 과거에도 있었던 것이지만, 평가의 목적이 교수–학습의 과정을 개선하고 개별 학생에게 지도·조언하고 충고하기 위해 사용된다면 어떠한 방법도 수행평가의 방법이 될 수 있다. 특히, 수행평가에서는 교수–학습활동과 평가활동을 상호 통합적으로 진행하는 것을 강조하기 때문에 다양한 교수–학습방법들이 곧 수행평가를 위한 방법이 될 수 있다. 현재 일반적으로 활용되고 있는 수행평가의 방법으로는 서술형(주관식) 검사, 논술형 검사, 실기시험, 실험·실습, 관찰, 토론, 구술시험, 면접, 자기평가 보고서, 동료평가 보고서, 연구보고서, 포트폴리오 등이 있다(남명호, 1995; 박도순, 홍후조, 1999; 백순근, 1998, 2000; 정종진, 2010 참조).

1) 서술형 및 논술형 검사

일반적으로 주관식 검사라고 불리는 것으로 문제의 답을 선택하는 것이 아니라 학생들이 직접 서술(구성)하는 검사이다. 이것은 문제해결의 과정을 제대로 이해하고 있는지를 파악하기 위한 것으로 질문의 형태는 종래에는 단편적 지식을 묻는 것이었으나 최근에는 창의성, 문제해결력 등 고등정신기능을 묻는 방향으로 전환되고 있다.

논술형 검사도 일종의 서술형 검사이기는 하지만 정답이 없는 상태에서 학생 나름의 생각, 주장을 창의적이고 논리적이면서도 설득력 있게 조직하여 작성해야 함을 강조한다는 점에서 일반적인 서술형 검사와 구별하기도 한다. 논술형 검사는 서술된 내용의 폭과 깊이뿐 아니라 글을 조직하고 구성하는 능력을 동시에 평가한다. 이러한 유형의 검사를 작성하기 위해서는 첫째, 평가할 영역을 구체화하여 검사목표를 설정하고 둘째, 그에 알맞은 문제 상황을 설정하며 셋째, 모범답안이나 채점기준표를 작성하여야 한다.

논술형 검사의 가장 큰 난점인 채점의 낮은 신뢰성을 극복하기 위해서는 채점기준표의 작성 및 활용을 통하여 채점방식에 대한 충분한 이해와 그에 따른 엄격한 채점이 이루어져야 한다. 논술형 검사의 채점방식은 분석적 방법(analytical method)과 총체적 방법(holistic method)으로 분류할 수 있다. 분석적 채점 방법은 문제해결 과정의 여러 단계 또는 과제가 포함하고 있는 주요 요소 각각에 대하여 점수를 할당하고 전체적으로 합산하는 채점 방법이며, 총체적 방법은 어떤 문제를 해결하는 과정 전체, 특정한 과제 해결의 전체적인 완성도에 대하여 단일한 점수를 부여하는 채점 방법이다.

어떤 채점 방법을 사용할 것인가는 각 방법의 장단점을 고려하여 평가목적, 경제성, 신뢰도에 따라 달라진다. 학생들의 서열을 매기는 것이 목적이라면 총체적 방법이 적절하고, 학생에 대한 이해와 진단을 통한 피드백 제공이 목적이라면 분석적 방법이 적절하다. 또한 총체적 채점은 시간이 분석적 채점 시간의 4분의 1밖에 걸리지 않으므로 경제적이라 할 수 있다. 신뢰도 측면에서 본다면 채점 기준이 더 명확하게 제시된 분석적 채점이 더 신뢰롭다고 할 수 있다. 가능하다면 두 방법 다 장단점이 있으므로 한 가지 방법보다는 두 가지를 병행하여 사용하는 것이 좋다.

다음 표 8-3 은 분석적 평가 기준의 예시이다(교육과정평가원 교수학습개발센터, 2014).

표 8-3 분석적 평가 기준의 예시

관점	평가 요소	세부 평가 기준	척도
문제 파악	1. 문제분석력	논술 과제의 요구를 올바로 파악했는가?	5-4-3-2-1
	2. 논지의 정확성	과제의 의도에 맞게 논지를 설정했는가?	5-4-3-2-1
내용	3. 내용의 통일성	내용이 통일되어 있고 주제가 명료한가?	5-4-3-2-1
	4. 내용의 독창성	내용이 새롭고 독창적인가?	5-4-3-2-1
	5. 내용의 정확성	다루는 내용은 정확한가?	5-4-3-2-1
구성	6. 논의의 구체성	필자의 주장이나 의견은 구체적인가?	5-4-3-2-1
	7. 논의의 일관성	필자의 주장이나 의견은 일관성이 있는가?	5-4-3-2-1
	8. 근거의 타당성	근거는 적절성과 타당성이 있는가?	5-4-3-2-1
	9. 문단의 연결	문단과 문단의 연결이 자연스러운가?	5-4-3-2-1
	10. 논술문의 구조	논술문의 전체적인 구성이 체계적인가?	5-4-3-2-1
표현	11. 단어의 정확성	단어의 선택이 적절하고 정확한가?	5-4-3-2-1
	12. 문장의 정확성	문장이 어법에 맞고 정확한가?	5-4-3-2-1
	13. 문장의 연결	문장과 문장은 긴밀하게 연결되었는가?	5-4-3-2-1
	14. 담화 관습	논술문의 담화 관습을 잘 따르고 있는가?	5-4-3-2-1
태도	15. 탐구적 태도	문제를 탐구적인 태도로 접근하는가?	5-4-3-2-1
	16. 논술의 실천	논술문 쓰기를 생활 가운데 실천하는가?	5-4-3-2-1
	17. 논술문의 활용	주장이나 의견을 논술문을 활용하여 표현하고자 하는가?	5-4-3-2-1
	18. 공적 의사소통	완성한 논술문을 기고하거나 투고하는가?	5-4-3-2-1

2) 구술시험

구술시험은 필기도구가 만들어지기 전부터 활용되어 오던 가장 오래된 평가방법의 하나이며, 학생들에게 특정 교육내용이나 주제에 대하여 자신의 견해나 생각 등을 발표하도록 하여 학생의 준비도, 이해력, 표현력, 판단력, 의사소통 능력 등을 직접 평가하는 방법이다. 주제나 질문을 미리 알려주고 피험자가 준비하도록 하여 평가를 시행하는 방법이 있을 수도 있으며, 특별한 내용 영역만 알려주고 난 다음 구술시험을 시행할 때 평가자가 그 내용 영역과 관련 있는 주제나 질문을 제시하고 학생이 답변하는 형식을 취할 수도 있다.

구술시험은 특정 주제나 질문을 제시하고 학생이 응답하도록 한다는 측면에서 면접과 유사하나, 면접이 정의적 영역(인성 및 태도 등)을 중심으로 이루어지는 평가인 반면 구술시험은 인지적 영역을 중심으로 말하기와 듣기를 통한 교과 학력평가 형태로 이루어진다는 점에서 차이가 있다. 또한 구술시험은 개별적인 대면 상황에서뿐만 아니라 교실 수업 상황에서 교사나 학생들에게 자신의 의견이나 생각을 발표하는 것까지 포함한다.

3) 토론법

토론법이란 교수-학습활동과 평가활동을 통합적으로 수행하는 대표적인 방법의 하나로, 특정 주제에 대해 학생들이 서로 토론하는 것을 보고 평가하는 것이다. 교사와 학생, 학생과 학생 간 토론의 장을 마련하여 각자의 관점에서 자신의 주장을 논리적이고 설득력 있게 표현하도록 하며, 동시에 학생의 토론 준비도(관련 자료 및 증거 수집 정도, 토론내용의 조직 등), 의사소통 능력(이해력, 표현력, 설득력), 사고력(논리적 사고력, 창의적 사고력, 비판적 사고력), 토론 태도 등을 평가하는 방법이다.

토론을 활용한 수행평가에서는 찬반 토론법을 많이 사용하는데, 찬반 토론법은 다른 의견을 제시할 수 있는 토론 주제를 가지고 개인별 또는 집단별로 찬반 토론을 한 다음, 토론하기 위해 사전에 준비한 자료의 다양성이나 충실성, 그리고 토론 내용의 충실성과 논리성, 반대 의견을 존중하는 태도와 토론 진행 방법 등을 총체적으로 평가하는 방법이다.

이러한 찬반 토론법은 논술형 검사와 구술시험을 통해 얻을 수 있는 정보를 모두 얻을 수 있는 장점이 있지만, 학생 수가 많으면 개별 학생들이 충분히 발언할 기회를 얻지 못하는 단점도 있다. 이러한 찬반 토론법을 시행할 때도 구술시험과 비슷하게 평가기준표를 이용하여 특정 학생의 준비도, 이해력, 조직력, 표현력, 판단력, 의사소통 능력, 토론 태도 등을 평가할 수 있다.

4) 실기시험

실기시험이란 학생들의 지식이나 기능을 직접 행동으로 나타내도록 하는 시험이다. 종래의 실기시험과 수행평가 실기시험의 차이는 시험을 치르는 상황이 통제적인가? 아니면 자연적인가?에 있다. 기존의 실기시험은 통제되거나 강요되는 상황이라면, 수행평가는 자연스러운 상황에서 실제로 하는 것을 여러 번 관찰하여 그 수행 능력을 평가하는 것이다. 따라서 수행평가를 위한 실기시험에서는 가능한 한 교수-학습활동과 평가활동을 분리하지 않고 수업 시간에 자연스럽게 평가하는 것이어야 한다.

자연스러운 상황에서의 실기시험은 음악, 미술, 체육, 실과 분야에서 많이 이용되는 방법이나 최근에는 읽기, 듣기, 쓰기, 말하기 등 언어 분야에서도 많이 활용되고 있다. 예컨대, 학생들에게 직접 말하거나 읽거나 듣거나 쓰게 한 후에 보통 2명 이상의 교사나 채점자가 평가하는 방식이다.

5) 실험 · 실습

실험 · 실습은 자연과학 분야에서 많이 사용하는 것으로, 어떤 과제에 대해 학생들이 직접 실험 · 실습을 하게 한 후 결과 보고서를 제출하게 한다. 이때 개인으로 하게 할 수도, 팀을 구성하여 공동 작업을 하게 될 수도 있다. 교사는 학생들의 실험 · 실습 과정을 관찰하고, 제출된 결과 보고서를 동시에 고려하여 평가하게 된다. 이러한 방법은 실험 · 실습을 위한 기자재의 조작적인 능력뿐만 아니라 지식을 적용하는 능력이나 문제해결 과정을 포괄적이면서도 종합적으로 평가할 수 있다.

6) 면접

면접은 교사와 학생이 서로 대화를 통해서 얻고자 하는 자료나 정보를 수집하여 평가하는 방법으로 교사가 학생과 직접 대면하여 묻고 답하는 과정을 통해 지필식 시험이나 서류만으로 알 수 없는 사항들을 알아보고 평가하는 방법이다. 면접이 주로 정의적인 영역(인성 · 태도)이나 발전가능성을 평가하는 방법으로, 평가자와 학생이 대면하여 질문하고 답변하는 과정은 같으나 주로 인지적인 영역을 중심으로 한 이해력, 표현력, 판단력, 의사소통 능력 등을 평가하는 구술시험과는 차이가 있다.

면접하는 방법은 한 명의 평가자와 한 명의 학생이 일 대 일로 하는 면접, 여러 명의 평가자와 한 명의 학생이 하는 다수 대 일의 면접, 반대로 일 대 다수가 하는 면접, 마지막으로 대다수가 하는 면접 등이 있다. 면접법의 장점은 더 깊은 정보를 얻을 수 있고, 사전에 예상할 수 없었던 정보나 자료를 얻을 수 있으며, 진행상 융통성을 발휘할 수 있다는 점이다.

면접에 관해 전반적인 계획을 세우고 질문할 구체적 문항의 구조, 내용, 순서를 결정하는 일은 매우 중요하다. 면접의 구조화란 면접에 관한 계획이나 문항이 사전에 결정되는 정도를 말하는데 이 구조화의 정도에 따라 구조화된 면접과 비구조화된 면접, 반구조화된 면접으로 구분할 수 있다. 구조화된 면접은 미리 준비된 질문지에 따라 질문의 내용과 순서를 지키면서 진행되는 면접으로 표준화된 면접이라고도 한다. 이 면접에서는 평가 문제에 관한 정보를 획득하기 위해 질문의 형태, 단어의 사용, 질문하는 순서 등이 고정된 면접조사표를 사용한다. 따라서 모든 피면접자가 동일한 순서로 동일한 문항에 응답하므로 자료를 분류 및 코딩하는 데 편리하고, 서로 다른 피면접자 간의 면접내용을 비교할 수 있다는 장점이 있다. 그러나 면접자에 따라 질문이 부적절하거나 다르게 해석될 수 있는 여지도 존재한다.

비구조화된 면접은 개방형 면접으로 면접계획을 세울 때 면접의 목적만을 명시하고 면접할 내용이나 방법은 면접자에게 일임하는 방법이다. 질문 문항의 구성이나 순서, 방법이 면접자의 재량에 속하기 때문에 상황에 따라 유연한 면접을 진행할 수 있다. 이러한 면접은 주로 피면접자에 대한 심층적인 이해와 자세한 정보를 얻고자 할 때 사용한다. 그러나 이 방법을 활용하기 위해서는 면접자가 고도의 면접기술이 필요하며, 면접을 통해 얻은 자료를 분류하고 부호화하기 어렵다는 문제점도 있다.

반구조화된 면접은 구조화된 면접과 비구조화된 면접의 장점을 절충한 것으로 사전에 면접에 대한 구체적인 계획과 질문 문항을 작성하지만, 피면접자의 반응에 따라 적절한 개방형의 질문을 제시할 수도 있다. 피면접자들 사이의 정보를 비교하면서 피면접자의 개인적 경험에 대한 심층적 이해를 얻을 수 있어서 가장 일반적으로 사용되는 방법이다.

7) 관찰

관찰은 학생을 이해하고 평가하기 위한 가장 보편적 방법의 하나며, 인간의 일상생활과 함께해 온 가장 오래된 방법인 동시에 기본적인 연구 수단이라고 할 수 있다. 이는 특정한 과학적 도구를 이용하지 않고서도 순수한 신체적 기능, 즉 오감에만 의존하여도 관심 대상의 특성, 동기, 감정 및 의도를 추론할 수 있기 때문이다.

예를 들어 교사들은 일상적으로 개별 학생이나 집단 단위로 학생들을 관찰하면서 학생들 간의 사회적 관계 구조, 집단 내에서 개인 간 또는 소집단 간의 역동적 관계를 파악할 수 있다. 특히 나이가 어리거나 지적 능력이 낮은 학생들을 대상으로 평가하기 위해서는 평가 상황을 의도적으로 구성하기 어려운 경우가 많아서 인위적이 아닌 자연적인 상황에서의 관찰법을 사용하게 된다. 객관적이고 정밀한 관찰을 위해서 어느 특정한 장면이나 상황에서 발생하는 행동 체계를 가능한 한 상세하고 정밀하게 탐구하기 위해 모든 신체적 기능과 측정용 도구를 이용할 필요가 있다.

수행평가로서 관찰법을 활용하기 위해서는 관찰을 인위적이 아닌 자연적인 상황에서 하는 것이 필요하고 특히 관찰 대상을 있는 그대로 기술하는 일화기록, 체크리스트, 평정척도, 비디오 분석 등의 자료 수집 방법이 활용되어야 한다.

관찰에서는 관찰자의 선정과 관찰자 훈련이 매우 중요하다. 관찰자 선정은 관찰 목적 및 관찰 상황에 따라 그에 적합한 방식으로 이루어져야 하는데, 특히 관찰에 있어서 기초적인 정보가 매우 부족한 사람과 관찰에 대한 참여 동기가 매우 낮은 사람은 관찰자 선정에서 제외해야 한다. 이는 아무리 세밀하게 계획된 관찰이라도 부주의하거나 타의인 관찰자에 의해 관찰이 수행되면 그 관찰이 제대로 이루어지기가 쉽지 않기 때문이다. 한편 관찰자 훈련에서는 관찰자 간 일치도를 높이는 작업이 주된 목적이 된다. 관찰해야 할 내용과 기록 방법에 대해 충분히 이해할 수 있도록 다양한 예행 연습과 더불어 훈련생 상호 간에 개개의 관찰 항목을 자세히 살피고 논의하는 과정을 제공해 주어야 한다.

8) 자기평가 및 동료평가 보고서

교수-학습활동 중에 반성적 사고 및 피드백을 통해 자기 계발을 조장하는 평가방법으로 자기평가와 동료평가가 있다. 이러한 평가유형은 학습활동에서 학생 자신의 반성적 사고를 촉진하고 스스로 학습의 개선을 위한 정보를 받아 자기 계발을 도모하는 방법으로 활용된다.

자기평가 보고서는 특정 주제나 교수-학습 영역에 대하여 자기 스스로 학습 과정이나 학습 결과에 대해 자세히 평가하도록 하여 그 결과(보고서)를 보고 평가하는 방법이다. 이를 통하여 학습자는 자신의 준비도, 학습동기, 성실성, 만족도, 다른 학생들과의 관계, 학업성취도 등에 대해 스스로 생각하고 반성할 기회를 제공할 뿐만 아니라 교사가 행한 학생평가가 타당하였는지를 비교·분석해 볼 수 있는 기회를 제공한다.

동료평가 보고서는 동료 학생들이 상대방을 서로 평가하도록 하여 그 결과(보고서)를 보고 평가하는 것이다. 동료평가는 일종의 대화식 평가방법으로 동료 학생 간의 대화(평가)를 통해 상호 반성적 과정을 촉진한다. 그러나 동료평가가 성공적으로 수행되려면 일차적으로 학생 간에 자발적 동료관계가 선행되어야 한다. 즉, 상호 경쟁적인 입장에서 평가하는 것이 아니라 서로의 부족함을 메꿔주고 잘된 것을 더욱 촉진하는 상호 협력적인 관계 속에서 평가가 이루어져야 한다.

9) 연구보고서

교과별로 여러 가지 연구 주제 중에서 학생의 능력이나 흥미에 적합한 주제를 선택한 후 그 주제에 대해서 학습자 나름대로 자료를 수집하고, 분석·종합하여 연구보고서를 작성·제출하도록 하여 평가하는 것이다. 이때 연구의 주제나 범위에 따라 개인적으로 할 수도 있고, 관심있는 학생들이 함께 모여서 단체로 할 수도 있다.

예를 들어, 초등학교 사회 교과에서 세계여행이라는 내용을 가르치면서 학생들에게 특정 국가를 선정하여 그 나라를 여행하는 데 필요한 제반 준비사항에 대한 연구보고서를 제출하게 하여 평가할 수 있다. 이때 학생들은 자신의 관심에 따라 한 나라를 선정한 후 다양한 자료원을 통해 직접 혹은 간접적으로 제반 정보를 수집하고 분석하여 해당 국가를 여행하기 위한 준비사항에 대한 연구보고서를 작성해야 한다. 담당 교사는 학생들의 연구 진행 상황을 주기적으로 확인 및 평가하고 필요에 따라 적절한 지도를 해야 한다. 이러한 보고서 작성을 통하여 학생들은 적어도 관심 있는 특정 국가에 대한 각종 정보를 수집하는 방법, 다양한 자료를 종합하고 분석하는 방법, 보고서 작성법 등을 익히게 될 것이며, 아울러 이러한 보고서의 작성은 실제로 외국을 여행하기 위한 좋은 준비작업의 경험이 될 것이다.

10) 포트폴리오

포트폴리오(portfolio)란 학생이 쓰거나 만든, 지속적이면서도 체계적으로 모아둔 개인별 작품집 혹은 서류철을 이용한 평가방법이라 할 수 있다(백순근, 1995). 이 평가방법은 학생 개개인의 변화, 발달과정을 종합적으로 평가하기 위해 전체적이면서도 지속적인 평가를 강조하는 것으로 수행평가의 대표적인 방법의 하나다. 학생의 역할이 중요시되고, 결과뿐만 아니라 과정을 강조하고 협동적인 활동을 장려하며, 발전 가능성에 초점을 두고, 다양한 상황과 연령에 적용할 수 있으며, 활용 가능성이 크다. 이 평가방법은 단편적인 영역에 대해 일회적으로 평가하지 않고 학생 개개인의 변화 및 발달과정을 종합적으로 평가하기 위해 전체적이면서도 지속해서 평가하는 것을 강조하는 것으로 수행평가의 대표적인 방법의 하나로 주목받고 있다.

포트폴리오는 하나 이상의 분야에서 노력, 진보, 성취 정도를 보여주는 학생들의 작품을 의도적으로 모은 작품집으로 내용 선정, 선정의 준거, 가치판단의 준거, 학생의 자기성찰(self-reflection)의 증거 등을 선택할 때 학생이 직접 참여해야 한다. 학생들은 자신이 제작한 포트폴리오를 통해 자기 자신의 변화과정을 알 수 있고, 자신의 강점이나 약점, 성실성 여부, 잠재 가능성 등을 스스로 인식할 수 있으며, 교사들은 학생들의 과거와 현재의 상태를 쉽게 파악할 수 있을 뿐만 아니라 앞으로의 발전 방향에 대한 조언을 쉽게 할 수 있다.

포트폴리오는 학생의 학습을 평가하는 데 있어서 전통적인 방법과는 아주 다른 방법을 사용한다. 성취검사가 계산될 수 있는 단위로서의 산출물을 제공하는 것이라면 포트폴리오 평가는 더 넓은 상황에서 학생들을 관찰할 기회를 제공해 준다. 위기상황에 처했을 경우, 창의적인 해결책을 개발할 경우, 자신의 수행을 판단하는 것을 배울 경우 등을 말한다. 포트폴리오 상황이라는 측면에서 학생들의 수행에 대해 다양하고 포괄적인 견해를 제공할 때 비로소 포트폴리오가 되는 것이다. 무엇보다도 포트폴리오는 학생이 독립적이고 자기 주도적인 학습자가 되는 데 필요한 능력을 개발하도록 북돋아 주고자 하는 토론과 비판을 제공할 때 비로소 의미있는 포트폴리오가 완성되는 것이다(남명호, 1995).

3. 수행평가의 개발과 적용 절차

수행평가 도구를 개발하고 시행하여 결과를 활용하는 일련의 평가 절차는 다음과 같다(성태제, 2010).

1) 수행평가 과제 개발 및 내용타당도 검증

수행평가 도구는 크게 수행평가 과제와 채점 기준으로 구분되기 때문에 수행평가 도구의 개발도 과제 개발과 채점 기준 개발로 구분할 수 있다. 수행평가의 과제는 학습자에게 특정한 능력이나 지식을 입증할 수 있도록 개발해야 하고, 과제에 대한 학습자의 반응이 수행 과제가 요구하는 지식이나 능력을 드러내고 있는지를 평가하는 채점 기준은 수행 과제가 요구하는 바를 반영하도록 개발해야 한다.

McMillan(1997)은 수행평가 과제 개발을 세 단계로 설명한다. 첫째, 학습자들의 어떤 능력과 기술을 평가할 것이며, 어떤 과제수행 활동을 유도할 것인지 등의 과제에 대한 일반적인 아이디어를 생성하는 단계를 통해 과제에 대한 전체적인 틀을 계획한다. 둘째, 전체적인 아이디어와 교육과정 혹은 교수과정을 구체적으로 연계하고 평가의 목표를 결정하여 과제를 상세화하는 단계를 거친다. 이 단계에서는 과제에 어떤 내용이 들어갈지를 상세화하고 과제수행의 조건을 구체화한다. 셋째, 학생들에게 부여하는 과제의 진술문을 기술한다. 과제 진술문에는 평가할 내용, 학생들의 활동, 필요한 자료, 점수화 규칙 등의 기술이 포함된다.

일반적인 검사 도구를 개발하는 절차에서 볼 수 있는 것과 같이 수행평가에서도 타당하고 신뢰할 수 있는 검사 도구를 개발하기 위한 양호도 검증과정을 거치게 된다. Linn과 Baker(1996)는 수행평가의 타당화 준거를 내적 타당도와 외현적 타당도로 구분한다. 내적 타당도 준거는 과제 내용이 교수-학습 과정을 개선하는 데 도움을 줄 수 있는 수준인지, 과제가 교육과정의 중요 부분을 다루고 있는지, 과제들이 교육과정의 내용을 대표할 수 있고 다양한 영역의 통합을 추구하고 있는지, 학생들의 복합적인 인지 기술을 측정할 수 있는지가 관건이다. 수행 과제들이 의도된 교수 목표들을 포함하고 있으면 과제들의 수행을 통하여 학생들이 그들의 능력과 기술을 충분히 입증할 수 있는지를 판단할 수 있다. 이러한 준거들은 과제개발자나 교사들이 상호 검토할 수 있도록 체크리스트로 만들어 활용할 수 있다.

2) 수행과제 실시

과제 실시의 단계에서는 특정한 능력이나 기술을 요구하도록 개발된 수행과제를 학습자에게 부여하여 수행하게 한다. 전통적 평가방법인 지필 검사의 경우 다수의 문항에 의하여 학생들의 능력을 평가하지만, 수행평가의 경우 일반적으로 소수의 과제가 부여된다. 어떤 행위를 보여주는 수행평가의 경우 과제당 1시간 이상을 소요하는 과제도 있다. 과제수행은 개인 활동 단위일 수도 있고, 협동과제가 부여된 집단활동 단위일 수도 있다.

3) 수행평가 채점 기준 개발

채점 기준은 수행 과제가 요구하는 능력이나 기술을 반영하도록 개발되어야 하므로 과제와 채점 기준은 논리적인 관계를 이루어야 한다. 따라서 수행 과제를 개발한 후에 채점 기준에 대한 전체적인 틀이 마련되어야 하며, 실제로 학습자가 수행한 표본을 참조하여 채점 기준을 구체화한다. 실제로 수행평가가 지니는 가장 큰 취약점은 채점에 있다. 그러므로 채점 기준의 명료화가 중요할 수밖에 없다. 채점 기준을 구체화하기 위하여 어떤 요소를 채점할 것인지, 그 요소가 무엇이고, 요소별로 어떤 채점 기준을 설정할 것인지, 각 채점 기준에 관련된 수행 수준은 무엇인지를 밝혀야 한다. 또한 채점척도를 '예'와 '아니오'의 점검표로 할 것인지, 점수를 부여하는 점수 척도로 할 것인지, 유목화하여 평가하는 질적 채점척도를 작성할 것인지 결정하여야 한다. 이에 따라 점수를 부여하는 규칙을 설정하여야 한다.

채점기준표는 수행평가의 대상이 되는 수행이나 산출물의 질을 구별해 내기 위한 일련의 지침으로 채점기준표를 통하여 누가 채점을 하든지 일관성 있는 채점이 가능하게 될 수 있다. 일반적인 채점기준표에 포함되어야 하는 요소는 수행의 판단 준거 혹은 차원, 준거 혹은 차원을 평정하기 위한 수준의 수나 척도, 수행을 판단하기 위한 기준(진술)이 포함될 수 있다. 수행의 준거는 수행을 명료화하고 그에 알맞은 수행과제를 선정한 후, 평가 대상에 대한 획득 여부 또는 그 수준을 입증하는 근거로 어떤 특징을 관찰하고 기록해야 하는지를 확인하기 위하여 수행되는 과제의 목표와 성격을 고려하여 수행평가를 위한 요소를 추론해 낸 것으로, 학생이 과제를 성공적으로 수행하기 위해 만족시켜야 할 조건을 말한다(교육과학기술부, 2010).

또한 채점기준표의 개발과정에 학생들의 참여를 적극적으로 유도하는 것도 학업성취나 학습동기 유발에 매우 효과적인 방법일 수 있다. 수행평가가 시행되기 전 학생들이 자신의 수행평가 과정 및 결과에 이용할 채점기준표의 평가준거와 그 수행기준에 대해 교사와 협의과정을 거쳐 개발한 채점기준표를 학습자 중심 채점기준표(student-generated rubrics)라 한다. 즉, 채점기준표는 학습자에게 반응의 방법과 수준을 구체적으로 제시해 주는 평가지침이기 때문에 교사와 학생 간의 합리적 소통을 거쳐 채점기준표를 개발하여 적용하게 되면 학생들이 평가 기준에 대해 동의하고 자신의 능력에 비추어 어느 수준에서 성취할 수 있을지를 가늠해 볼 수 있어서 과제를 수행하는 과정에서 동기유발이 일어나게 되고 평가와 교수-학습 과정이 유기적으로 연결될 수 있을 것이다(한지영, 이용환, 2004).

4) 채점자 훈련 실시

채점자는 학생들의 활동이나 그 결과에 대하여 점수를 부여하기 전에 채점 기준을 명확하게 알고 있어야 하며, 일관성 있는 점수를 확보하는 방법으로써 채점자들 간의 공통된 준거를 확보하기 위한 채점자 훈련을 해야 한다. 채점자 훈련을 통해 채점자들은 수행평가가 의도하는 것, 채점 기준이 의미하는 것과 각 점수가 표현하는 수행이 무엇인지 등을 명확하게 알 수 있다. Herman, Aschbacher와 Winter(1992)에 의하면 채점자 훈련을 위하여 채점훈련 안내서를 준비하여야 하고, 채점자 오리엔테이션, 채점기준표 숙지, 채점 연습, 채점자 간 신뢰도 추정, 채점 기준 수정, 점수기록 등의 훈련을 통하여 채점자 간 신뢰도를 유지할 수 있다.

5) 채점 실시

수행평가의 특징은 정답이 아니라 다양한 답이 존재하므로 학생들의 수행 결과를 이분적으로 채점하지 않는다. 수행평가를 위한 채점방법은 총괄적인 채점방법(holistic scoring method)과 분석적인 채점방법(analytic scoring method)이 있다.

총괄적인 채점 방법은 학생들의 반응을 전체적인 특징이나 하나의 측면에 근거하여 단일한 점수를 부여할 때 선호되는 방법으로 하나의 특성에 초점을 맞춘다는 의미에서 주요 특성준거(primary trait criteria)라고도 한다(Herman, Aschbacher, & Winter, 1992). 평가 결과에 대하여 다양한 영역으로 구분하지 않고, 종합적으로 판단하여 점수를 부여하는 이러한 방법은 채점하기가 쉽고, 채점 시간도 빠르나 전체적인 인상 때문에 점수를 줄 수 있으므로 채점의 일관성을 잃기 쉽다.

분석적인 채점은 평정자가 학생들의 활동이나 그 수행 결과를 요소로 구분하여 점수를 부여하는 방법(성태제, 1996)으로 학생들이 질문이나 과제의 여러 가지 영역에서 얼마나 잘 수행하는지에 대한 정보를 주므로 학생들의 장점과 약점을 쉽게 알 수 있다. 채점 기준이 명확할수록 채점은 일관성 있고 신뢰할 수 있다. 그러나 분석적인 채점 방법은 총괄적인 채점 방법보다 세부 절차가 필요하므로 채점자 훈련과 실제 채점할 때 시간이 오래 걸리는 약점이 있다. 학생들의 응답을 세세하게 분석할 수 있는 충분한 시간을 확보해야 가능한 채점 방법이라 하겠다.

6) 채점자 내 신뢰도와 채점자 간 신뢰도 검증

채점자 내 신뢰도란 채점자 한 사람이 평가 대상 모두에게 얼마나 일관성 있게 점수를 부여하였느냐의 문제이며, 채점자 간 신뢰도는 한 채점자가 다른 채점자들과 얼마나 유사하게 점수를 부여하였느냐의 문제이다. 채점자 간 신뢰도를 판단하는 기준은 없으나 수행평가를 위한 판단기준으로 상관계수가 .60 이상이면 채점자 간 신뢰도가 있다고 할 수 있다. 수행평가는 관찰과 판단에 의존하는 평가이기 때문에 점수를 부여하는 과정에서 일관성이나 공정성을 잃기 쉬우므로 채점자 훈련과 명료한 채점 기준의 마련은 반드시 거쳐야 할 과정이다.

7) 수행 결과에 대한 등급 부여

수행평가의 결과에 대한 평가는 점수를 부여하거나 등급을 부여할 수 있으며, 때로는 질적으로 서술할 수도 있다. 분석적 채점 방법에 따르면 점수를 부여하기가 쉽다. 수행 과제의 특성상 분석적 채점보다는 수행 과제의 수행 전반에 대한 종합적 평가를 하기 위해서 총괄적 채점에 따라 A, B, C 혹은 매우 우수, 우수, 보통, 부족, 매우 부족 등의 등급으로 평가하는 예도 있다.

일반적으로 수행평가 결과가 영향을 많이 줄 때 더욱 명료한 채점 기준에 의한 다양한 평가 결과가 효과적이므로 변별이 큰 평가방법을 사용한다. 그렇지 않으면 점수나 등급보다는 질적 평가로 서술에 의한 평가를 할 수도 있다. 예를 들어 과제를 수행하는 과정에서 학생의 장점, 단점 그리고 자세와 태도, 적성 등도 기록할 수 있다.

8) 학생과 학부모에게 통보

평가 결과가 점수든 등급이든, 질적 서술이든 그 결과를 학생과 학부모에게 알린다. 이 과정에서 평가기술이 명확히 전달되어야 하고, 그와 같은 평가 결과가 산출된 것에 대하여 학생이나 학부모가 이해할 수 있도록 하여야 한다. 수행평가의 결과를 보고하는 과정은 평가의 결과가 관련 집단에 큰 영향을 줄수록 민감하고 어려운 부분이다. 객관적이고 공정한 평가를 하였다는 보장을 하기 위하여 타당도 준거를 검토하고 채점자 내 및 채점자 간 신뢰도를 검증하는 등의 다양한 노력을 기울여야 한다. 이는 학생이나 학부모가 평가 결과에 대한 이의를 제기할 때도 있기 때문이다. 그러므로 채점 기준이나 점수 혹은 등급 부여 절차는 학생과 학부모에게 명료하여야 한다.

9) 중・고 수행평가 기본 지침

교육부 규정(2017 기준)에 나타난 수행평가 기본 지침을 열거하면 다음과 같다(교육부, 2017).

① 교과협의회는 교육과정 및 학교 교과의 특성을 감안하여 각 과목의 수행평가 영역, 방법, 횟수, 세부 기준, 반영 비율, 기본 점수 부여 여부, 부여 점수의 범위, 성적처리 방법 및 결과의 활용, 이의신청 기간 및 운영 방법 등에 관한 수행평가 계획 수립한다. 수립된 수행평가 계획은 학업성적관리위원회의 심의를 거쳐 학교장의 결재 후 시행한다.

② 수행평가 계획은 평가 전에 학생과 학부모에게 공개한다.

③ 교과 담당 교사는 평가 결과 공개 및 이의신청이 있을 때 조치를 취해야 하며, 수행평가의 점수는 점수화가 가능한 영역의 점수만 반영한다.

④ 수행평가는 학생의 수행과정을 중시하여 평가함을 원칙으로 하며, 정규 수업 시간 내에 제작된 작품 및 제작과정 중심으로 수업 시간에 평가를 실시한다.

⑤ 실연 평가, 학생 작품 평가의 경우 평가 현장의 여러 학생 앞에서 평가가 이루어져야 한다.

⑥ 복수의 학생 공동으로 수행하는 모둠활동을 평가할 때는 개별 학생에 대한 역할을 부여해야 한다.

⑦ 정규교육과정 외에 학생이 수행한 결과물에 대한 점수를 부여하는 과제형 수행평가를 실시하지 않는다.

⑧ 수행평가를 할 때 표절 행위를 발생하지 않게 사전에 충분한 교육을 실시하고, 수행평가 관리의 객관성, 공정성, 투명성, 신뢰도 제고를 위하여 표절 예방 대책 마련해야 한다(학업성적관리규정 내 표절 관련 조항 삽입).

⑨ 태도를 별도의 평가 영역으로 임의 설정하는 것을 금지한다.

⑩ 과정 중심 평가에 따른 학교생활기록부 기록 및 관리 내실화를 위해 과목별 과정 중심 수행평가 관련 특기사항을 학교생활기록부 [세부 능력 및 특기사항]란에 구체적으로 기재한다.

4. 수행평가의 적용

다음은 창의 · 인성 교육을 위한 평가방법의 개선을 목적으로 교육과학기술부에서 배포한 자료집(교육과학기술부, 2010)에서 발췌한 수학 교과 수행평가 도구의 예이다.

1) 졸업 기념품 제작을 위한 기획안 작성하기

과 목	수학	학교급	중학교(3학년)
관련 단원	대푯값과 산포도		
내용 영역	확률과 통계		
행동 영역	이해, 추론, 문제해결, 수학적 의사소통		
평가목표	여러 가지 대푯값의 활용도를 이해하고 판단할 수 있다. 수학적 의사소통 능력을 증진할 수 있다.		
평가방법	포트폴리오		

2) 수행 과제

(1) 문제 상황

A 모자회사는 ○○중학교의 졸업 기념품을 제작하는 회사이고 각 모둠은 이 회사의 제품기획부원이다. 올해의 졸업 기념품은 모자로 결정되었으며, 총학생 수에 맞게 모자를 제작하여 학교에 납품해야 하는데 이를 위해서 모자의 사이즈별 수량을 결정해야 한다. 구체적인 결정을 위해 참고할 사항은 다음과 같다.

① 모자의 사이즈를 몇 가지로 할 것인지를 먼저 결정해야 하는데 몇 개의 사이즈를 선택할 것인지에 따라 제작비가 달라진다. 세 종류의 사이즈를 결정하고 기계를 세팅하는 데에 기본비용 50만 원이 들고, 사이즈를 하나씩 추가할 때마다 추가 비용이 10만 원씩 들어간다.

② 기본 사이즈 S, M, L의 사이즈를 어떻게 정할 것인지를 결정해야 한다. 머리둘레를 기준으로 모자의 사이즈를 정한다.

③ 각 사이즈별로 생산할 모자의 개수를 결정해야 한다. ○○중학교의 올해 졸업 예정 학생 수는 1,600명이고, 공정상 불량률이 1.5%이다. 또한 졸업 학생 외에 기념 모자를 구매할 예비 소비자가 있을지도 고려해서 총생산량을 결정한다. 모자 한 개를 만드는 데 드는 비용은 기계 세팅비를 제외하고 5,500원이다.

(2) 과제 제시

제품 생산을 위한 기획에 앞서 포트폴리오를 제작하여야 한다. 포트폴리오에 공통으로 포함되어야 할 구성은 다음과 같다. 이 세 가지를 제외한 나머지 부분은 모둠별로 결정하여 자유롭게 구성하되 포트폴리오의 총 분량은 A4용지 10쪽을 넘지 않게 한다.

① 어떤 도구를 활용하여 발표 자료를 만들 것인지 계획서를 작성하여라.

※ 사용할 프로그램, 도구, 발표방법, 발표를 위한 모둠 구성원의 역할 분담 등을 자세히 기록할 것.

② 모둠별로 이 회사의 기획부서 구성원이 되어 몇 개의 모자를 어떤 사이즈로 생산할 것이며 각 사이즈의 실제 크기는 어떻게 할 것인지를 결정하여 포트폴리오를 제작하여라. 선택된 기획안으로 모자를 생산하게 될 것이다. 반드시 포함되어야 할 내용은 다음과 같다.

- 실제 중학교 3학년 학생들의 머리둘레를 측정한 자료(반별로 학급 인원의 10% 이상의 사례 제시)
- 자료의 대푯값 선정 및 계산 결과
- 몇 가지 종류의 사이즈를 생산할 것인가?
- 각 사이즈의 실제 크기는 얼마로 할 것인가?
- 각 사이즈별로 몇 개의 모자를 생산할 것인가?
- 각 모둠에서 제시한 방법이 최소비용을 사용하는 방법 또는 최고의 방법임을 보여주는 설명을 제시할 것

③ 문제해결 일지

포트폴리오 제작과정 및 모둠 구성원의 자기평가를 포함한 일지를 간략하게 작성한다.

3) 채점 기준

(1) 채점 기준

<table>
<tr><th colspan="2">평가 항목</th><th>3점</th><th>2점</th><th>1점</th></tr>
<tr><td rowspan="4">양적 측면</td><td>1. 표지, 목차를 포함하여 수업 중 학습한 공통 내용 부분이 성실하게 구성되어 있는가?</td><td rowspan="2">90% 이상</td><td rowspan="2">50% 이상</td><td rowspan="2">50% 미만</td></tr>
<tr><td>2. 공통 과제가 모두 포함되어 있는가?</td></tr>
<tr><td>3. 개인 구성 부분이 다양하게 구성되어 있는가?</td><td>( )가지 이상</td><td>( )~( )가지</td><td>( )~( )가지</td></tr>
<tr><td>4. 전체 포트폴리오의 양이 정해진 분량을 만족하는가?</td><td>100%</td><td>( )%~( )%</td><td>( )%~( )%</td></tr>
<tr><td rowspan="10">질적 측면</td><td>5. 내용 파악을 할 수 있도록 제목을 정했는가?</td><td rowspan="10">우수</td><td rowspan="10">보통</td><td rowspan="10">미흡</td></tr>
<tr><td>6. 실제 데이터를 충분히 확보하였는가?</td></tr>
<tr><td>7. 자료의 특성에 맞는 대푯값을 선정하였는가?</td></tr>
<tr><td>8. 대푯값 선정의 이유가 타당한가?</td></tr>
<tr><td>9. 대푯값은 정확하게 구하였는가?</td></tr>
<tr><td>10. 요구하는 과제에 대한 답변을 모두 하였는가?</td></tr>
<tr><td>11. 타당한 결론을 도출하였는가?</td></tr>
<tr><td>12. 과제 해결 과정에 대한 자기평가가 충실하게 진술되어 있는가?</td></tr>
<tr><td>13. 개인이 수집, 정리한 자료, 정보, 지식 등의 내용에 대한 자기의 생각, 비평 등이 포함되어 있는가?</td></tr>
<tr><td>14. 과제와 관련 있는 내용으로 구성하였는가?</td></tr>
<tr><td>구성 측면</td><td>15. 포트폴리오의 내용 구성에 있어서 자신만의 창의적인 아이디어를 포함하고 있는가?</td><td colspan="3">있는 경우 (　)점씩 추가</td></tr>
</table>

(2) 점수 평정의 예시

① 각 항목에 대한 수준을 파악하여 상, 중, 하에 체크

② 상: 3점, 중: 2점, 하: 1점으로 평정하여 총점 계산

③ 총점을 다음과 같이 환산하여 점수 부여

총점 = 공통 과제에서 얻을 수 있는 최고점 42점 + 개별 구성의 점수

④ 양적 점수 평정 이외에 반드시 평가 결과를 질적으로 기술하여 피드백 제공

원점수	환산점수	원점수	환산점수
기본점수	11	30 ~ 34	16
14	12	35 ~ 39	17
15 ~ 19	13	40 ~ 44	18
20 ~ 24	14	45 ~ 49	19
25 ~ 29	15	50 이상	20

1) 평가점수의 구간은 교사(협의)에 따라 달리 정할 수 있음

2) 기본점수는 포트폴리오 제출 시 부과하는 최소점

이 장의 논점(과제)

- 수행평가 등장의 새로운 평가체제는 무엇인가?
- 수행평가 유형과 방법을 숙지하고 활용하자.

관련 탐구 자료

교육부(2017). 과정을 중시하는 수행평가 어떻게 할까요?
(교육부, 연구자료 ORM 2017-19-2)

Chapter

09

학교생활기록부

1. 학교생활기록부의 성격과 변천 과정
2. 학교생활기록부의 작성 기준
3. 학교생활기록부의 기재요령

생각하고 들어가기

학교생활기록부는 「초·중등교육법」 제25조와 「학교생활기록의 작성 및 관리에 관한 규칙」에 근거하여 반드시 작성되어야 하는 공식적인 문서이며, 학생의 학교생활 전반에 대하여 누가적으로 기록하여 학생의 성장 및 발달과정을 살펴볼 수 있는 문서이다. 우리나라의 교육평가 방향은 '교육의 한 과정으로 실시되는 목표지향평가'이며, 학교에서는 교과 및 특별활동의 성취 수준을 설정하고, 다양한 평가도구와 방법으로 성취도를 평가하여, 학생의 목표 달성도를 확인하여야 하고, 이러한 결과는 학교생활기록부에 기록하여 학생 지도 및 교수활동 개선을 위한 자료로 활용되어야 한다.

학교생활기록부의 출발은 1955년에 도입된 생활기록부이며, 그동안 여러 번 변화의 과정을 거쳐 현재의 학교생활기록부라는 형태로 발전하였다. 이러한 학교생활기록부의 변화과정은 시대적 흐름에 따른 교육관 및 평가방법의 변화에 의한 평가 결과 기록 방법의 변화라는 관점으로 파악해야 한다. 학교생활기록부 기록은 학생의 성장 및 발달과정에 대한 누가 자료로써 학생의 교수-학습 지도 자료로 활용함과 동시에 학교에서 이루어지고 있는 대부분의 학생활동 결과를 입력하여 학생을 총체적으로 이해하는 자료로써 상급학교의 진학, 취업 등의 자료로 활용된다는 점에서 매우 중요한 평가활동이라고 볼 수 있다.

이 장에서는 학교생활기록부의 개념과 변천과정, 학교생활기록부의 작성 기준, 학교생활기록부의 작성요령 등에 대해 살펴보도록 한다.

학습목표

1. 학교생활기록부의 목적과 배경을 설명할 수 있다.
2. 학교생활기록부의 작성 기준을 열거할 수 있다.
3. 학교생활기록부의 기재요령에 따라 학교생활기록부의 내용을 기재할 수 있다.

학교생활기록부에 관한 규정은 정책 및 시대적 요구에 따라 수시로 변경됨
따라서 최신 교육부의 기본 규정 및 자료를 기본으로 하는 것이 필요함(http://www.moe.go.kr)
2022학년도 학교생활기록부 기재요령(초, 중, 고) 안내 2022.01.26.

1. 학교생활기록부의 성격과 변천 과정

「초·중등교육법」 제25조는 "학교의 장은 학생의 학업성취도와 인성(人性) 등을 종합적으로 관찰·평가하여 학생지도 및 상급학교(「고등교육법」 제2조 각호에 따른 학교를 포함)의 학생 선발에 활용할 수 있는 각호의 자료를 교육부령으로 정하는 기준에 따라 작성·관리하여야 한다"라고 규정하고 있다. 이 법령에 따라 「학교생활기록의 작성 및 관리에 관한 규칙」(교육인적자원부령 제867호, 2005. 9. 23)이 제정되어 학교생활기록의 작성 기준, 학생생활기록의 대상 자료, 학교생활기록의 구분 관리 등을 규정하고 있다. 이러한 법령에 근거하여 학교생활기록부는 반드시 작성되어야 하는 공식적인 기록물 즉, 법정 장부의 성격과 교육적인 목적의 활용을 위한 지도 자료적 측면, 학생의 학적에 대한 증명으로서의 성격을 가진다.

법정 장부로서 학교생활기록부는 학교에서 이루어지고 있는 전반적인 학생활동 결과를 작성·보존함으로써 학생의 학적에 대한 증명으로서의 성격을 가지고 있다. 따라서 작성하도록 되어 있는 사항은 반드시 작성해야 하는 강제성이 있다. 이렇게 작성된 내용은 작성된 결과를 학생의 교수-학습 지도 자료와 학생이 얼마나 충실하게 학교생활을 하였는지를 판단할 수 있는 자료로 활용된다.

우리나라에서 학교생활기록부는 근대적 교육체제가 도입되던 19세기 말엽부터 학적부라는 명칭으로 사용되기 시작하였다. 학적부에 대한 법률적 근거가 최초로 등장한 것은 1906년(광무 10년) 9월 4일 학부령 제23호로 공포된 「보통학교령 시

행규칙」이며, 입학 및 퇴학과 관련된 규정 중에 학교장이 학적부 및 출석부를 작성하도록 규정하고 있다. 이후 1908년 8월 26일 칙령 제62호로 공포된 사립학교령 제7조 1항에도 '학적부'와 '출석부'를 학교가 비치해야 한다는 조항이 등장한다. 당시에 사용한 '학적부'에는 학생의 인적 사항뿐만 아니라 성적, 출석, 행동에 대한 평가도 기재하였다. 일제강점기에 접어들면서 당시 국내에서 사용되던 학적부는 일제의 영향으로 일본 내에서 사용하던 학적부와 유사한 형태를 갖추게 된다(장용훈, 2008). 해방 이후 '학적부'는 한동안 통일된 양식을 갖추지 못하고 지역마다 다른 양식을 활용하였으며, 기존에 사용하던 '학적부'를 편의대로 수정하여 사용하기도 하였다(이원희, 2007). 이러한 학적부는 외부에 대한 증명원부의 성격을 띠었다.

학생의 발달 상황에 대한 기록은 1955년 이후부터 법령에 근거하여 공식적으로 작성되기 시작하였다. 즉, 1955년 1월 25일 '국민학교 생활기록부의 서식 및 처리요령'이 문교부 훈령 10호를 통하여 기존의 학적부를 생활기록부라는 명칭으로 변경하고, 학교 및 학교급별 기록양식을 통일하여 학생의 학교생활 및 학업성적, 신체 및 행동, 정서발달, 특별활동 등을 기록하도록 하였다.

당시 문교부는 개정의 취지에서 생활기록부를 학생의 전반적인 발달에 대한 누가기록을 통하여 평가 및 지도를 위한 참고자료로 활용하겠다는 목적을 밝히고 있다. 또한 종전 학적부의 교과평가 방식인 100점 제에서 교과 성적의 정상분포곡선에 의한 5단계의 평어법(수 · 우 · 미 · 양 · 가)으로 평가하도록 하였다. 이후 생활기록부는 수 차례의 개정을 통해 변화해 왔으며, 가장 큰 변화는 1996년 종합생활기록부의 도입과 1997년 학생기록의 전산입력 및 관리라고 할 수 있다.

종합생활기록부는 기존의 생활기록부가 교육과정의 모든 영역을 계량화하고, 총점에 의한 서열화만을 중시함으로써 학생들 간의 전인적 성장을 저해하고, 학우간 지나친 경쟁심리를 유발시켰으며, 결과적으로 과열 과외의 만연, 사교육비 부담 증가에 의한 학부모들의 입시 고통을 가중해 왔고, 학교 교육 전반을 불신하는 계기가 되어 왔다는 문제점(이칭찬, 1996)을 개선하기 위하여 도입되었다.

1996년 교육부는 교육과정의 정상 운영과 학생 개개인의 타고난 소질, 적성을 다양하게 인정받도록 하는 인간교육 실현에 기여하기 위하여 교과 활동, 특별활동, 봉사활동, 수상 경력, 자격증 취득 사항 등 학교생활 전반을 구체적으로 기록하여 학생을 총체적으로 이해할 수 있게 하려고 '종합생활기록부제'를 도입하였다(교육부 훈령 제527호 1996.1.20.). 또한 1996년 8월 6일에 발표된 2차 개선안에서는 기존의 종합생활기록부의 문제점을 개선 보완하고, 명칭이 속칭 '종생부'로 불리는 관계로 비판 여론이 높아짐에 따라 1997년에는 '학교생활기록부'로 명칭을 변경하여 시행하였다.

1997년에는 비교과의 다양한 교육활동을 입력할 수 있도록 하였으며, 교과성적에 수행평가 성적을 반영할 수 있도록 개정하였다. 특히, 이때부터 그동안 수기로 작성되었던 학생기록에 대해 체계적 관리 및 데이터베이스 구축의 필요성이 대두됨에 따라 SA(Stand Alone)방식의 생활기록부 및 건강기록부 프로그램이 도입되었으며, 1999년부터는 기존의 시스템을 개선하여 CS(Client/ Server)방식을 적용한 학교행정관리시스템(SIMS)이 도입되었다. 그러나 학교행정관리시스템은 보안 문제와 막대한 유지보수 비용 등 많은 문제점을 나타냈고, 이를 해결하기 위하여 정부는 전국의 초·중등학교와 교육청 및 산하기관, 교육인적자원부를 인터넷으로 연결하는 교육행정정보시스템(NEIS, National Education Information System)을 구축하여 2002년 11월에 개통하였다. 현재 일부 특수한 경우를 제외하고 국내의 대부분의 학교는 교육행정정보시스템을 활용하여 학교생활기록부를 기록 및 관리하고 있다.

그 후 2007년에는 고등학교 '독서활동상황'란을 신설하였고, 중고등학교의 '교과학습발달상황'란의 체육·음악·미술에 대해 3단계 절대평가를 기록하였다.

2010년에는 중학교에도 '독서활동상황'란이 신설되고, 초·중·고에 '수상 경력'란과 초·중에 '자격증 및 인증 취득상황'란이 신설되었다. 2016년에는 '2015년 개정 교육과정' 적용과 자유학기제 전면시행에 따라 학생 참여형 수업 및 과정 중심 수행평가를 확대 반영하였다. 수행평가는 결과보다는 과정을 중시하고, '교육의 정상화' 개념을 부각시켰다.

그 후 평가의 공정성에 대한 사회적 인식을 반영하여 2019년 대폭 개정을 시도하였고, 계속해서 2020, 2021, 2022년에는 공정성을 기반으로 불필요한 경쟁과 사교육 유발의 억제, 그리고 학교 및 교사 간 기록 차이에 따른 편차를 줄이기 위하여 학교생활기록부를 개정하였다.

개정의 주요 내용은 다음과 같다(교육부, 2019, 2020, 2021, 2022).

① '인적 사항'과 '학적 사항'에서 학부모 정보를 삭제하고, 인적, 학적 사항 통합

② '수상 경력'란의 상급학교 제공은 한 학기에 1개의 수상 경력으로 제한

③ '자율동아리' 학년당 1개 기록, 글자 수 30자 이내

④ '소논문 활동' 폐지(단, 정규교육과정 수업으로 편성된 경우, 해당 교과 '교과 세부 특기사항'에 소논문 제목을 제외하고 기재할 수 있음)

⑤ 다음의 모든 경우 기재 불가
교내상을 제외한 모든 교외상, 교외 경시대회, 각종 공인어학시험 참여 사실 · 그 성적 · 수상 실적, 모의고사 · 전국연합학력고사 성적 및 관련 수상실적, 해외 어학연수 및 봉사활동활동 등 해외 활동 실적, 도서출간 사실, 논문 학회지 투고 및 발표 사실, 부모(친인척 포함) 사회 · 경제적 지위 암시 내용, 장학생 및 장학금 관련 내용, 교육관련기관 이외의 기관명 · 대학명 · 상호명 · 강사명(단, 봉사활동 장소 및 주관 기관 예외)

⑥ '청소년단체활동'란에 정규교육과정인 경우는 단체명 및 활동 내역 기재, 학교 교육계획인 경우 단체명만 기재, 학교 밖인 경우는 미기재

⑦ '봉사활동'란의 특기사항(활동 내용) 미기재

⑧ '방과후 학교'란의 활동 내용 미기재

⑨ ‘진로희망사항’란 삭제, ‘창의적 체험활동상황’의 진로활동 영역 특기사항 내의 ‘희망분야’란에 학생의 희망을 입력하되 상급학교에는 제공하지 않음

⑩ ‘창의적 체험활동 특기사항’ 1학년 1,700자, 2, 3학년 2,200로 축소하고, ‘행동특성 및 종합의견’란은 1,000자에서 500자로 대폭 축소

⑪ 일명 ‘출신학교 브라인드’로 고등학교 학교생활기록부에는 학생이 재학(또는 졸업 예정)한 고등학교를 알 수 있는 ‘학적 사항’, 수상 경력의 ‘수여기관’, 봉사활동 실적의 ‘장소 또는 주관기관명’을 제외한 어떠한 항목에도 기재할 수 없음

⑫ 학부모 등의 학교생활기록부 기재 및 수정 관련 부당 요구시 ‘부정청탁 및 금품 수수의 금지에 관한 법률’ 제5조 제1항 제10호에 해당하는 위법 행위(담당이 아닌 교사에게 입력 및 정정, 비관련 기록 및 과장과 부풀리기 기재, 허위 기재, 비 인정된 서술형 항목을 학생에게 작성 및 제출하도록 하는 행위 등)로 정함

⑬ 중학교 ‘교과 학습발달상황’의 ‘원점수/과목평균(표준편차)’를 ‘원점수/과목평균’으로 표준편차를 삭제함

⑭ 전문교과Ⅱ 실무과목에서 최소 성취 수준 미도달자를 대상으로 실시한 보충학습과정을 기재(과목명, 이수 기간, 이수 시간 등)

⑮ 중 · 고 ‘세부능력 및 특기사항에 특기할 만한 사항이 있는 학생에 대하여 기재’를 고등학교는 모든 학생을 대상으로 기재하는 것으로 개정

⑯ ‘산업수요 맞춤형 고교’의 이수 단위, 단위 수를 학점 수로 인정

⑰ 과제형 수행평가 금지

이러한 학교생활기록부의 변화과정은 시대적 흐름에 따른 교육관 및 평가방법의 변화에 평가 결과 기록방법의 변화라는 점으로 파악되어야 한다. 학교생활기록부에 대한 일부의 비판적 견해와 개선되어야 요구사항이 여전히 존재하고 있으며, 앞으로도 지속해서 개선해 나가야 할 필요가 있지만, 학생의 성장 및 발달과정에 대한

누가기록 자료로서 학생의 교수-학습 지도 자료로 활용함과 동시에 학교에서 이루어지고 있는 대부분의 학생활동 결과를 입력하여 학생을 총체적으로 이해하는 자료로서 매우 중요한 평가활동이라고 볼 수 있다.

2. 학교생활기록부의 작성 기준

학교생활기록부는 매우 엄격한 기준에 의하여 작성되어야 한다. 학교생활기록부의 작성 기준은 다음과 같다(중앙교육연수원, 1981; 교육부, 1999; 류은상, 2000; 교육부, 2022).

(1) 객관성

객관성이란 관찰 및 평가에 있어서 주관성의 배재 정도를 말한다. 관찰 및 평가 기록은 관찰자나 평가자의 주관적인 해석이나 견해가 가미되지 않은 사실적이어야 한다. 그러므로 관찰자의 주관적인 판단에 의한 관찰의 착오를 줄이고, 관찰 결과를 사실적으로 기록해야 한다. 학교생활기록부에 나타나는 학생의 정보는 오랜 기간에 걸쳐서 다수의 사람에 의한 관찰, 누가기록에 의해 작성 및 활용된다. 학부모, 교사, 카운슬러, 학교행정가, 일반사회인 등 다수의 사람에 의해 활용된다. 따라서 학교생활기록부에 기록되는 모든 정보는 객관적 사실에 입각한 것이어야 한다.

(2) 계속성

계속성이란 학생의 점진적 학습 및 발달 상황에 대한 정보를 누가적으로 기록하는 것을 의미한다. 이렇게 누적한 기록은 장·단기의 두 측면을 모두 포함한다. 장기적인 경우는 초·중·고의 전 교육 기간 학생의 학습·발달에 관한 정보를 누가적으로 계속해서 기록하는 것이다. 단기의 경우는 한 학기나 한 학년 중의 학습·

발달 상황에 관한 정보를 기록하는 것이다. 학생의 성장·발달은 그 자체가 계속적이고 점진적이다. 학교생활기록부가 그 자체의 기능을 효과적으로 발휘하기 위해서는 학생의 계속적이고 점진적인 발달상황이 충실하게 입력되어야 한다. 다시 말해서 학생의 교육적 성장 과정에 대한 계속 정보가 학교생활기록부에 기록되어야 한다는 것이다.

(3) 신뢰성

신뢰성이란 학생에 대한 정보를 일관되고 정확하게 기록하는 정도를 뜻한다. 신뢰성의 여부는 정보를 습득하고 평가하는 방법과 도구에 달려 있다. 따라서 관찰자나 평가자는 측정평가 차원에서 과학적이고 객관적인 관찰 및 평가방법과 도구 사용에 대한 소양을 갖추어야 한다.

(4) 타당성

타당성이란 평가하고자 하는 학생의 행동을 충실하게 관찰 또는 측정하여 기록하는 정도를 의미한다. 학교생활기록부를 기록하기 위해서는 학생에 대한 정보를 수집하기 위한 도구 또는 검사가 필요하다. 도구나 검사가 재고자 하는 학생의 행동(내용)을 충실하게 측정해야만 타당한 것이라고 할 수 있다. 타당성은 도구나 검사의 목적을 충실히 이행하는 수준을 말하기 때문에 학교생활기록부에 기록하는 정보가 어떠한 목적을 가지고 있는지를 정확히 파악하고 적절히 기록하는 것이 타당성을 확보하는 것이다.

학교생활기록부에 기재하는 정보의 타당성은 학생의 생활지도를 내실 있게 하고, 개인차를 고려한 개별화 교수를 유도하고, 학교 교육과정의 개선 등의 기준이 될 수 있다. 이 타당도 역시 신뢰도와 마찬가지로 평가나 측정하는 방법 및 도구의 타당도를 전제로 한다. 즉, 학교생활기록부에 기록되는 모든 정보는 교수-학습활동, 생활지도, 진로지도 등에 유익하게 활용될 수 있도록 타당한 자료로 입력되어야 한다.

(5) 해석 가능성

해석 가능성이란 학생에 대한 정보를 어떤 목적을 위해 의미 있게 관련시키거나 판단할 수 있는 정도를 말한다. 학교생활기록부에 기록되는 정보가 객관적으로 해석하기 위해서는 학생에 대한 검사나 관찰 결과가 원점수, 표준점수, 또는 사실적인 진술로 기록되어야 한다. 학교생활기록부에 입력되는 모든 정보는 많은 사람에 의해서 다양한 목적으로 활용되어야 한다는 점에서 되도록 의미 있고 쉽게 해석할 수 있도록 개관적으로 기록되어야 한다.

(6) 포괄성

포괄성은 학생의 학습 및 발달과 관련된 모든 것을 파악할 수 있도록 다각적이고도 충분한 정보가 기록되는 정도를 의미한다. 여기서 다각적인 정보란 학생의 학업성적, 행동발달상황 등 그의 교육적 성장에 관련된 모든 측면에 대한 종합적인 정보를 말한다. 그리고 충분한 정보란 위의 각 측면에서 학생을 더 자세히 이해하는 데 도움이 되는 정보를 뜻한다. 학교생활기록부는 내용적으로 학생의 학습지도, 생활지도, 상담 및 가정통신, 진로 진학 등에 활용되는 학생에게 관련된 거의 모든 정보가 입력되고 보존된 포괄적인 성격이 있다.

(7) 경제성

경제성이란 학교생활기록부의 교육적 용도에 비추어 필요한 정보의 종류, 양 그리고 기술을 가능한 한 줄이거나 집약하여 기록하는 정도를 뜻한다. 여기서 정보의 종류란 학교생활기록부를 구성하는 대영역, 하위 영역, 항목의 수를 말한다. 포괄성의 기준만을 고려한다면 되도록 다양한 항목이 존재하는 것이 바람직하지만 학생의 교육적 성장상황을 이해하는 데 필요한 정보의 중요성을 고려하여 최적의 수준에서 그 종류를 제한해야 할 것이다. 정보의 양이란 하위 영역 속의 각 항목에 기재하는 양적 표기가 얼마나 많은가 하는 문제와 관련되며, 가능하면 최소로 하는 것이 바람직하다. 정보의 기술은 각 항목에 기재할 문구나 문장의 진술성과 관련된 문제로 이해하는 데 지장을 주지 않는 범위 내에서 경제적으로 기술해야 한다.

학생에 대한 의미 있는 정보가 많으면 많을수록 학교생활기록부의 교육적 활용 가치는 커질 것이다. 그러나 학교생활기록부에 입력되는 정보의 양은 제한되어 있다. 따라서 학교생활기록부의 목적이나 기능에 비추어 필요한 정보만을 최적의 수준에서 선택적으로 기록해야 할 것이다. 즉, 최소의 정보로 최대의 활용 가치가 있도록 작성하는 것이 필요하다. 단, 경제성도 사실에 근거하는 것이라는 것을 명심해야 한다.

3. 학교생활기록부의 기재요령

1) 학교생활기록부 기재원칙

유치원 및 초·중등학교는 법률(유아교육법 제14조, 초·중등교육법 제25조, 초·중등교육법 시행규칙, 학교생활기록 작성 및 관리지침)에 따라 의무적으로 생활기록부를 작성 및 관리하여야 한다. 학교생활기록은 인적·학적사항, 출결상황, 수상경력, 자격증 및 인증 취득상황(고등학교), 창의적 체험활동상황, 교과학습 발달상황, 독서활동상황(중학교와 고등학교), 행동특성 및 종합의견 등과 그 밖의 교육부령으로 정하는 사항인 학교정보, 학생의 자유학기활동 상황(중학생만 해당), 학교폭력과 관련된 사항 등을 작성한다.

학교생활기록은 학교생활기록부(학교생활기록부 Ⅰ)와 학교생활세부사항기록부(학교생활기록부 Ⅱ)로 구분하여 작성 및 관리한다. 학교생활기록부와 학교생활세부사항기록부의 자료입력항목과 전산처리 기본서식은 동일하며, 전산입력 또한 동일하게 실시한다. 다만 학교생활세부사항기록부는 학생의 상급학교 진학지도 및 상급학교 학생 선발에 활용하기 위한 목적으로 작성하며, 학교생활기록부는 학교생활세부사항기록부의 기록사항 중 학생의 행동특성 및 종합의견과 교육부 장관이 정하는 항목에 대한 특기사항을 삭제하여 보존한다.

학생생활기록부의 작성양식은 학교급에 따라 입력항목과 양식에 약간의 차이가 있으며, 학교급별로는 동일한 양식을 활용한다. 다만 학교 중 공민학교, 고등공민학교, 고등기술학교, 특수학교 및 각종 학교의 장은 당해 학교의 학칙이 정하는 바에 따라 당해 학교의 교육과정에 알맞게 수정하여 적용할 수 있다.

학교생활기록부의 기재원칙을 간략하게 정리하면 다음과 같다.

첫째, 학교생활기록부의 전 영역은 재학 중 학생의 학교 교육 활동 결과를 사실에 근거하여 구체적으로 입력한다. 즉, 언제 어떤 역할을 가지고, 어떤 활동을 어떻게 수행해서 그 결과가 어떠하였는지를 구체적으로 입력하며, 정량적인 기록이 가능한 경우 횟수도 입력한다.

둘째, 학교생활기록의 자료 입력 및 정정 업무는 당해 업무를 담당하는 사용자가 수행함을 원칙으로 한다.

셋째, 문자는 한글로(부득이한 경우 영문으로), 숫자는 아라비아 숫자로 입력한다.

넷째, 학교생활기록부 작성에 필요한 보조부(각종 누가기록부)는 각 학교의 실정에 알맞게 계획을 수립하여 작성 및 활용하되, 전산 입력하여 관리함을 원칙으로 한다. 누가기록 자료를 별도로 출력하여 결재를 받지 않으며, 수기 장부로 관리하지 않는다.

다섯째, 학생이 전학할 때 원적교에서는 재학 당시까지의 상황을 입력한 학교생활기록부 전산 자료를 전·편입하는 학교로 이송한다.

여섯째, 매 학년이 종료된 이후에는 당해 학년도 이전의 학교생활기록부 입력자료에 대한 정정은 원칙적으로 금지한다. 다만 객관적인 증빙자료가 있는 경우만 정정할 수 있으며, 정정 시에는 반드시 정정내용에 관한 증빙자료를 첨부하여 정정사유, 정정내용 등에 대하여 학교 학업성적관리위원회의 심의 절차를 거친 후 정정하여야 한다.

일곱째, 학교생활기록부는 해당 학생 졸업 후 5년 동안 학교에서 보존 및 관리한 후 담당 교육청 자료관으로 이관하여 기록물 전문관리기관으로 이관하기 전까지 보존·관리한다. 학교생활세부사항기록부의 전산 자료와 종이 출력물은 학생 졸업 후 5년 동안 보존하고, 보존기간이 종료된 후 폐기 처분하여야 한다. 학교생활기록부의 원본은 교육정보시스템에 입력된 전산 자료이며, 사본은 교육정보시스템에서 출력한 종이 출력물이다.

2) 학교생활기록부 기재요령

교육부는 2019, 2020, 2021, 2022년에 걸쳐 학교생활기록부 항목 및 기재 양식에 대폭적인 개정을 단행하였다. 개정의 배경은 미래 사회가 요구하는 인재 양성, 학교생활기록부 신뢰도 제고, 현장(초중고 학교 교원, 대학관계자, 학부모)의 의견 수렴 등에 두고, 개정의 목적은 공정성과 사교육 유발 요소 제거에 두고 있다(교육부, 2019, 2020, 2021, 2022 개정 학교생활기록부 참조).

현행 학교생활기록 작성 및 관리지침에 나타난 중·고 학생생활기록부 항목은 인적·학적 사항(제7조), 출결상황(제8조), 수상 경력(제9조), 자격증 및 인증 취득상황

(제10조), 창의적 체험활동상황(제13조), 교과학습 발달상황(제15조), 자유학기활동상황(제15조의2), 독서활동상황(제15조의3), 행동특성 및 종합의견(제16조) 등이다.

학교생활기록부의 항목별 기록양식 및 구체적인 기재요령은 다음과 같다(교육부 2022학년도 학교생활기록부 기재요령 중심).

학교 기재 예시

(1) 인적 · 학적 사항

인적 · 학적 사항은 기존의 인적 사항과 학적 사항을 통합하였고, 인적 사항의 학부모 정보(성명, 생년월일) 및 특기사항(가족의 변동사항 등)을 삭제한 것이 특징이다. 학생정보란에는 성명, 성별, 주민등록번호, 입학 당시 주소를 입력한다(주소 변경시 주소를 누가 입력).

학적 사항은 입학 전 전적 학교의 졸업연월일과 학교명을 입력하며, 검정고시 합격자는 합격연월일과 '졸업학력 검정고시합격'이라고 입력한다. 그리고 재학 중 학적 변동이 발생한 경우는 전출교와 전입교에서 각각 학적 변동이 발생한 일자, 학교 및 학년, 학적변동 내용을 입력한다.

특기사항에는 학적 변동의 사유를 입력한다. 특기사항 중학교폭력에 관련된 사항은 「학교폭력예방 및 대책에 관한 법률」 제17조 제1항 제8호(전학)에 따른 가해 학생에 대한 조치사항을 조치 결정일자(교육지원청 내부 결재일)와 함께 결정 즉시 입력한다.

표 9-1 인적 · 학적 사항의 입력 예시

■ **인적 · 학적 사항**

〈중학교〉

학생정보	성명: 성별: 주민등록번호: 주소:
학적사항	년 월 일 □□초등학교 졸업 년 월 일 ○○중학교 졸업(년 월 일 전출) 년 월 일 △△중학교 전입
특기사항	2020.02.09. 출석일수 미달로 중학교 1학년 유급

〈고등학교〉

학생정보	성명: 성별: 주민등록번호: 주소:
학적사항	년 월 일 ○○중학교 제3학년 졸업 년 월 일 □□고등학교 졸업 제1학년 입학
특기사항	2022.06.08. 학교폭력예방 및 대책에 관한 법률 제17조 제1항 제8호에 따른 전학 조치

(2) 출결상황

수업일수는 「초 · 중등교육법 시행령」 제45조의 규정에 따라 학교장이 정한 학년별 학생이 연간 총 출석해야 할 일수를 입력한다. 학교(유치부 제외)의 수업일수는 190일 이상이며, 학생의 각 학년 과정의 수료에 필요한 출석 일수는 수업일수의 3분의 2 이상으로 한다. 특기사항란에는 질병 또는 무단 등으로 인한 장기결석, 기타 결석의 사유 또는 개근 등 특기사항이 있는 경우 학급 담임교사가 입력한다. 또한 학교폭력과 관련된 사항은 「학교폭력예방 및 대책에 관한 법률」에 따른 조치사항(사회봉사, 특별교육 이수, 심리치료 등 - 출석 인정, 출석 정지 - 출석 미인정)이 시행된 후 즉시 특기사항란에 입력한다.

출석 인정 결석은 출석으로 처리하며, 해당 학년 동안 1회의 결석, 지각, 조퇴, 결과도 없는 경우 출결상황 특기사항란에 '개근'으로 입력한다.

표 9-2 출결상황의 입력 예시

학년	수업일수	결석일 수			지 각			조 퇴			결 과			특기사항
		질병	미인정	기타	질병	미인정	기타	질병	미인정	기타	질병	미인정	기타	
1	190	6			1			1						팔 골절 수술(6일)
2	190													개근, 학교폭력예방 및 대책에 관한 법률 제17조 제1항 제4호에 따른 사회봉사 조치 20시간(2020.06.03.)
3	190		3											학교폭력예방 및 대책에 관한 법률 제17조 제1항 제6호에 따른 출석 정지 조치 3일(2021.3.15.) 같은법 제17조 제1항 제5호에 따른 특별교육이수 조치 10시간(2021.10.07)

* 출석인정 결석처리인 경우에도 학교폭력 관련 조치 사항(제 4호, 제5호)은 특기사항에 입력함

표 9-3 경조사 결석 인정 일수

구분	대상	일수
결혼	형제, 자매, 부모	1
입양	학생 본인	20
사망	부모, 조부모, 외조부모	3
	증조부모, 외증조부모	3
	형제 · 자매 및 그의 배우자	3
	부모의 형제 · 자매 및 그의 배우자	1

(3) 수상 경력

재학 중 학년 초 학교교육계획서에 따라 실시한 교내상의 명칭, 등급(위), 수상연월일, 수여기관명, 참가 대상을 입력한다. 학교생활기록부의 공신력을 높이고, 사교육을 유발하는 입학전형 요소를 배제하기 위하여 초·중·고등학교 모두 수상 경력란에는 교내상만 입력한다.

수상 경력 기재에는 몇 가지 주의점이 있다.

첫째, 교내 상은 학교생활기록부 수상 경력란 이외의 어떠한 항목에도 기재할 수 없다.

둘째, 동일 작품이나 내용으로 다른 상을 여러 번 수상하였을 때는 최고 수준의 수상 경력만 기재한다.

셋째, 상급학교 진학용 수상 경력은 학기당 1개만 기재할 수 있다(단, 2024학년도 대입부터는 상급학교 진학용으로 '수상경력'은 제공하지 않는다).

교내 상의 신뢰성 제고를 위하여 상을 남발하지 않도록 하여야 하며, 모든 교외 상은 학교생활기록부의 어떠한 항목에도 입력하지 않는다.

표 9-4 수상 경력의 입력 예시

학년/학기	학년/학기수상명	등급(위)	수상연월일	수여기관	참가 대상
1/1	교과우수상(국어)		2020.04.29.	ㅇㅇ학교장	수강자
1/1	과학탐구대회 (물로켓 부문)	최우수상(1위)	2020.05.07.	ㅇㅇ학교장	1학년(350명)
2/2	한글날기념글짓기대회 (산문)	장원(1위)	2021.09.09.	ㅇㅇ학교장	전교생(900명)
3/1	표창장(모범학생부문)		2022.03.18.	ㅇㅇ학교장	3학년

(4) 자격증 및 인증 취득상황(고등학교 해당)

자격증 및 인증 취득상황은 고등학교 재학 중에 취득한 자격증의 명칭 또는 종류, 번호 또는 내용, 취득연월일, 발급기관을 입력하며, 원본을 대조한 후에 취득한 순서대로 입력한다. 인정 자격증은 국가기술자격증, 국가자격증, 국가공인을 받은 민간자격증 중 기술자격 관련 자격증에 한해서 입력할 수 있으며, 그 외의 각종 민간자격증과 국제공인자격증은 입력할 수 없다. 또한 학교교육계획에 따른 국가직무능력표준(NCS)(산업현장에서 직무를 수행하기 위해 요구되는 지식 · 기술 · 소양 등의 내용을 국가가 산업 부분별 · 수준별로 체계화한 것을 말함, 자격기본법 제2조 제2호) 이수 상황을 입력한다.

자격증 및 인증 기재의 몇 가지 주의점이 있다.

첫째, 초, 중(2010년 이후), 고(2011년 이후) 교내 · 외 인증은 학교생활기록부의 '자격증 및 인증 취득 상황'란에 각종 인증 취득사항을 입력하지 않는다.

둘째, 자격증은 고교 재학 중 취득한 것만 입력할 수 있다.

셋째, '자격증 및 인증 취득상황'은 대입 전형자료로 제공하지 못한다.

<예시> 자격증 및 인증 취득상황 작성

구분	명칭 또는 종류	번호 또는 내용	취득연월일	발급기관
자격증	컴퓨터활용능력 2급	19-K4-010622	2020.07.30	대한상공회의소
	전산회계운용사 2급	19-L2-001357	2020.10.16	대한상공회의소
	정보처리기능사	19404101715C	2021.01.16	한국산업인력공단
	정보기기운용기능사	194030811539C	2021.07.09	한국산업인력공단
	한식조리기능사	19801130210J	2021.09.04	한국산업인력공단
	제과기능사	19401080508H	2021.12.04	한국산업인력공단
	정보기술자격(ITQ)A등급-한글엑셀	A001-2019103-002317	2022.0205	한국생산성본부

<예시> 국가직무능력표준 이수상황

학년	학기	세분류	능력단위 (능력단위코드)	이수시간	원점수	성취도	비고
2	2	측정	비교 측정 (1502010506-14v2)	30	95	A	[실무과목] 측정

※ 능력단위코드의 의미

01	01	01	01	01	~	13	v1
대분류	중분류	소분류	세분류	능력단위	~	개발연도	버전

※ 현장실습으로 인해 인정점이 부여된 능력단위의 성취도는 'p'로 입력하고, 정규교육과정 이외의 교육활동으로 이수한 능력단위와 학적변동(전출 · 퇴학 · 전입학 등)으로 인해 성취도 산출이 불가한 능력단위의 경우 '·'으로 입력함

(5) 창의적 체험활동상황

창의적 체험활동은 지식과 인성이 겸비된 균형 있는 교육을 실천하는 것을 목적으로 하며, 이를 달성하기 위하여 창의적 체험활동상황은 자율활동, 동아리활동, 봉사활동, 진로활동의 4개 영역으로 구성되어 있다.

표 9-5 창의적 체험활동상황의 영역별 입력 내용

영역	시수	특기사항 내용
자율활동	정규교육과정 시수(행사활동은 별도 행사 시수 포함)	• 학교교육계획(정규교육과정 포함)에 의해 학교에서 주최 · 주관하여 실시한 활동, 학교장이 승인한 동일 학교급 타 학교나 교육 관련 기관에서 주최하고 주관한 국내 활동 입력 • 정규과정에 의한 해외에서 실시한 자율활동은 시수만 인정하고, 그 이외의 해외 창의적 체험활동은 시수와 특기사항 모두 입력할 수 없음

영역	시수	특기사항 내용
동아리활동	정규교육과정 시수 (학교스포츠클럽활동 포함)	• 정규교육과정 동아리활동, 교육과정 외 학교스포츠클럽 활동, 학교장이 승인한 학교교육계획 이외의 청소년 단체활동, 학교교육계획에 의한 자율동아리 활동 입력
봉사활동 실적	학교교육계획에 의해 실시한 봉사활동과 개인 계획에 의해 실시한 구체적인 실적(시수)	• 학교교육계획 또는 학생개인계획(학교장 승인)에 의해 실시한 봉사활동의 구체적인 실적을 '봉사활동 실적란'에 일자, 장소(기관), 내용(제목), 시수 만을 입력(단, 2024년 대입부터 상급학교 진학 시 '학교' 계획에 의한 봉사활동 실적은 제공하나, '개인'계획에 의한 봉사활동 실적은 제공하지 않음) • 교사의 관찰이 어렵기 때문에 **'봉사활동 특기사항' 미기재**
진로활동	정규교육과정 시수	• 학교교육계획에 의해 학교에서 주최 주관하여 실시한 진로지도와 관련된 사항 입력 • 학생의 학업 및 직업 진로에 대한 계획서, 진로 관련 검사내용 등을 입력 • 학생의 진로희망은 '특기사항' 내의 '희망분야'란에 입력(단, 상급학교 진학 시 전형자료로 제공하지 않음). 학생이 진로희망을 정하지 못한 경우는 '진로탐색 중', '현재 진로희망 없음' 등으로 입력

표 9-6 봉사활동실적 예시

학년	봉사활동 실적				
	일자 또는 기간	장소 또는 주관기관명	활동 내용(제목)	시간	누계 시간
1	2020.3.15.	(개인)oo지역아동센터	학습지도, 아동 돌봄	4	4
	2020.4.10.~ 2020.4.13.	(학교)oo동주민센터	oo놀이터 청소	6	10
	2020.6.8.	(개인)대한적십자사	헌혈	4	14

자율활동은 학급이나 학교 구성원의 자발적이고 자율적인 참여를 중시하는 활동이며, 동아리활동은 학생들의 공통 관심사와 동일한 취미, 특기, 재능 등을 지닌 학생들이 함께 모여서 자발적인 참여와 운영으로 자신들의 능력을 창의적으로 표출하는 것을 주 활동으로 하는 집단활동이다. 봉사활동은 어떤 대가를 목적으로 하는 활동이 아니라, 자발적인 의도에서 개인이나 단체로 다른 사람을 돕거나 사회에 기여하는 무보수의 지속적인 활동으로 인간의 존엄성에 대한 인식뿐만 아니라 더불어 사는 사회의 이해, 협동 의식의 고취 등 다양한 의미를 부여할 수 있는 활동이다. 진로활동은 개인이 자신의 진로를 계획하고, 적절한 시기에 진로를 선택하고, 선택한 진로에 대해 잘 적응하고 발전할 수 있도록 도와주는 활동과 학생 스스로 진로를 위해 수행하는 활동이다.

(6) 교과학습 발달상황

교과학습 발달상황의 평가는 학교생활기록 작성 및 관리지침(교육부 훈령 제20호)의 '교과학습 발달상황 평가 및 관리' 규정에 따라 실시되어야 한다.

여기에서는 중학교와 고등학교의 교과학습 발달상황만을 살펴본다(교육부, 2022 참조, 송기창 외, 2021 재인용 및 참조).

중학교의 교과학습 발달상황 입력 요소 및 방법은 교과 및 과목의 특성에 따라 다르다. 기본적으로 **'원점수/과목 평균, 성취도**(수강자 수)'를 입력하는 것을 원칙으로 한다. 다만, 체육 · 예술(음악/미술)교과의 과목은 **'성취도'**만 입력하고, 교양 교과 및 과목은 **'이수 시간, 이수 여부'**를 각 학기 말에 입력한다.

교과학습 발달상황의 입력 요소의 하나인 '세부능력 및 특기사항'란에는 특기할 만한 사항이 있는 과목 및 학생에 대하여 성취수준의 특성 및 학습활동 참여도 등을 문장으로 교과담당 교사가 입력한다.

과목별 성적일람표는 교과 담당교사가 지필평가(명칭, 반영비율 명기)와 수행평가(영역,

반영비율 명기)의 점수를 합산하고, 원점수/과목평균, 성취도(수강자 수) (A-B-C-D-E)'를 산출하여 학기 말에 입력한다(A: 90% 이상, B: 80% 이상 ~ 90% 미만, C: 70% 이상 ~ 80% 미만, D: 60% 이상~70% 미만, E: 60% 미만). 다만, 체육 · 예술(음악/미술)교과의 과목은 '교과, 과목, 성취도(A-B-C)'만 산출하여 입력하고(A: 80% 이상~100% 우수, B: 60% 이상 ~ 80% 미만 보통, C: 60% 미만 미흡), 교양교과 및 과목은 '교과, 과목, 이수 시간, 이수 여부(P)를 입력한다.

자유학기(학년)에 이수한 교과 및 과목은 '원점수/과목평균'란은 공란으로 두고, 성취도(수강자 수)'란에 'P'를 입력하는 것을 원칙으로 한다. 다만, 체육 · 예술(음악/미술) 교과의 과목은 '성취도'란에 'P'를 입력하고, 교양교과 및 과목은 '이수시간'란에 이수시간을 입력하고, '이수 여부'란에 'P'를 입력한다.

자유학기에 이수한 모든 과목(교양과목 포함)은 모든 학생을 대상으로 세부능력 및 특기사항을 구체적이고 객관적으로 입력한다. 체육 · 예술(음악/미술)을 제외한 모든 과목은 각 과목별 성취기준에 따른 성취 수준의 특성, 학습활동 참여도 및 태도, 활동 내용 등을 문장으로 입력한다. 그리고 체육 · 예술(음악/미술) 교과의 과목은 각 과목별 성취기준에 따른 성취 수준의 특성, 실기능력, 교과적성, 학습활동 참여도 및 태도 등을 문장으로 입력한다.

표 9-7 교과학습 발달상황 예시

▣ 교과학습 발달상황

〈중학교〉

[1학년](자유학년)

학기	교과	과목	원점수/과목평균	성취도 (수강자 수)	비고
1	국어	국어		P	
2	사회(역사포함)/도덕	사회		P	

과목	세부능력 및 특기사항
1학기 국어(자유학기)	성취 수준의 특성, 학습활동 참여도 및 태도, 활동 내용 등 특기할 만한 사항을 구체적이고 객관적으로 입력(500자 이내)
2학기 사회(자유학기)	성취 수준의 특성, 학습활동 참여도 및 태도, 활동 내용 등 특기할 만한 사항을 구체적이고 객관적으로 입력(500자 이내)

〈체육 · 예술(음악/미술)〉

학기	교과	과목	성취도	비고
1	예술	미술	P	

과목	세부능력 및 특기사항
1학기 미술(자유학기)	성취 수준의 특성, 실기능력, 교과적성, 참여도 및 태도 등 특기할 만한 사항을 구체적이고 객관적으로 입력(500자 이내)

〈교양교과〉

학기	교과	과목	이수시간	이수 여부	비고
2	선택	진로와 직업	17	P	

과목	세부능력 및 특기사항
2학기 진로와 직업	성취 수준의 특성, 학습활동 참여도 및 태도, 활동 내용 등 특기할 만한 사항을 구체적이고 객관적으로 입력(500자 이내)

■ 교과학습 발달상황

〈중학교〉

[2학년]

학기	교과	과목	원점수/과목평균	성취도 (수강자 수)	비고
1	국어	국어	91/85	A(350)	

과목	세부능력 및 특기사항
1학기 국어	성취 수준의 특성, 학습활동 참여도 및 태도, 활동 내용 등 특기할 만한 사항을 구체적이고 객관적으로 입력(500자 이내)

〈체육 · 예술(음악/미술)〉

학기	교과	과목	성취도	비고
1	예술	미술	B	

과목	세부능력 및 특기사항
1학기 미술	성취 수준의 특성, 실기능력, 교과적성, 참여도 및 태도 등 특기할 만한 사항을 구체적이고 객관적으로 입력(500자 이내)

〈교양교과〉

학기	교과	과목	이수시간	이수 여부	비고
1	선택	진로와 직업	17	P	

표 9-8 중학교 과목별 성적일람표

<예시> 중학교 과목별 성적일람표

2021학년도 제1학기
국어과 성적일람표

제2학년 ( )반 국어담당교사( ) 인

평가방법		지필평가(60%)		수행평가(40%)				합계	원점수	성취도 (수강자 수)
명칭(영역) (반영비율) / 번호, 성명		1회 (30%)	2회 (30%)	○○○ (10%)	◇◇◇ (10%)	□□□ (10%)	△△△ (10%)			
1	김길동	28.50	29.40	8.80	9.60	8.80	10.00	95.1	95	A(452)
2	나민주	25.50	19.20	6.00	8.00	7.00	5.00	70.7	71	C(452)
3										
수강자 최고점		30.00	30.00	10.00	10.00	10.00	10.00	100.0		
수강자 최저점		9.95	10.00	5.00	6.00	7.00	5.00	42.9		
수강자 평균		23.42	25.74	8.40	8.16	8.76	7.59	82.0		
학급 평균		21.24	24.43	8.50	7.52	8.91	7.35	77.9		
과목 평균									82.1	

- 원점수는 지필평가와 수행평가의 합계를 소수 첫째 자리에서 반올림하여 **정수**로 기록한다.
- 과목평균은 원점수를 사용해 계산하여 소수 둘째 자리에서 반올림하여 **소수 첫째까지** 기록한다.
- 수강자 최고점, 수강자 최저점, 수강자 평균, 학급 평균은 소수 셋째 자리에서 반올림하여 **둘째 자리까지** 기록한다.

고등학교 교과학습 발달상황의 평가는 '교과, 과목, 단위수, 원점수/과목 평균, 과목 표준편차, 성취도(수강자 수), 석차 등급(1 ~ 9등급)'을 산출하여 각 학기 말에 입력하는 것을 원칙으로 하고, 교과 및 과목의 특성에 따라 달리 평가하여 입력한다. 그리고 '세부능력 및 특기사항'란에는 모든 학생에 대해 과목별 성취수준의 특성 및 학습활동 참여도 등을 문장으로 교과담당 교사가 입력한다.

과목별 성적일람표는 교과 담당교사가 지필평가(명칭, 반영비율 명기)와 수행평가(영역, 반영비율 명기)의 점수를 합산하여 다음 각 호의 기준에 따라 성적을 산출한다.

가. 다음의 나. ~ 마. 호를 제외한 모든 과목은 '**교과, 과목, 단위수, 원점수/과목 평균, 과목 표준편차, 성취도**(수강자 수), **석차**(동석차수)/(수강자 수), **석차 등급**(1 ~ 9등급)'을 산출하여 각 학기 말에 입력한다.

나. 보통교과 진로 선택 과목은 '**원점수/과목평균, 성취도**(수강자 수), **성취도별 분포 비율**'을 입력한다.

다. 보통교과 공통 과목의 과학탐구실험 및 전문교과 Ⅱ, Ⅲ은 '**원점수/과목 평균, 과목 표준편차, 성취도**(수강자 수)'만 산출하고, 전문교과 Ⅱ의 실무과목은 능력단위로 산출할 수 있으며, 능력단위 평가시 '**이수시간, 원점수, 성취도**'만 산출하여 입력한다.

라. 보통교과 체육 · 예술(음악/미술) 교과의 일반 선택 과목은 '**성취도**'만 산출하여 입력'를 입력하고, 보통 교과 중 교양 교과는 '**성취도**(수강자 수)'**란과 석차 등급' 란에는 'P'**를 각각 입력한다.

마. 학교 간 통합 선택교과로 이수한 과목(보통교과 진로선택과목, 체육·예술 교과(군)의 일반선택과목, 교양교과(군)의 과목 제외)은 '**원점수/과목평균, 과목 표준편차, 성취도**(수강자 수)'를 산출하여 입력한다.

성취도는 교과 및 과목에 따라 수강자 수를 포함하는 5단계 성취도(수강자 수)(A-B-C-D-E)(A: 90% 이상, B: 80% 이상 ~ 90% 미만, C: 70% 이상 ~ 80% 미만, D: 60% 이상 ~ 70% 미만, E: 60% 미만)와 수강자 수를 포함하지 않는 3단계 성취도(A-B-C)(A: 80% 이상 ~ 100% 우수, B: 60% 이상 ~ 80% 미만 보통, C: 60% 미만 미흡)가 있다.

교과별 성취도 평정 방식은 다음과 같다.

표 9-9 교과별 성취도 평정 방식(2015년 개정 교육과정)

적용 교과명		성취도
교과 영역	과목	
기초(국어, 수학, 영어, 한국사)	공통과목, 일반선택	A,B,C,D,E
탐구[사회(역사/도덕 포함), 과학]	공통과목(과학탐구 실험 제외), 일반선택	
생활(기술 · 가정/제2외국어/한문	일반선택	
전문교과 I (과학계열, 체육계열, 예술계열, 외국어계열, 국제계열)	융합과학탐구, 과학과제연구, 물리학실험, 화학실험, 생명과학실험, 지구과학실험, 사회탐구방법, 사회과제연구 제외	
전문교과 II, III	전체 과목	
체육 · 예술	일반선택, 진로선택	A,B,C
기초, 탐구, 생활	진로선택, 공통과목(과학탐구실험)	
전문교과 I (과학계열, 국제계열)	융합과학탐구, 과학과제연구, 물리학실험, 화학실험, 생명과학실험, 지구과학실험, 사회탐구방법, 사회과제연구	
교양(철학, 논리학 등)	전체 과목	P

표 9-10 교과학습 발달상황 예시

■ **교과학습 발달상황**

〈고등학교〉단위수 : 학점제를 적용받지 않는 고등학교
(학점수)학점제를 적용받는 특성화고등학교 또는 산업체 수요 맞춤형 고등학교)

[1학년]

학기	교과	과목	단위수 (학점수)	원점수/과목평균 (표준편차)	성취도 (수강자 수)	석차등급	비 고
이수단위 합계							

과목	세부능력 및 특기사항

〈진로선택과목〉

학기	교과	과목	단위수 (학점수)	원점수/과목평균	성취도 (수강자수)	성취도별 분포비율	비고
이수단위 합계							

과목	세부능력 및 특기사항

〈체육 · 예술〉

학기	교과	과목	단위수(학점수)	성취도	비고
이수단위 합계					

과목	세부능력 및 특기사항

표 9-11 고등학교 과목별 성적일람표

<예시> 고등학교 과목별 성적일람표

[보통교과] 2021학년도 제1학기 국어과 성적일람표

제1학년 (강의실명) 교과담당교사( ) 인

평가방법(반영비율)		지필평가(60%)		수행평가(40%)				합계	원점수	성취도	석차	석차등급
반/번호, 성명 \ 명칭(영역)(반영비율)		1회 (30%)	2회 (30%)	○○○ (10%)	◇◇◇ (10%)	□□□ (10%)	△△△ (10%)					
1/1	김길동	28.50	29.40	8.80	9.60	8.80	10.00	95.1	95	A(532)	4(15)/532	1
1/2	나민주	25.50	19.20	6.00	8.00	7.00	5.00	70.7	71	C(532)	273/532	5
1/3												
수강자 최고점		30.00	30.00	10.00	10.00	10.00	10.00	100.0				
수강자 최저점		9.95	10.00	5.00	6.00	7.00	5.00	42.9				
수강자 평균		23.42	25.74	8.40	8.16	8.76	7.59	82.0				
강의실 평균		21.24	24.43	8.50	7.52	8.91	7.35	77.9				
과목 평균									82.1			
과목 표준편차									10.1			

- 원점수는 지필평가와 수행평가의 합계를 소수 첫째 자리에서 반올림하여 정수로 기록한다.
- 과목평균은 원점수를 사용해 계산하여 소수 둘째 자리에서 반올림하여 소수 첫째까지 기록한다.
- 석차는 지필평가와 수행평가의 합계를 소수 셋째 자리에서 반올림하여 소수 둘째 자리까지 기록한다.
- 가급적 동점자를 발생하지 않게 하되, 동점자가 발생했을 때는 그 동점자 모두에게 해당 순위의 최상의 석차를 부여하고 ( ) 안에 동점자 수를 병기한다.
- 수강자 최고점, 수강자 최저점, 수강자 평균, 학급 평균은 소수 셋째 자리에서 반올림하여 소수 둘째 자리까지 기록한다.

(7) 독서활동상황

독서활동상황 입력과 관련한 주요 내용은 다음과 같다.

첫째, 중·고등학교의 개인별·교과별 독서활동상황은 ISBN 등재된 도서명과 저자만을 입력한다.

둘째, 독서기록장, 독서 포트폴리오, 독서 교육정보지원시스템 등의 증빙자료를 근거로 입력한다.

셋째, 독서기록장, 독서 포트폴리오 등의 증빙자료는 학생 개인이 보관한다.

표 9-12 독서활동상황의 입력 예시

학년	과목 또는 영역	독서활동상황
1	국어	(1학기) 공중그네(오쿠다 히데오), 꿈꾸는 다락방(이지성), 교실 밖 국어여행(강혜원 외)
		(2학기) 연을 쫓는 아이(할레드 호세이니)

(8) 행동특성 및 종합의견

행동특성 및 종합의견은 수시로 관찰하여 누가기록된 행동특성을 바탕으로 총체적으로 학생을 이해할 수 있는 종합의견을 문장으로 입력하며, 행동발달상황을 포함한 각 항목에 기록된 자료를 종합하여 학생을 총체적으로 이해할 수 있도록 문장으로 입력해 학생에 대한 일종의 추천서 또는 지도 자료가 되도록 작성한다.

행동특성 중 학교폭력과 관련된 사항은 「학교폭력예방 및 대책에 관한 법률」 제17조에 규정된 가해 학생에 대한 조치사항을 입력한다. 다만 행동특성 및 종합의견에 입력한 조치 사항 중 경미한 조치(1호, 2호, 3호, 7호)는 졸업과 동시에 삭제해야 한다.

표 9-13 행동특성 및 종합의견의 입력 예시

학년	행동특성 및 종합의견
1	명랑한 성격을 가진 학생으로 매사 자신이 하고자 하는 일에 대해 비교적 뚜렷한 생각과 계획을 갖고 있음. 주도성이 있으면서도 협동하는 태도를 가진 학생으로 자신의 생각과 계획을 실천에 옮기려 하면서 친구들의 의견이나 입장을 고려할 줄 아는 인간친화적 성향을 가진 학생으로 판단함. (배려)특수반 친구들과 스스럼없이 친구로 지내면서 학습활동을 도와주었으며, 학급 친구들의 고민을 해결해 주는 등 또래 상담자로 주 2회 활동함. (관계지향성) 친화력이 높고 사람들과 어울려 일하기를 좋아하는 등 사회적 대인 관계 능력이 뛰어난 학생임.
2	
3	

(9) 학교폭력과 관련된 사항

「학교폭력예방 및 대책에 관한 법률」 제17조에 규정된 가해 학생에 대한 조치사항을 입력한다.

조치사항 각 호는 다음과 같다.

- 1호 – 서면사과, 2호 – 접촉, 협박 및 보복행위 금지, 3호 – 학교에서의 봉사, 4호 – 사회봉사, 5호 – 특별교육 이수 또는 심리치료, 6호 – 출석 정지, 7호 – 학급 교체, 8호 – 전학, 9호 – 퇴학

1, 2, 3, 7호는 행동특성 및 종합의견란에, 4, 5, 6호는 출결상황의 특기사항에, 8, 9호는 인적·학적사항의 특기사항에 기록한다.

단, 1, 2, 3, 7호는 졸업과 동시(졸업식부터 2월 말 이전) 삭제한다(학교폭력과 관련되어 기재된 '긍정적인 행동변화에 관련된 기재사항'도 삭제함). 그리고 4, 5, 6, 8호는 원칙적으로 졸업일로부터 2년 후 삭제되나, 해당 학생이 반성하여 긍정적 변화가 있는 경우 학교

폭력자치위원회의 심의를 통해서 졸업과 동시에 삭제할 수 있다. 그러나 재학기간에 2건 이상 조치사항을 받았거나, 조치결정일로부터 졸업연도 2월 말일까지 6개월이 경과하지 않았다면 심의 대상에서 제외된다. 9호(고등학교)는 삭제 대상이 아니다.

(10) 자유학기활동상황

중학교에서 자유학기에 학교별로 실시한 자유학기 영역별 이수시간 및 특기사항을 입력한다. 특기사항에 자유학기 활동별 담당교사가 수시로 관찰한 활동 내용, 참여도, 흥미도 등을 문장으로 입력한다. 교과시간을 활용하여 프로그램을 운영한 경우는 교과의 '세부능력 및 특기사항'(예술, 체육은 '특기사항')에 해당 프로그램명, 교사가 관찰한 활동 내용, 참여도, 흥미도 등을 문장으로 입력한다.

자유학기활동상황의 하위 4개 영역은 다음과 같다.

표 9-14 자유학기 4개 활동 영역

영 역	활동 내용
진로탐색활동	학생들이 적성과 소질을 탐색하여 스스로 미래를 설계해 나갈 수 있도록 체계적인 진로학습 기회 제공
주제선택활동	학생의 흥미, 관심사에 맞는 체계적이고 심층적인 학생 중심의 인문사회, 탐구, 교양프로그램
예술 · 체육활동	학생의 희망을 반영한 다양한 문화 · 예술 · 체육 활동
동아리활동	학생들의 공통된 관심사를 바탕으로 구성된 자발적 · 자율적 학생 중심 활동

자유학기활동상황은 학교교육계획에 의해 정규교육과정과 학교가 주최하고 주관하여 국내에서 실시한 자유학기 활동의 특기사항을 입력한다. 단, 체험활동을 한 경우 구체적인 특정 대학명, 기관명, 상호명, 강사명은 입력하지 않는다(교육부 및 소속기관: 대한민국학술원, 국사편찬위원회, 국립국제교육원, 국립특수교육원, 교원소청심사위원회, 중앙교육연수원 등 6개 기관, 시 · 도교육청 및 소속기관, 교육지원청 및 소속기관 예외로 입력 가능).

표 9-15 자유학기활동상황

학년	학기	영역	시간	특기사항
		진로탐색활동		
		주제선택활동		
		예술 · 체육활동		
		동아리활동		

이 장의 논점(과제)

- 학교생활기록부 개정의 배경 및 목적과 교육의 정상화에 대한 자신의 생각을 말해 보자.

관련 탐구 자료

교육부(2022). 2022학년도 학교생활기록부 기재요령(초, 중, 고) 안내. 2022.01.26

2019 대입제도 공정성 강화 방(안) 2019.11.28. https://www.youtube.com/watch?v=0h777TL4KQs

참고문헌

강봉규(2017). **심리검사의 이론과 기법**. 서울: 동문사.

강승호, 김명숙, 김정환, 남현우, 허숙(1996). **현대 교육평가의 이론과 실제**. 경기 파주: 양서원.

교육과정평가원 교수학습개발센터(2014). **논술의 이론**. http://classroom.re.kr. 2014.01.15.

교육부(1998). **수행평가(遂行評價)의 이해**. 교사연수자료 1998. 11. 28.

교육부(2017). **과정을 중시하는 수행평가 어떻게 할까요(초등용, 중등용)**. 연구자료 ORM 2-17-19-2.

교육부(2019). **2019학년도 학교생활기록부 기재요령(초등, 중등)**. 2019.02.21.

교육부(2020). **2020학년도 학교생활기록부 기재요령(초등, 중등) 안내**. 2020.02.03.

교육부(2021). **2021학년도 학교생활기록부 기재요령(초등, 중등) 안내**. 2021.01.26.

교육부(2022). **2022학년도 학교생활기록부 기재요령(초등, 중등) 안내**. 2022.01.26

국립교육평가원(1996). **수행평가의 이론과 실제**. 서울: 대한교과서.

김대현, 김석우(2020). **교육과정 및 교육평가(제5판)**. 서울: 학지사.

김명숙(2000). **수업개선을 위한 수행평가의 질 관리, 수업과 수행평가의 개선을 위한 연구방법의 활용**. 한국교육평가학회, 한국교육과정학회, 한국교육인류학회, 한국초등교육학회 공동 학술세미나 자료집.

김종서(1984). **교육연구의 방법**. 서울: 배영사.

김진규(1987). **교사를 위한 정의적 특성의 평가방법**. 서울: 중앙교육평가원.

김진규(1987). **정의적 특성의 분류방법과 종류. 교사를 위한 정의적 특성의 평가방법**. 서울: 중앙교육평가원.

김진규(2015). **교육과정과 교육평가(제3판)**. 서울: 동문사.

김희진, 박은혜, 이지현(2018). **영유아교육기관에서의 관찰(제3판)**. 서울: 창지사.

나이스. http://www.neis.go.kr

남명호(1995). **수행평가의 타당성 연구**. 고려대학교 대학원 박사학위논문.

류은상(2000). **초중등학교 생활기록부에 관한 연구**. 단국대학교 대학원 석사학위논문.
박도순 외(2012). **교육평가-이해와 적용(수정 · 보완판)**. 경기 파주: 교육과학사.
박도순(2000). **문항작성방법론**. 경기 파주: 교육과학사.
박도순, 원효헌, 이원석(2011). **교육평가**. 서울: 문음사
박도순, 홍후조(2008). **교육과정과 교육평가(제3판)**. 서울: 문음사.
백순근 편 (1998). **수행평가의 이론과 실제**. 서울: 원미사.
백순근(1995). 교수 · 학습 평가를 위한 새로운 대안: 수행평가를 중심으로. **초등교육연구 (6)**, 3-20. 청주교육대학교 초등교육연구소.
백순근(2000). **수행평가의 원리**. 경기 파주: 교육과학사.
서지영, 김소영, 신명선, 홍수진(2008). 학교교육 내실화를 위한 수행평가 개선 연구(Ⅰ). **한국교육과정평가원 연구보고 RRE 2008-1**.
성태제(2016). **문항반응이론의 이해와 적용**. 경기 파주: 교육과학사.
성태제(2002). **타당도와 신뢰도(개정판)**. 서울: 학지사.
성태제(2019). **현대교육평가(제5판)**. 서울: 학지사.
송기창 외(2021). **교직실무**. 서울: 학지사.
이원희(2007). 초등학교 생활기록부의 변천. **초등교육연구 20권 1호**, 279-299.
이정환, 박은혜 (2009). **교사들을 위한 유아관찰 워크북**. 서울: 아이코리아.
이종승(2009). **교육 심리 사회 연구방법론**. 서울: 교육과학사.
이종승(1987). 타일러의 학문적 생애와 교육평가관. **교육평가연구 제2권 제1호**, 9-26.
장용훈(2008). **기록학적 관점에서 본 생활기록부 연구**. 서울대학교 대학원 석사학위논문.
정종진(2010). **교육평가 이론과 실제**. 서울: 학지사.
정창우(2020). **도덕교육의 새로운 해법(제2판)**. 경기 파주: 교육과학사.
초 · 중등교육법. 법률 제17958호. 2021.6.23. 시행 일부개정.
최정근(2011). **초등학교 학교생활기록부 작성과정에 관한 연구**. 전주교육대학교 대학원 석사학위논문.
최철용외 (2020). **새로운 교육학개론**. 서울: 학지사.
학교생활기록 작성 및 관리지침. 교육인적자원부령 제867호. 2005.9.23. 제정.
학교생활기록 작성 및 관리지침. 교육부훈령 제280호. 2019.3.1. 시행 일부개정.
학교생활기록 작성 및 관리지침. 교육부훈령 제321호. 2020.3.1. 시행 일부개정.
학교생활기록 작성 및 관리지침. 교육부훈령 제331호. 2020.4.1. 시행 일부개정.

학교생활기록 작성 및 관리지침. 교육부훈령 제343호. 2020.7.20. 시행 일부개정.
학교생활기록 작성 및 관리지침. 교육부훈령 제348호. 2020.9.28. 시행 일부개정.
학교생활기록 작성 및 관리지침. 교육부훈령 제365호. 2021.3.1. 시행 일부개정.
한국교육평가학회(1995). **교육측정 · 평가 · 연구 · 통계 용어사전**. 서울: 중앙교육진흥연구소.
한지영, 이용환(2004). 기술과 수행평가에서 학습자 중심 루브릭의 개발 모형과 적용. **직업교육연구, 제23권**. 한국직업교육학회.
허형(1990). **교육평가**. 서울: 배영사.
홍세희 외(2020). **교육평가의 기초와 이해**. 서울: 박영 story.
황정규(1998). **교육측정: 평가의 새 지평**. 경기 파주: 교육과학사
황정규(2004). **학교학습과 교육평가**. 경기 파주: 교육과학사.
황해익(2012). **아동연구방법**. 경기 파주: 정민사.

AERA, APA, & NCME(1999). *Standard for educational and psychological testing.* Washington D.C.: American Psychological Association.
Airasian, P. W., & Madaus, G. F.(1972). Criterion-Referenced Testing in the classroom. *NCME, 3*(4).
Anderson, L. W.(1981). *Assessing affective characteristics in the school.* Bostone, MA: Allyn and Bacon, Inc.
Anderson, L. W., Krathwohl, D. R., Airasian, P, W., Cruikshank, K. A., Mayer, R. E., Pintrich, P. R., & Wittrock, M. C.(2001). *A taxonomy for learning, teaching, and assessing. A revision of Bloom's taxonomy of Educational objectives, abridged edition.* White Plains, NY: Longman.
Bailey, K. D.(2008). *Methods of social research*(4th ed.). NY: The Free Press.
Baker, F. B., & Kim, S. H.(2004). *Item response Theory: Parameter Estimation Techniques.* NY: Marcel Dekker, Inc.
Black, P., & William, D.(2004). The formative purpose: Assessment must first promote learning. In M. Wilson(Ed.), *Toward coherence between classroom assessment and accountability*. Chicago: University of Chicago Press.
Bloom, B. S.(1956). *Taxonomy of educational objectives. Handbook 1: Cognitive domain.* NY: MacMillan.

Bloom, B. S.(1976). *Human characteristics and school learning.* NY: McGraw-Hill.

Bloom, B. S., Hastings, J. T., & Madaus, G. F.(1971). *Handbook on Formative and Summative Evaluation of Student Learning.* NY: McGraw-Hill Book Co.

Bradfield, J. M., & Moredock, H. S.(1957). *Measurement and Evaluation in Education.* NY: Macmillan.

Brennan, R. L.(1983). *Elements of generalizability theory.* Iowa City, IO: ACT Publications.

Cronbach, L. J.(1990). *Essentials of psychological testing*(5th ed.). NY: Harper & Row.

DeVellis, R. F(1991). *Essentials of psychological testing.* Newbury Park. CA: Sage.

Ebel, R. L.(1965). *Measuring Educational Achievement.* Englewood Cliffs, NJ: Prentice Hall.

Eisner, E. W.(1985). *The Art of Educational Evaluation: A Personal View.* London: Falmer Press.

Eisner, E. W.(1994). *Cognition and curriculum reconsidered*(2nd ed.). NY: Teachers College Press.

French, J. W., & Michael, W. B.(1966). *Standards for Educational Psychological Tests and Manuals.* Washington, D.C.: American Psychological Association.

Gagné, R. M.(1985). *The Conditions of Learning and Theory of Instruction*(4th ed.). NY: Holt, Rinehart and Winston.

Gronlund, N. E.(1970) *Stating Behavioral Objectives for Classroom Instruction.* NY: Macmillan.

Gronlund, N. E.(1973). *Preparing criterion-referenced tests for classroom instruction.* NY: Macmillan.

Gronlund, N. E.(1988). *How to Construct Achievement Tests.* NJ: Prentice-Hall, Inc.

Gronlund, N. E., & Linn, R. L.(1990). *Measurement and evaluation in teaching*(7th ed.). NY: Macmillan.

Harrow, A. J.(1972). *A Taxonomy of the Psychomotor Domain A Guide for Developing Behavioral Objectives.* NY: McKay.

Herman, J. L., Aschbacher, P. R., & Winters. L.(1992). *A practical guide to alternative assessment.* Los Angeles: the Regents of the University of California.

Johnson, A. P.(1951). Notes on a suggested index validation: the U-L Index. *Journal of Educational Psychology, 62,* 499-504.

Krathwohl, D. R., Bloom, B. S., & Masia, B. B.(1964). *Taxonomy of educational objectives, Handbook II: Affective domain.* NY: McKay.

Kuder, G. F., & Richardson, M. W.(1937). The Theory of Estimation of Test Reliability. *Psychometrika, 2,* 151-160.

Linn, R. L., & Baker, E. L.(1996). Can performance-based student assessment be psycho-metrically sound. In J. B. Babon & D. P. Wolf(Eds.), *Performance-based student assessment: Challenges and possibilities.* Chicago, Illinois: University of Chicago Press.

Linn, R. L., & Gronlund, N. E.(2000). *Measurement and Assessment in Teaching*(8th ed.). Upper Saddle River, NJ: Prentice Hall.

Mager, R. F.(1975). *Preparing Instructional Objectives.* Palo Alto: Fearon Publishers.

McMillan, J. H.(2003). *Classroom assessment: Principles and practice for effective instruction.* Boston: Allyn & Bacon.

McTighe, J., & Ferrara, S.(1996). Performance-based assessment in the classroom: A planning framework. In R. E. Blum & J. A. Arter(Eds.), *A handbook for student performance assessment in an era of restructuring.* Virginia: Association for Superviosn and Curriculum Development(ASCD).

Mehrens, W. A., & Lehmann, I. J.(1991). *Measurement Evaluation in Education and Psychology*(3rd ed.). NY: Holt, Rinehart and Winston.

Morgan, C. D., & Murray H. A.(1935). A Method for inverstigating fantasies: The Thmantic Apperception Test. *Archives of Neurology and Psychiatry, 34*(2), 289-306.

Oosterhof, A.(2001). *Classroom applications of educational measurement.* Upper Saddle River, Englewood Cliffs, NJ: Macmillan.

Osgood, C. E., Suci, G. J., & Tannenbaum, P. H.(1957). *The measurement of meaning.* Urbana: University of Illinois Press.

Richardson, M. W.(1936). The relationship between difficulty and the differential validity of a test. *Psychometrika, 1,* 33-49.

Scriven, M.(1967). The methodology of evaluation. In Tyler, R. W., Gagne, R. M., & Scriven, M., *Perspectives of curriculum evaluation.* AERA monograph series on curriculum evaluation (pp. 39-83). Chicago: Rand Monally & Company.

Simpson, E. J.(1972). The Classfication of Educational Objectives, Psychomotor Domain. In M. T. Rainer (Ed.), *Contribution of behavioral science to instructional technology: The Psychomotor domain* (3rd ed.). Englewood Clifts, NJ: Grydhon Press, Prentice Hall.

Suen, H. K.(1990). *Principles of test theories.* Hillsdale, NJ: LEA.

Tyler, R. W.(1949). *Basic Principles of curriculum and instruction.* Chicago University of Chicago Press.

찾아보기

〈인 명〉

〈내 용〉

ㄱ

ㅅ

ㅇ

저자소개

최 철 용

중앙대학교 대학원 교육학과 교육학 석/박사

전, 강동대학교 교수

현, 중앙대학교 교육대학원 교육학과 객원교수

　　교육문화미래연구원 원장

김 환 남

중앙대학교 대학원 교육학과 교육학 석/박사

전, 송호대학교 교수

현, 경인여자대학교 외래교수

제2판

알기 쉬운 교육평가

1판 1쇄 발행 2014년 6월 30일
1판 2쇄 발행 2017년 8월 30일
2판 1쇄 발행 2023년 2월 15일

저 자 | 최철용 김환남
발 행 인 | 박철용
발 행 처 | 양서원
주 소 | 경기도 파주시 직지길 522
전 화 | 031-955-8000(代)
팩 스 | 031-955-8005
홈페이지 | www.yswpub.co.kr
이 메 일 | yswgroup@naver.com
출판등록 | 1987년 11월 24일 제 406-2003-037 호

ISBN 978-89-994-1351-3

정가 19,000원